Pesquisas Urbanas

Coleção
ANTROPOLOGIA SOCIAL
diretor: Gilberto Velho

- O Riso e o Risível
  Verena Alberti
- O Espírito Militar
- Os Militares e a República
  Celso Castro
- Da Vida Nervosa
  Luiz Fernando Duarte
- Garotas de Programa
  Maria Dulce Gaspar
- Nova Luz sobre a Antropologia
  Clifford Geertz
- O Cotidiano da Política
  Karina Kuschnir
- Cultura: um Conceito Antropológico
  Roque de Barros Laraia
- Autoridade & Afeto
  Myriam Lins de Barros
- Guerra de Orixá
  Yvonne Maggie
- Cultura e Razão Prática
- Ilhas de História
  Marshall Sahlins
- Os Mandarins Milagrosos
  Elizabeth Travassos
- Antropologia Urbana
- Desvio e Divergência
- Individualismo e Cultura
- Projeto e Metamorfose
- Subjetividade e Sociedade
- A Utopia Urbana
  Gilberto Velho
- Pesquisas Urbanas
  Gilberto Velho e Karina Kuschnir
- O Mundo Funk Carioca
- O Mistério do Samba
  Hermano Vianna
- Bezerra da Silva: Produto do Morro
  Letícia Vianna
- O Mundo da Astrologia
  Luís Rodolfo Vilhena

Gilberto Velho e
Karina Kuschnir
(orgs.)

Pesquisas Urbanas

Desafios do trabalho antropológico

Jorge Zahar Editor
Rio de Janeiro

Jorge Zahar Editor Ltda.
rua México 31 sobreloja
20031-144 Rio de Janeiro, RJ
tel.: (21) 2240-0226 / fax: (21) 2262-5123
e-mail: jze@zahar.com.br
site: www.zahar.com.br

Capa: Sérgio Campante

CIP-Brasil. Catalogação-na-fonte
Sindicato Nacional dos Editores de Livros, RJ.

P564 Pesquisas urbanas: desafios do trabalho antropológico / Gilberto Velho e Karina Kuschnir (orgs.). — Rio de Janeiro: Jorge Zahar Ed., 2003
– (Antropologia social)

Inclui bibliografia
ISBN 85-7110-719-X

1. Antropologia urbana – Pesquisa. 2. Antropologia social. 3. Pesquisa. I. Velho, Gilberto. II. Kuschnir, Karina. III. Série.

CDD 306.072
03-0920 CDU 316.7.001.5

Sumário

Apresentação

Este livro discute problemas, estratégias e caminhos com que o pesquisador se depara durante o processo de investigação em meio urbano. Embora a principal ferramenta de pesquisa tenha sido a tradicional observação participante, a maioria dos autores lidou também com diversos tipos de fontes, como questionários, entrevistas e documentos. Pelas características dos objetos de pesquisa, foram valorizadas abordagens multidisciplinares, que estimularam o diálogo entre a antropologia e áreas do conhecimento como serviço social, saúde, artes, psicologia, educação, política, arquitetura, entre outras.

Cada artigo levanta problemas e desafios específicos a seus objetos e temas singulares. Os autores lidam com políticos, crianças cegas, idosos, produtores e consumidores de comida fast-food, usuários de drogas, turistas, músicos de rap, alunos, carnavalescos, habitantes da cidade em geral, em diferentes ambientes e condições de pesquisa. Porém, trata-se aqui, sobretudo, de não perder de vista questões mais gerais relacionadas à construção do conhecimento. Todos os textos ocupam-se de algum modo com as problemáticas da construção dos objetos de pesquisa, da investigação em meio urbano e da tensão entre os pontos de vista do pesquisador e do universo pesquisado.

Em seu conjunto, *Pesquisas urbanas* busca ser um subsídio à reflexão acerca das condições de vida em cidades brasileiras como Rio de Janeiro, Porto Alegre e Goiânia, além das européias Lisboa e Paris. As cidades, recortadas espacial e culturalmente, são cenário para pesquisas que abordam temas como sociabilidade, lazer, política, consumo, escolaridade, relação entre classes sociais, habitação. Alguns autores abordam especificamente o problema das novas fronteiras urbanas (como Cristina Patriota de Moura, em seu trabalho sobre os condomínios horizontais), enquanto outros enfatizam a inserção da cidade em uma rede de trânsito e globalização mais ampla (como Teresa Fradique, ao tratar do turismo e da produção da música rap em Lisboa).

Como destaca o artigo "O desafio da proximidade", uma das questões centrais deste livro é a distância e a proximidade do investigador com relação a seu objeto. Assim, a problemática da subjetividade e da intersubjetividade coloca-se como referência importante para todos os autores, que focalizam, em vários níveis, as possibilidades e os impasses dos diálogos. Os textos aqui presentes mostram como o estudo da própria sociedade impõe desafios e produz situações estimulantes para o desenvolvimento da pesquisa antropológica.

Ao incluir onze pesquisadoras neste volume — embora nosso objetivo não tenha sido fazer um recorte de gênero —, acabamos por ter um conjunto particularmente sugestivo de pesquisas realizadas por mulheres na sociedade contemporânea. A experiência do risco — físico e moral — esteve presente em vários dos trabalhos de campo aqui relatados, seja na mais crua acepção (como as ameaças policiais vividas por Sandra Regina Soares da Costa junto ao movimento hip hop, ou por Fernanda Delvalhas Piccolo entre usuários de drogas), seja por lidar com as fronteiras imprecisas de marginalidade, corrupção e violência urbana em geral (como Maria Laura Cavalcanti junto às redes da contravenção do jogo do bicho carioca, por exemplo). Várias autoras chamam a atenção sobre a dificuldade de se perceber o medo e o risco sob a ótica do outro. Entender medos de diferentes naturezas, assim como estratégias de proteção, revelou-se uma chave fundamental para o acesso do antropólogo ao universo pesquisado.

A descoberta de outros mundos sociais é um dos encantos do fazer antropológico. Pela nossa própria inserção social, transitamos por caminhos familiares sem enxergar as diferenças tão próximas. O olhar sobre o diferente, porém, se dá em duas vias. Pesquisadores e pesquisados enfrentam momentos de maior empatia, desconfiança, solidariedade e reserva, em diferentes etapas de uma mesma pesquisa. Freqüentemente identificamos *a posteriori* ritos de passagem impostos ao pesquisador como forma de testar seu comprometimento com o grupo, seja pelo aprendizado de uma linguagem (como o braile, no caso de Fernanda Eugenio, ou a dança, no de Andréa Moraes), seja pelo investimento na própria pesquisa como fonte de prestígio e legitimação para o grupo (como entre os políticos estudados por Karina Kuschnir). Compreender os lugares e os valores atribuídos ao pesquisador é também um modo de entender as crenças e representações dos integrantes do universo investigado acerca do mundo social.

Questionar o mito da invisibilidade do cientista social não implica ficar paralisado ou imerso no plano exclusivo da subjetividade. Ao contrário, trata-se de incorporar as condições de produção da pesquisa como parte do processo de construção do conhecimento — objetivo maior e que não se deve perder de vista.

Ao pesquisar nossa própria sociedade, temos que lidar com especial atenção com os dilemas e as questões associadas à divulgação dos resultados da investigação acadêmica. Como etapa final do processo de pesquisa, a publicação dos resultados dá ao universo investigado a oportunidade de interagir, questionar, rever e mesmo oferecer visões alternativas sobre seu próprio mundo. Esse diálogo impõe reflexão permanente por parte dos cientistas sociais desde o início de seu trabalho, pesando e avaliando suas atitudes tanto em termos científicos quanto éticos.

Essas foram algumas das principais questões debatidas durante o seminário *Pesquisa em meio urbano*, por nós organizado no Museu Nacional, nos dias 26 e 27 de junho de 2002. Os capítulos aqui apresentados são versões revistas das apresentações feitas na ocasião. Para tanto, em muito contribuíram as participações dos debatedores José Sérgio Leite Lopes, Luiz Fernando Duarte e Elizabeth Travassos e de todos os que participaram das sessões, fazendo perguntas e comentários sugestivos. A todos agradecemos a colaboração. Agradecemos também a Catharina Epprecht, nossa assistente de pesquisa, pelo apoio na organização do seminário.

Este livro é fruto do nosso envolvimento na pesquisa *Carreiras, projetos e mediação em sociedades complexas*, apoiada pela Fundação de Amparo à Pesquisa do Estado do Rio de Janeiro (Faperj) e pela Financiadora de Estudos e Pesquisas (Finep), do Ministério de Ciência e Tecnologia, coordenada por Gilberto Velho, com a colaboração de Karina Kuschnir.

Gilberto Velho e Karina Kuschnir

O desafio da proximidade

Gilberto Velho

A antropologia ampliou de tal forma o seu campo de atuação nas últimas décadas que se torna cada vez mais difícil indicar tema ou fenômeno sociocultural que não tenha sido objeto de pesquisa ou pelo menos de algum tipo de reflexão. A cidade é em grande parte responsável por essa expansão, à medida que os antropólogos crescentemente identificam e constroem objetos de investigação no meio urbano.

No Brasil — embora haja alguns antecedentes importantes —, foi sobretudo a partir do início dos anos 1970 que, de modo mais sistemático, se incorporou a cidade ao campo da investigação antropológica. Esse movimento significou uma mudança em relação aos eixos de preocupação até então dominantes, que eram a etnologia, as relações interétnicas e o estudo de grupos camponeses e/ou de situações tradicionais, como os que constituíram o objeto dos *estudos de comunidade*.

Desde Nina Rodrigues, na passagem dos séculos XIX para o XX, os cultos afro-brasileiros e as populações de origem africana em geral têm sido objeto de atenção dos antropólogos brasileiros e estrangeiros, como Edison Carneiro, Roger Bastide, Artur Ramos, Ruth Landes e Melville Herkovitz. Na maior parte dos casos, tratava-se de enfocar populações urbanas. Os autores mencionados atuaram sobretudo entre os anos 1930 e 1960 do século XX. A temática dos cultos afro-brasileiros e outras manifestações religiosas não só continuam sendo importantes, mas tornam-se, no interior dos estudos urbanos, uma das áreas mais produtivas. Só que agora, a partir dos anos 1970, estão associados a significativas alterações de enfoque e de perspectiva.[1]

Os antropólogos que pesquisam nas cidades passaram progressivamente a voltar seu interesse para a investigação de sistemas e redes de relações. Também as favelas, outra área de investigação de raízes mais antigas,[2] passaram a estimular a elaboração de trabalhos em que elas faziam parte de situações e processos sociais mais amplos, envolvendo, portanto, outros atores.[3] Os antropólogos começaram a se aproximar cada vez mais, entre outros movimentos, de seus universos de origem. Cabe registrar, nesse sentido, a importância de *Carnavais, malandros e heróis*, de Roberto Da Matta,[4] que constituiu um marco nesse desenvolvimento, com suas análises de rituais da sociedade brasileira. Sem dúvida, no largo espectro de investigação, as já mencionadas favelas, os cultos afro-brasileiros, a classe trabalhadora, as camadas populares em geral, os grupos desviantes, entre outros, foram temas privilegiados. Porém, de várias maneiras, os antropólogos brasileiros foram se defrontando com situações próximas e mais ou menos "conhecidas".

Foi assim que se redescobriu Gilberto Freyre, autor durante muitos anos relativamente marginalizado ou esquecido das instituições universitárias. Sobretudo o livro *Sobrados e mocambos*[5] passou a ser visto como pioneiro na pesquisa das relações entre diferentes categorias sociais no meio urbano. Freyre, em toda a sua obra, certamente também foi precursor na investigação de seu próprio meio. A partir dos anos 1970, os pesquisadores que estudam a umbanda, por exemplo, passaram a reconhecer suas empregadas domésticas[6] e, em centros espíritas, começaram a encontrar conhecidos e vizinhos.[7] Aliás, esses pesquisadores chegaram a diferentes grupos e a diferentes locais por intermédio de pessoas que faziam parte de suas relações mais ou menos íntimas. Não é essa a situação de um pesquisador que, em uma terra estranha, consegue se aproximar de informantes que poderão, com maior ou menor facilidade, promover novos encontros. O pesquisador brasileiro, geralmente em sua própria cidade, vale-se de sua rede de relações previamente existente e anterior à investigação.

Minha experiência pessoal começou com uma pesquisa em Copacabana, realizada no contexto da dissertação de mestrado que gerou o livro *A utopia urbana*.[8] Eu era morador de Copacabana já há 16 anos e, ao me casar, fui residir no mesmo bairro, em um prédio de apartamentos conjugados. A casa de meus pais ficava a duas quadras dali, em um edifício habitado sobretudo por oficiais superiores das Forças Armadas, profissionais liberais e suas famílias. A partir dessa primeira experiência de pesquisa, tenho procurado refletir — em meus próprios trabalhos e nas discussões com meus alunos — sobre proximidade e distância, familiaridade e estranhamento.

No artigo "Observando o familiar",[9] procurei explicitar alguns problemas teórico-metodológicos advindos da experiência da pesquisa em Copacabana e com o universo estudado em minha tese de doutorado, *Nobres e anjos*.[10] Se, em Copacabana, eu pesquisara uma pequena classe média espacialmente próxima, mas relativamente distanciada de meu universo de origem, no segundo caso, lidei com pessoas não só de grande proximidade sociológica, mas que, em significativa proporção, faziam parte do meu círculo de amizades.

Vale salientar que a distância que me afastava do universo *white-collar* copacabanense não era similar à que aparta aristocracia feudal e servos da gleba. Fui morar no prédio de apartamentos conjugados porque o recebera de meu pai, como precioso presente de casamento dado a um casal de estudantes de graduação que dependia de bolsas modestas e irregulares para sobreviver. Ou seja, minha família possuía naquele prédio um apartamento para renda e passou-o às minhas mãos. Minha avó paterna, inclusive, ali passara alguns meses depois que enviuvara.

Assim, nossa estada naquele prédio por cerca de um ano e meio colocava-nos em princípio numa situação de trânsito para um lugar melhor. Não éramos os únicos nessa categoria, mas seguramente integrávamos a minoria. Predominavam no prédio bancários, comerciários, funcionários públicos que ocupavam no máximo uma posição intermediária em seus trabalhos. Contudo, assim como minha avó, havia também uma população de idosos casados, solteiros ou viúvos, de níveis variados dentro do universo das camadas médias urbanas. Por outro lado, em alguns apartamentos viviam moças classificadas como prostitutas ou garotas de programa. O mais fascinante no prédio era essa heterogeneidade de figuras e estilos.[11] Nesse ponto, havia um flagrante contraste com a relativa homogeneidade sociocultural do edifício de meus pais.

Às vezes penso se nossa convicção de que a permanência no prédio era transitória não se matizava por uma leve preocupação sobre a possibilidade de que, se as coisas não dessem certo, poderíamos ali ficar por um tempo bem maior do que inicialmente imagináramos. Isto é, na dinâmica dos processos de mobilidade da sociedade brasileira moderno-contemporânea, as distâncias não são como as da sociedade de castas da Índia clássica.

Já na pesquisa para o doutoramento, dediquei-me ao estudo das camadas médias superiores na fronteira com as elites. Esses limites eram um tanto complexos porque envolviam renda, status, educação e estilo de vida. Em certas situações, poderiam conviver famílias de banqueiros com artistas e intelectuais de situação financeira modesta, embora com algum prestígio ou notoriedade social. Essas diferenças não eram ignoradas, mas colocadas entre uma espécie de parêntese. Quando decidi pesquisar a "aristocracia de estratos médios", já tinha noção das peculiaridades da tarefa. Alguns dos membros dessa camada tinham ligação com minha família, e outros haviam sido colegas meus de curso secundário. Assim, os vínculos que havia dentro do universo envolviam relações de parentesco por descendência e aliança, além de antigos laços de amizade e coleguismo.

No Edifício Estrela, em Copacabana, baseei-me sobretudo na observação direta e no contato permanente com os moradores e com a vida do prédio em geral. Conversei com as pessoas e assisti a conflitos e dramas de todos os tipos. Mas o tempo todo sentia-me como alguém de fora daquele mundo, embora hoje possa até relativizar um pouco essa visão. No caso de *Nobres e anjos*, eu via-me, em relação aos "nobres", como um par, como um professor e pesquisador, assim como os outros eram artistas, jornalistas, diplomatas etc. Já em relação aos "anjos", a distância geracional produzia diferenças significativas em termos de ethos e linguagem, ainda mais acentuadas pelas características próprias do mundo dos surfistas usuários de drogas e seu entorno. O auxílio de um assistente de pesquisa mais jovem ajudou-me a lidar com essas dificuldades. No entanto, o foco principal do trabalho estava nos "nobres", com quem eu convivia com regularidade. Entrevistei vários deles, às vezes mais de uma vez, complementando a observação participante, meu ponto de partida. Na verdade, transformei parte significativa de minha rede de relações sociais em objeto de pesquisa, em um movimento um tanto heterodoxo para os padrões tradicionais da antropologia. Portanto, eu já possuía um tipo de conhecimento e de informação apreciável sobre parte do universo que me propus investigar.

Foi importante e crucial o movimento de *estranhar o familiar* — tarefa nada trivial e, com certeza, nem sempre bem-sucedida. Felizmente, creio que nunca tive idéias onipotentes e equivocadas de estudar amigos e conhecidos como se fossem formigas. Havia uma consciência da dificuldade de desnaturalizar noções, impressões, categorias, classificações que constituíam minha visão de mundo. Cabe no entanto mencionar que, por razões de formação e trajetória pessoais, o exercício de um certo distanciamento não me era estranho. É possível que isso passe por um interesse em literatura e história anteriores à própria opção pela pesquisa antropológica. Creio que esta veio acentuar e fortalecer certas características de meu perfil intelectual.

O fato é que, hoje, estudar o próximo, o vizinho, o amigo, já não é um empreendimento tão excepcional. Ao contrário, multiplicam-se os trabalhos de pesquisa sobre camadas médias, gênero, geração, vida artística e intelectual, família e parentesco, religião, política etc., que implicam lidar com a problemática da familiaridade e do estranhamento. Creio que este é um movimento muito forte e característico da produção antropológica brasileira, que — pelo menos desde meados dos anos 1960 — procurou responder a desafios e questões produzidas pelo golpe de 1964 e pela instauração do regime militar. Nesse sentido, era importante ampliar e aprofundar o campo de pesquisa antropológica. Era interessante, política e cientificamente, estudar os grupos dominados mais explorados e oprimidos. Contudo, as investigações de outros segmentos e categorias, como as camadas médias e as elites, também se revelavam importantes.

Uma outra subárea dentro dos estudos urbanos que teve grande desenvolvimento no mesmo período foi a das pesquisas sobre desvio e comportamento desviante. Assim, doença mental, prostituição e homossexualismo são alguns dos temas presentes em *Desvio e divergência*, livro que publiquei, em 1974, reunindo textos meus e de meus alunos. O uso de drogas foi um dos ganchos básicos de minha aproximação com o universo das camadas médias superiores da Zona Sul do Rio de Janeiro, estudado em *Nobres e anjos*. Houve, por conseguinte, uma aproximação com a área psi, em função de alguns interesses e algumas preocupações em comum. A própria tradição interacionista, forte influência em nossos trabalhos, estava ligada desde as suas origens à psicologia social.[12] A temática *indivíduo e sociedade* está, portanto, estreitamente ligada a boa parte das investigações em meio urbano que se multiplicaram a partir dos anos 1970. Não só os autores da Escola de Chicago, herdeiros da obra de Georg Simmel, mas outras correntes, como os trabalhos de Michel Foucault,[13] enriqueceram o repertório intelectual das pesquisas antropológicas em expansão.

Os objetos estudados e as perspectivas teóricas mais utilizadas levaram inevitavelmente ao uso crescente de histórias de vida, biografias e trajetórias individuais. Dessa forma, os indivíduos, na sua singularidade, também se tornaram matéria da antropologia, à medida que eram percebidos como sujeitos de uma ação social constituída a partir de redes de significados. Em lugar de considerar os indivíduos como determinados por instâncias englobantes anteriores, passava-se a estudá-los como intérpretes de mapas e códigos socioculturais, enfatizando-se uma visão dinâmica da sociedade e procurando-se estabelecer pontes entre os níveis micro e macro.

Essa perspectiva era fundamental para eu poder lidar com o universo de camadas médias superiores que estudei, porque se tratava claramente de indivíduos com discursos e práticas de crítica e inovação. É claro que entre os pesquisados em Copacabana encontrei também pessoas que faziam comentários e reflexões relevantes, como pode ocorrer em qualquer sociedade ou grupo social. No entanto, ao lidar com um setor mais intelectualizado da sociedade brasileira, deparei-me, e sem surpresa, com artistas, intelectuais e profissionais liberais informados, em maior ou menor grau, a respeito de sociologia, psicanálise, história e literatura.

Alguns não só respondiam às questões feitas por mim como também construíam respostas nas quais estavam presentes alguns dos principais temas da *inteligentsia*, não só brasileira, mas internacional.

Em meu livro *Subjetividade e sociedade*,[14] em que transcrevo depoimentos mais extensos, isso fica ainda mais nítido. Anos depois de pronta a tese, por ocasião de sua publicação, alguns dos pesquisados conversaram comigo, expondo seus pontos de vista e tecendo observações interessantes. Nem todos eles eram intelectuais, e não apenas os mais intelectualizados tecem comentários sobre livros escritos a seu respeito. Basta lembrar o *Street corner society*, de William Foote Whyte,[15] no qual o autor conta as reações e mesmo as críticas feitas ao livro por alguns indivíduos do seu universo de pesquisa, habitantes de um bairro popular de uma cidade norte-americana.

A formação dos mais intelectualizados entre os meus entrevistados, portanto, era basicamente uma combinação de psicanálise, algum marxismo, história da arte, literatura e, em poucos casos, ciência política e economia. Nenhum deles era cientista social na época, mas muitos estavam bem informados a respeito das questões críticas da sociedade brasileira contemporânea e com elas se preocupavam. Uma das principais conseqüências disso era que o diálogo entre nós se dava com bastante plenitude. Embora eu fosse muito próximo de alguns de meus pesquisados, essa não era a regra. Com alguns deles eu tinha contato escasso e ocasional. Outros eu conhecia praticamente de vista e de cumprimentos mais ou menos formais. Essa situação ajuda-nos a pensar, não só sobre o tipo de pesquisa possível, como também a respeito de algumas características da sociedade contemporânea.

Desde Simmel, pelo menos, discute-se e analisa-se a natureza complexa e diversificada da vida na metrópole.[16] O crescimento das cidades, as mudanças e a produção de novos valores marcam fronteiras em relação a uma sociedade tradicional. Retomo aqui um ponto que já explorei em outros textos.[17] Não só a complexidade e a diferenciação sociológicas, mas a multidimensionalidade do mundo real, expressa em diferentes níveis e províncias de significado, nos termos de Alfred Schutz,[18] apontam para processos de construção de identidades em que o pertencimento a vários grupos, redes e círculos sociais é fenômeno básico a ser investigado e compreendido na sociedade moderno-contemporânea.

Deriva daí a importância do estudo de projetos individuais e coletivos nos quais as possíveis contradições e ambigüidades, provindas dos multipertencimentos, apresentam-se, pelo menos em parte, subordinadas a uma ação racional. Ao mesmo, tempo, é esse multipertencimento que permite ao antropólogo pesquisar sua própria sociedade e, dentro dela, situações com as quais ele tem algum tipo de envolvimento e das quais participa. O fato de não ser englobado por nenhum grupo exclusivo — somado às próprias características e à formação do antropólogo, que, em princípio, produz e valoriza uma certa distância — permite o movimento de estranhamento crítico diante do próximo.

As possibilidades desse empreendimento ser bem-sucedido dependem, sem dúvida, das peculiaridades das próprias trajetórias dos pesquisadores, que poderão estar mais inclinados ou aptos a trabalhar com maior ou menor grau de proximidade de seu objeto. Logo, para variar, não há fórmulas nem receitas, e sim tentativas de armar estratégias e planos de investigação que evitem esquematismos empobrecedores. Assim, cada pesquisador deve buscar suas trilhas próprias a partir do repertório de mapas possíveis.

Notas

1. Ver, por exemplo, Yvonne Maggie, *Guerra de orixá*; Patrícia Birman, *Fazendo estilo criando gêneros.*

2. Anthony Leeds e Elizabeth Leeds, *A sociologia do Brasil urbano.*

3. Ver, por exemplo, Carlos Nélson Ferreira dos Santos, *Movimentos urbanos no Rio de Janeiro*; Ana Heye, *Mata Machado.*

4. Roberto Da Matta, *Carnavais, malandros e heróis.*

5. Gilberto Freyre, *Sobrados e mocambos.*

6. Yvonne Maggie e Márcia Contins, "Gueto cultural ou umbanda como modo de vida: notas sobre uma experiência de campo na Baixada Fluminense".

7. Maria Laura Cavalcanti, *O mundo invisível.*

8. Gilberto Velho, *A utopia urbana*.

9. Gilberto Velho, "Observando o familiar".

10. Gilberto Velho, *Nobres e anjos*.

11. Gilberto Velho, "Cotidiano e política em um prédio de conjugados".

12. Ver, por exemplo, Erving Goffman, *Manicômios, prisões e conventos*, *A representação do eu na vida cotidiana* e *Estigma*; Anselm Strauss, *Espelhos e máscaras*; Herbert Blumer, *Symbolic interactionism*.

13. Michel Foucault, *História da loucura na Idade Clássica*.

14. Gilberto Velho, *Subjetividade e sociedade*.

15. William Foote Whyte, *Street corner society*.

16. Georg Simmel, *On individuality and social forms*.

17. Gilberto Velho, *Subjetividade e sociedade*, cap. 1.

18. Alfred Schutz, *Collected papers* e *Fenomenologia e relações sociais*.

Uma pesquisadora na metrópole:
identidade e socialização no mundo da política

Karina Kuschnir

Em 1995 e 1996, realizei trabalho de campo na cidade do Rio de Janeiro, concentrando minha atenção sobre os vereadores Marta Silveira e Ricardo Alves.[1] Estive em campo durante cerca de cem dias não consecutivos, dos quais 70% foram passados junto à família Silveira. Participei diretamente do cotidiano desses políticos, registrando em um diário de campo acontecimentos, conversas e observações. Acompanhei atividades em gabinetes, encontros públicos, reuniões, audiências, vida familiar, panfletagens, atendimento a eleitores, festas, inaugurações e eleições, entre outros eventos. Gravei entrevistas e reuniões com os vereadores, seus assessores e eleitores. Coletei também material de divulgação e campanha, além de fazer um levantamento das iniciativas legislativas, ofícios, cartas enviadas e recebidas por esses parlamentares. Como veremos adiante, foi essencial diversificar as fontes da pesquisa para melhor compreender os universos estudados.[2]

A escolha de Marta Silveira e Ricardo Alves foi guiada pelo objetivo de realizar uma etnografia comparativa sobre a vida política da cidade, levando em conta diferenças de filiação partidária, estilo de formação, trajetória e atuação política.

Pré-noções

Desde o início, eu estava decidida a procurar Marta Silveira. Por conta da pesquisa de mestrado, já havia observado sua atuação no plenário, lido seus discursos e intervenções nas publicações internas da Câmara Municipal e feito com ela uma entrevista de quase duas horas. Na época, Marta foi um dos poucos parlamentares que se dispôs a falar mais longamente comigo. Além do interesse pela pesquisa, Marta é uma pessoa que gosta de pensar e falar sobre seu próprio trabalho — característica fundamental para um informante de uma pesquisa antropológica. Além disso, eu procurava propositadamente alguém que pudesse me levar a entrar em contato com universos diferentes daqueles com os quais eu estava habituada.

A maior parte dos outros vereadores que pareciam ser bons informantes apresentavam um perfil — pelo menos aparentemente — muito semelhante ao meu: tinham estudado na Zona Sul do Rio de Janeiro, gostavam dos mesmos livros, jornais e filmes e defendiam idéias de esquerda. Naquele momento, pelo menos, Marta significava um mundo diferente. Ela se apresentava como herdeira política de seu pai, e suas bases eleitorais estavam concentradas em Roseiral, importante bairro do subúrbio carioca. Seu interesse pela política partidária era muito pequeno quando comparado à dedicação que tinha ao trabalho de atendimento da comunidade. Além disso, logo no nosso primeiro contato, ela me convidou para conhecer o escritório da família, em Roseiral.

A escolha de Ricardo Alves como segundo parlamentar a ser estudado em maior profundidade se deu em função do contraste de seu perfil com o de Marta. Não havia conseguido entrevistá-lo durante a pesquisa de mestrado, mas conhecia o suficiente de sua biografia para saber que, a princípio, muitas características distanciavam-no de Marta. Ricardo Alves recebeu votos de quase todas as zonas eleitorais da cidade, com predomínio da Zona Sul, onde mora. Sua carreira política esteve sempre ligada a partidos de esquerda, e ele próprio já ocupou diversas posições na estrutura do PT, partido ao qual está filiado desde a criação. Além disso, Ricardo Alves dedica boa parte de seu tempo ao trabalho legislativo e, diferentemente dos Silveira, não tem escritório fora da Câmara Municipal. Escolhendo-o como objeto de estudo, eu esperava obter dados que permitissem relativizar o material de pesquisa levantado junto aos Silveira, possibilitando contrastar e comparar seus estilos de atuação.

Como se pode ver, antes mesmo de conhecer esses parlamentares mais profundamente, eu já tinha uma série de premissas a seu respeito. A dificuldade de "afastar sistematicamente todas as pré-noções", como nos recomenda Durkheim,[3] talvez seja ainda mais difícil quando se trata de estudar um tema como a política, principalmente em nossa própria sociedade. Desde o início do trabalho de campo, esforcei-me para ter consciência dos meus valores e de sua influência sobre a pesquisa, como relato a seguir.

Por indicação de meu orientador, Gilberto Velho, meses depois de ter defendido a dissertação de mestrado, fui procurada pela produção do programa *Globo Ciência*, da TV Globo, para falar sobre o tema "ética na política". Além de dar uma pequena entrevista, indiquei o nome de Marta à repórter que procurava um exemplo de "político tradicional". Segundo a definição da repórter, este seria alguém que fizesse atendimento pessoal ao eleitor, com trabalho concentrado em certos bairros. A gravação foi feita, e Marta apareceu no programa. Um ano e meio depois desse episódio, estive novamente no gabinete da vereadora na Câmara para propor a realização da pesquisa em seu escritório de Roseiral. Para facilitar o contato, falei de nossa entrevista e da indicação para o *Globo Ciência*, achando que isso contaria a meu favor. Ela lembrava de mim e aceitou o pedido sem hesitação.

Depois dessa aceitação, a pergunta que eu e muitos me fizeram foi: por que uma política "como ela" deixaria que eu circulasse e observasse livremente o seu trabalho? Tanto eu, quanto, por exemplo, a repórter do programa e outros vereadores que rotulavam Marta como "tradicional" achávamos, mesmo sem admitir abertamente, que políticos "como ela" tinham muito a esconder. Afinal, Marta tinha um compromisso com seu pai, Fernando, um político "conhecido" por um trabalho de "assistência" aos eleitores, com a "fama" de estar sempre mudando de partido, de acordo com a conveniência do momento, pouco interessado no trabalho legislativo.

Todos esses dados "sabidos", "conhecidos", por "fama" são parte de um repertório que se explicita informalmente nas conversas, nos jornais, na literatura política e em outros tipos de informação que chegam eventualmente às nossas mãos. O rótulo "tradicional" aplica-se geralmente a políticos também chamados de "antidemocráticos", "fisiológicos", "populistas", ou outras classificações depreciativas, mas muitas vezes estende-se àqueles que promovem os mais diversos tipos de práticas ilegais, como corrupção, fraudes eleitorais e desvio de dinheiro público. Até o início da pesquisa, porém, eu nunca tinha visto Fernando atendendo a nenhum eleitor, não havia acompanhado suas votações, analisado detidamente suas mudanças de partido, assim como não tinha qualquer indício ou prova de que ele tivesse cometido qualquer ato ilícito em sua vida. O mesmo valia para Marta. Enfatizo aqui, portanto, que havia uma pré-noção negativa sobre o perfil "tradicional" dos Silveira.

Desde o primeiro dia que passei em seu escritório, Marta disse que eu poderia freqüentá-lo quantas vezes e por quanto tempo quisesse. Minha liberdade em campo era vista por mim e por alguns de meus pares com reservas. Muitos pareciam surpresos pela oportunidade que eu havia obtido e sugeriam que devia haver alguma coisa "escondida". Eu tinha que descobrir como a vereadora conseguia dinheiro, como as coisas se passavam nos "bastidores". Fica claro, assim, que, entre as pessoas e as informações que fazem parte do meu mundo cotidiano, meu objeto de pesquisa estava fortemente associado a práticas sociais de valor negativo.

Além das pré-noções relacionadas à idéia de "político tradicional", eu levava para o campo, junto aos Silveira, uma série de crenças a respeito da Zona Norte e do subúrbio em geral. A única vez que eu havia estado em Roseiral tinha sido na infância, aos oito ou nove anos, quando passei um fim de semana na casa de uma babá que morava em uma favela do bairro. A lembrança era boa, de brincadeiras na rua e muito sorvete de saquinho, mas impressionei-me com as latas d'água na cabeça e o pequeno quarto onde todas as mulheres da casa dormiam juntas. Antes da primeira visita ao escritório de Marta, eu enfrentava — e em parte compartilhava — o ceticismo e o espanto de amigos, familiares e colegas: "Roseiral? O que você vai fazer nesse fim-de-mundo?"; "Político em Roseiral? Puxa, deve ser barra pesada..."; "Tome cuidado". Esse era o tom de meus interlocutores. Quase nenhuma das pessoas mais próximas do meu círculo de convivência conhecia Roseiral, e todas pareciam ter tantas fantasias sobre o lugar quanto eu mesma. A maioria dos meus amigos sequer conseguia guardar o nome do bairro onde eu estava fazendo pesquisa, confundindo Roseiral com outros bairros da Zona Norte. Com o sentimento de medo e espanto, vem, acompanhando-o, em alguns casos, um certo romantismo. Depois que eu dizia que "voltei viva", "que as pessoas de lá são legais", a imagem de Roseiral passava a ser a do subúrbio bucólico, onde todos são mais puros e amigos. Fica-se entre dois extremos, ambos no plano da crença e da imaginação.

Durante o trabalho de campo, tentei me policiar ao máximo contra as interferências dessas pré-noções na pesquisa, mesmo tendo consciência de que era impossível neutralizá-las totalmente. A ida a Roseiral, principalmente nas primeiras semanas, me parecia difícil e perigosa. No escritório dos Silveira, desconfiava de tudo que me diziam e achava que me ocultavam informações.

A expectativa em relação à pesquisa com Ricardo Alves era totalmente diferente. Tínhamos vários conhecidos em comum e morávamos em bairros vizinhos. Politicamente, tinha simpatia pela sua conduta, que acompanhava pela mídia. Ao contrário de Ricardo Alves, os Silveira não eram notícia nos jornais que eu costumava ler. Embora nunca tenha sido militante, sempre votei em candidatos do PT. Assim, a entrada no universo desse partido me parecia natural e animadora. A essa altura, eu já havia realizado uma parte do trabalho de campo com os Silveira e esperava poder contrastar as informações. A proposta de realização da pesquisa foi prontamente aceita por Ricardo Alves, que se colocou à disposição para me ajudar no que fosse necessário.

Como já afirmei, Marta também se mostrou muito disposta em colaborar comigo, mesmo desconfiando de algumas das minhas pré-noções negativas a respeito de seu trabalho, de seu pai e de Roseiral. Em vários momentos, Marta procurou se defender de acusações representadas, ainda que indiretamente, pela minha pessoa. Logo no primeiro dia do campo, como disse, comentei sobre a indicação para que ela participasse do programa *Globo Ciência*. Até então, eu achava que sua participação havia sido muito bem-sucedida, e que a produção do programa não teria apresentado ao espectador um olhar negativo sobre seu trabalho. Marta referiu-se ao episódio com alguma ironia, observando que a repórter queria "usá-la" como exemplo de alguém que faz apenas "assistencialismo". Segundo ela, a tentativa teria sido frustrada, pois seu trabalho não se pode resumir nessa classificação. Marta explicou que sua atuação é necessária e importante porque traz investimentos públicos — que, segundo ela, só costumam ser feitos na Zona Sul — para o subúrbio. Da mesma forma, Marta defende-se de acusações de que ela e seu pai mudam de partido por "oportunismo", justificando que seu objetivo é conquistar recursos para a região.

Essas afirmações foram todas feitas espontaneamente, sem que eu provocasse, e deixavam claro que Marta me identificava com um grande grupo acusatório, do qual também faziam parte a repórter da Globo, os funcionários públicos e os moradores da Zona Sul em geral. Sua defesa contra a acusação de "assistencialismo" era resposta a uma pergunta que eu *não* havia feito. O tom defensivo indicava que ela acreditava que eu compartilhava da crença nas dicotomias Zona Sul/Zona Norte, cidade/subúrbio, político moderno/político tradicional e todas as pré-noções positivas/negativas que as acompanham. Por tudo o que foi dito anteriormente, Marta tinha razão.

Durante o campo, a vereadora deixou de se preocupar com essas justificativas, exceto com relação a possíveis desconfianças a respeito da honestidade de sua conduta. Sem que eu perguntasse, ela sempre procurava deixar claro para mim que não cometia atos ilícitos, corruptos ou se aliava a pessoas que os praticassem. Às vezes, diante de situações que beiravam essas fronteiras, Marta chamava minha atenção para que eu notasse que ela não estava de acordo. Nas poucas vezes em que presenciei propostas do gênero, Marta recusou-se a atendê-las e fez observações do tipo: "Político é muito seduzido, tem que tomar o maior cuidado"; ou "todo mundo quer dar um jeitinho", ou, ainda, "não quero ficar com o rabo preso", entre outras. Essas frases foram ditas apenas para mim e em diferentes fases da pesquisa, deixando claro que, em algum nível, Marta esteve sempre consciente da minha presença no papel de uma observadora crítica.

Diferentemente de Marta, Ricardo Alves e seus assessores me viam como alguém que compartilhava de seus valores. Em princípio, não havia qualquer tom defensivo de sua parte. Ao contrário, todos esperavam que eu soubesse a história do PT em detalhes, suas divisões internas, os grupos e as preferências de cada um. Inúmeras vezes, Ricardo Alves pontuava suas observações com frases do tipo: "você sabe disso", "aquela coisa que você conhece bem", "você conhece essa história", e outras do gênero. Em muitas ocasiões, eu era obrigada a explicar que não conhecia o fato ou a pessoa em questão. A necessidade de me justificar mostra que havia uma grande predisposição positiva de Ricardo Alves e das pessoas ligadas a ele em achar que nossas identidades tinham vários pontos em comum.

Bastidores

Em parte, essas minhas primeiras classificações no campo iam sendo confirmadas no dia-a-dia. Para os assessores de Marta, fui apresentada como uma "estudante" que estava fazendo uma pesquisa sobre o trabalho deles. Era difícil explicar o que era antropologia. A menção ao Museu Nacional era sempre associada ao acervo museológico, e eu vivia às voltas com perguntas a respeito de múmias, fósseis e outros objetos exóticos. Já entre os assessores de Ricardo Alves, vários haviam feito mestrado, conheciam o programa de pós-graduação do Museu e eram amigos de alunos ou de professores de antropologia. Para a maioria, pelo menos, não havia dúvida quanto à natureza da pesquisa.

Além do estranhamento provocado pelo fato de eu ser antropóloga, muitos assessores de Marta perguntavam como eu tinha ido "parar lá" em Roseiral. Todos me identificavam com a Zona Sul e queriam saber o bairro e também a rua onde eu morava. A menção a Botafogo às vezes decepcionava alguns interlocutores, que não consideravam o bairro "tão Zona Sul" quanto Copacabana e Ipanema. Mas havia, de um modo geral, uma ênfase em nossa separação espacial, cultural e econômica.

O problema da distância era grande para eles, já que inicialmente muitos pensavam que eu ia de Botafogo a Roseiral de ônibus. O fato de eu ter carro nunca era pressuposto, e eu mesma me surpreendi diversas vezes com esse "mal-entendido". Afinal, de carro, eram só 35 minutos da porta da minha casa até o escritório deles. Quando me dei conta do caráter excepcional de ter carro, ainda mais um Gol 1988 — considerado "velho" para os padrões de meus amigos e familiares, mas "novo" para os padrões de Roseiral —, passei a ter uma certa vergonha de dizê-lo.

Morar na Zona Sul não era necessariamente uma característica que me valorizava diante dos meus interlocutores. Às vezes, muito pelo contrário. Quando soube que eu morava em Botafogo, uma assessora de Marta, por exemplo, comentou com outra: "a Karina não mora: ela se esconde". Em outro momento, um assessor me disse que não entendia como alguém podia querer morar na Zona Sul, onde os vizinhos não se conheciam, onde ninguém falava com ninguém. Ele contou que tinha ido uma vez passar o fim de semana na casa de um tio que morava em Copacabana e se sentira "muito mal" lá. Disse que ficou "tonto" e "com dor de cabeça" com tanta gente junta e que "nunca mais" quer voltar ao bairro.

Essas observações mostram que a minha presença não passava despercebida. De minha parte, eu também estranhava os gostos, o paladar e os hábitos locais. Por mais que me esforçasse, cometia gafes típicas de quem é *outsider*, confundindo ruas e bairros e perguntando coisas óbvias do ponto de vista nativo. Certa vez, por exemplo, perguntei a duas assessoras por que havia tantos cavalos pelas ruas. Elas riram muito da minha pergunta e explicaram: "Sabe, Karina, é que em lugar de pobre, frete só se faz a cavalo". Logo depois, me apontavam uma carroça do outro lado da rua, fazendo entrega de refrigerantes. Apesar do meu desconforto, nenhuma das duas pareceu importar-se com a pergunta. Ficou claro, no entanto, que eu era uma "não-nativa", cujo olhar não via aquilo que os nativos viam. Eu vinha de um lugar "de rico", e aquele era um lugar "de pobre". Outra vez, convidada para um baile da "terceira idade", fui esperando encontrar senhores e senhoras de mais de 65 anos. Minha surpresa foi grande quando cheguei e descobri que "terceira idade" lá significava "mais de 40 anos"!

Entre os assessores de Marta, a curiosidade sobre minha vida pessoal também gerou algumas situações engraçadas, que deixavam evidentes as diferenças entre nossos valores. Havia um certo tom de brincadeira em torno de um assessor, porque se casara recentemente (havia quatro meses) e pelo fato de ele ser considerado bonito pelas mulheres (uma das brincadeiras dos assessores era apresentá-lo como "irmão do Fábio Jr."). Certa vez, eu estava entrando na cozinha do escritório, e esse assessor, que almoçava em companhia de outra assessora, perguntou se eu era casada (eu não uso aliança). Disse que sim. Ele perguntou se eu gostava de cozinhar. Disse que sim. Ele então virou-se para a outra assessora e falou algo como: "Está vendo? Você tem que fazer como a Karina. Se você não cozinhar para o seu marido, ele vai acabar te largando". Todos rimos, já que a conversa não era muito séria. Mas saí dali assustada com a associação feita por ele. O fato de ser casada e gostar de cozinhar foi interpretado como "gostar de cozinhar *para* o marido"! Não era absolutamente essa a minha intenção, até porque meu marido gosta mais de cozinhar do que eu.

As pessoas se mostravam desconfiadas em relação ao meu casamento. Além de não usar aliança, como eu poderia estar casada há cinco anos e não ter filhos? Ainda por cima, como o meu marido podia deixar que eu dormisse fora, mesmo que fosse por causa da pesquisa? Ele não se importava que eu chegasse em casa sozinha, às vezes recebendo carona de um assessor do sexo masculino? Todas essas perguntas me foram feitas direta ou indiretamente, várias vezes, nos primeiros meses do trabalho de campo. Eu procurava sempre demonstrar tranqüilidade, explicando para os mais curiosos que não tinha filhos "por opção" (e não por "problemas", com pensavam alguns), e que meu marido também era antropólogo, por isso entendia o que eu estava fazendo. As mulheres passaram então a dizer que eu tinha um marido muito "bonzinho". (A curiosidade de todos foi aplacada quando finalmente levei o "marido" para participar de um baile promovido por Marta, do qual tratarei adiante.) A essa altura, eu já tinha aprendido que o código nativo que regulava as relações matrimoniais era diferente daquele com o qual eu estava acostumada. Aparentemente, pelo menos, as relações eram mais conservadoras, e a idéia de uma mulher "trabalhar fora" não estava totalmente assimilada. Mais tarde, esses acontecimentos me fizeram notar que uma antropóloga mulher talvez seja exposta com mais facilidade e recorrência a questões morais do que pesquisadores do sexo masculino.

No universo de Ricardo Alves, nesse plano dos valores e gostos pessoais, nossas diferenças não eram muito perceptíveis. Sempre se partia do princípio que havia uma base em comum. Embora também houvesse curiosidade a respeito de minha vida pessoal, as regras do meu casamento nunca foram objeto de discussão. Uma descoberta interessante também confirmava a idéia de que compartilhávamos do mesmo universo: quando consegui os dados da mala direta do vereador, dei uma olhada nos nomes das pessoas cadastradas e descobri dezenas de amigos e conhecidos. A mesma tentativa com o cadastro dos Silveira não revelou um nome sequer que eu conhecesse.

A princípio, portanto, poderíamos dizer que o universo de Ricardo Alves era o "familiar", enquanto o de Marta representava o "exótico" dentro da minha própria cidade, para usar os termos de Gilberto Velho[4] e Roberto Da Matta.[5] Como antropóloga em uma metrópole, eu experimentava a possibilidade de circular por diferentes universos, com tradições culturais e visões de mundo distintas. No entanto, como observou Velho, nem sempre aquilo que consideramos a princípio "familiar" ou "exótico" revela-se de fato como tal.[6]

Conforme aumentava minha experiência no campo, fui descobrindo "familiaridades" e "exotismos" nos universos de Marta Silveira e Ricardo Alves, respectivamente. O conforto em achar que eu era praticamente uma "nativa" entre os assessores de Ricardo Alves me fez muitas vezes assumir pontos de vista equivocados a respeito das situações que observava. O convívio com assessores e principalmente com colaboradores de campanha me pôs em contato com o mundo da militância e do sindicalismo petista, com redes e referências totalmente estranhas para mim. O pressuposto de que Ricardo Alves sempre me falava "abertamente" sobre tudo me fez subestimar a importância do uso de suas relações para ter influência sobre as decisões de órgãos públicos e junto à mídia. Também passaram despercebidos sérios conflitos entre pessoas que circulavam em torno de Ricardo Alves, como descobri em uma conversa informal, já nos últimos dias do campo.

Por outro lado, entre os Silveira, fui encontrando coincidências e proximidades que antes julgava inexistentes. Conversando em família, soube que um tio meu, que é médico, não só havia trabalhado muitos anos em Roseiral, como conhecia bem Fernando, embora não o visse há tempos. Descobri ainda que uma assessora de Marta havia estudado em uma faculdade ao lado da minha casa. Sua melhor amiga, também assessora, freqüentava um cabeleireiro que morava na minha rua. Outro assessor de Marta fez durante muito tempo aulas de dança de salão na mesma academia que eu havia freqüentado.

Com exceção do meu tio, essas coincidências e cruzamentos entre mim e os assessores de Marta relacionam-se ao fato de que a Zona Sul da cidade é um pólo de atividades culturais. O principal motivo de deslocamento das pessoas ligadas aos Silveira do subúrbio para a Zona Sul tem a ver com o estudo e principalmente com atividades de lazer. A vinda para a região da orla marítima está quase sempre relacionada à freqüência às praias, aos shopping centers, restaurantes, cinemas, teatros e casas de espetáculos. A experiência do trabalho de campo permitiu que eu sentisse de perto a multiplicidade de domínios e esferas culturais da metrópole e a relatividade do anonimato de seus habitantes.[7] À proporção que ia sendo socializada no mundo dos Silveira, aprendia a identificar pessoas do meu convívio que faziam parte desse universo, mas cuja identidade sempre passara despercebida. Passei a conseguir identificar prefixos de telefone, assim como ruas e regiões do subúrbio. Essas coisas aparentemente banais são importantes no processo que utilizamos para classificar nossos contemporâneos. O aprendizado resultava em novas fontes de informação sobre os Silveira. Por exemplo, certa vez, pelo prefixo de telefone, descobri que a mãe do meu corretor de seguros era moradora de Roseiral. Toda a sua família conhecia os Silveira. Através de nossas conversas, pude obter impressões e opiniões a respeito deles que dificilmente me seriam passadas por pessoas de "dentro" daquele universo.

À medida que ia ficando conhecida na minha própria rede de relações como alguém que estava "pesquisando Marta e Fernando Silveira", descobri que conhecia muito mais moradores do subúrbio do que imaginava. Com a proximidade das eleições, essas pessoas passaram a me abordar, dizendo que conheciam Marta e pedindo minha opinião sobre ela. Assim, pessoas com quem eu me relacionava freqüentemente, como funcionários do escritório do meu pai, alunos, prestadores de serviço, entre outros, me revelavam uma face de sua identidade que eu não conhecia.

A pesquisa com Ricardo Alves também despertava curiosidade entre pessoas mais próximas, como familiares, amigos e colegas de trabalho. Embora, a princípio, esse fosse um universo próximo ao do vereador em termos espaciais e simbólicos, muitas dessas pessoas nunca tinham interagido com "um político de carne e osso" — como disseram dois amigos meus, cientistas políticos. Assim, revela-se uma face importante do contexto de atuação de Marta Silveira e Ricardo Alves. Enquanto a primeira interagia com vizinhos e moradores de sua região, o segundo tinha uma imagem "pública" mas, em um certo nível, era quase um desconhecido.

Esse fenômeno chama atenção mais uma vez para a necessidade de relativizarmos o "familiar" e o "exótico". Como mostrou Gilberto Velho, ao comparar nossa relação com vizinhos e estrelas de TV em uma metrópole, podemos eventualmente nos sentir completamente "estranhos" em relação aos primeiros e muito "próximos" dos segundos.

Como o passar do tempo, além das mudanças que aconteciam na minha maneira de ver os "nativos", estes também transformavam sua visão sobre mim e sobre meu trabalho. No caso de Ricardo Alves, pelo fato de não ter sido uma convivência tão longa, essas transformações ocorreram de forma mais sutil, já que entre nós havia uma predisposição para achar que "falávamos a mesma língua", dispúnhamos dos mesmos valores e referências.

Por conta disso, várias vezes Ricardo Alves ou seus assessores se dirigiam a mim para justificar suas ações quando achavam que elas não se encaixavam no perfil que, segundo eles, eu deveria esperar. A primeira vez que isso ocorreu foi logo depois da inauguração de uma obra realizada em mutirão pelos moradores de uma favela, a partir do projeto de uma secretaria municipal. Ricardo Alves estava envolvido com ambas as partes e foi "convidado de honra" do churrasco promovido na ocasião. Na festa, sua presença destacou-se das demais, porque quiseram que ele se sentasse a uma mesa central, serviram-lhe comida e bebida o tempo todo e ainda promoveram uma sessão de cumprimentos e apresentações, com todos os moradores presentes. Poucos dias depois desse evento, durante uma de nossas entrevistas, Ricardo Alves me perguntou se eu tinha notado a "distância" entre ele e os moradores, na festa. Explicou que se sentiu "incomodado" com a deferência das pessoas, porque uma de suas preocupações era justamente a de "tentar romper barreiras".

Em outra oportunidade, durante uma festa de campanha, em que a maioria dos convidados era formada por moradores de favelas, houve distribuição de camisetas, show de músicas populares e churrasco. No meio do evento, uma assessora de Ricardo Alves veio falar comigo para saber se eu não estava "estranhando" ele ter uma festa "como essa". A princípio não entendi a pergunta, mas depois me dei conta que, para Ricardo Alves e seus assessores, o contato com as "classes populares" era uma certa novidade.

Eventos como aquele, assim como a festa de inauguração da obra na favela, faziam parte de uma nova estratégia de trabalho. Segundo observei no campo, havia um projeto deliberado para aproximar Ricardo Alves de setores mais pobres, evitando que seu mandato fosse "elitizado", como me disse uma assessora. Por conta disso, Ricardo estava inclusive sofrendo críticas por parte de seus companheiros de partido, que achavam que o trabalho dele se tornaria "fisiológico". Estava claro, portanto, que o grupo temia que eu compartilhasse dessa opinião. Por outro lado, eu era antropóloga, e não militante política. Sobre as acusações de fisiologismo e mesmo sobre as brigas entre as facções do partido, Ricardo Alves esperava que eu tivesse um olhar distanciado. "Você tem maturidade para entender isso", ele me disse certa vez. Assim, internamente ao grupo de Ricardo Alves, minha identidade estava quase sempre associada à posição de pesquisadora. Havia também um lado engraçado nisso. Às vezes, quando as brincadeiras se voltavam para temas "politicamente incorretos", como homossexualismo e deficiência física, a chefe de gabinete de Ricardo chamava a atenção dos outros para a minha presença e dizia, rindo, que "não ficava bem" falar desse jeito na frente da "pesquisadora".

As mudanças ocorridas durante o convívio com Marta e seus assessores se deram na direção oposta. Dentro do grupo, cada vez mais eu ia sendo confundida com uma "assessora". Houve inclusive uma espécie de "rito de passagem" nas primeiras semanas do campo. Marta havia me apresentado a todos como uma "estudante", e, como vimos anteriormente, logo fui identificada como moradora da Zona Sul. Um dia, depois de acompanhar uma audiência em um órgão público na região, fui com um assessor levar um grupo de moradores em casa na Kombi do escritório. As pessoas moravam perto de uma favela conhecida por ter traficantes e guerras de quadrilhas. No caminho, o assessor foi perguntando se eu "não tinha medo", se "já tinha visto metralhadora", se já tinha visto "tiroteio". Ele justificava as perguntas dizendo que na semana anterior duas pessoas haviam morrido ali por balas perdidas. Depois contou que há tempos um dos motoristas de Fernando havia sido "seqüestrado" pelos traficantes por engano. Tentei manter a maior calma possível, porque, desde o início, achei que ele estava querendo testar minha reação, levando ao extremo o lado negativo do subúrbio. Eu me sentia em pleno *rito de passagem*, consciente de que meu grau de comprometimento com a pesquisa estava sendo posto à prova por um nativo experiente. Mais tarde, a simpatia do assessor pareceu-me uma confirmação de que eu havia passado no teste.

À medida que o tempo passava, e eu acompanhava mais o trabalho de todos, fui sendo solicitada a ajudar em várias tarefas. Inúmeras vezes atuei como recepcionista, preenchi "cadastros" de visitantes, conferi a agenda de Marta, atendi telefones, datilografei cartas e até ajudei em arrumações e serviços de limpeza. Em pelo menos duas ocasiões, trabalhei "oficialmente" substituindo uma das secretárias do escritório de Marta. As atividades eram tantas que era difícil ficar só observando, e as pessoas literalmente esqueciam que eu não trabalhava de fato lá. Uma vez uma assessora me perguntou a que horas eu havia chegado. Respondi que estava lá havia umas duas horas. Ela falou: "E ficou esse tempo todo à toa?" Ocasionalmente, a própria Marta brincava que "ia acabar me contratando". Eu procurava deixar claro para ela que não estava interessada em emprego ou em qualquer tipo de "recompensa" pelos trabalhos que eventualmente fazia.

Para falar com Marta nas áreas reservadas da Câmara Municipal, eu usava o crachá de um de seus assessores. Na falta dessa identificação, Marta autorizava minha entrada, dizendo para a segurança que eu era sua "assessora recém-contratada". Durante as semanas em que fiz o levantamento do material do gabinete, pude mexer livremente no computador, abrir arquivos, olhar pastas, armários, tirar cópias, sem que nenhum dos funcionários interferisse. Uma vez "autorizada" a minha entrada por Marta, não houve perguntas a respeito do que eu estava fazendo.

Nas visitas ao gabinete de Fernando Silveira, na Assembléia Legislativa do Estado do Rio de Janeiro (Alerj), a situação era um pouco diferente. Fui até lá apenas para entrevistá-lo, mas não pude fazer um levantamento completo de seu arquivo, em parte por falta de tempo, em parte porque o seu material estava muito desorganizado. No entanto, logo em minha segunda visita, Fernando mandou fazer um crachá para que eu pudesse entrar na Alerj sem ser barrada na recepção. Para freqüentar a Câmara Municipal, sempre passei pelos procedimentos normais de qualquer visitante. No caso da Alerj, a iniciativa de produzir o crachá partiu de Fernando e é reveladora do seu modo de ver a política. Com o crachá, Fernando demonstrava sua simpatia por mim e, ao mesmo tempo, seu prestígio dentro da casa legislativa. Munida de crachá, eu deixava de ser uma visitante "qualquer" e passava a ser uma pessoa autorizada pelo deputado Fernando Silveira. Sem que eu provocasse, fui deslocada do mundo dos *indivíduos* para o das *pessoas*.[8] Fernando não fez qualquer alarde sobre o fato de me dar um crachá, o que demonstra que, para ele, se tratava de um procedimento absolutamente natural. Da parte de Marta, minha identidade como "assessora" fortaleceu-se ainda mais quando participei de uma reunião fechada entre ela e seus assessores mais próximos para discutir a presença de um suposto "traidor" dentro do escritório.[9]

Palco

As identidades de "assessora", entre os Silveira, e de "pesquisadora", junto a Ricardo Alves, só fazem sentido numa análise das minhas relações *internas* a esses grupos, isto é, na interação com seus funcionários e assessores. Como políticos, Marta Silveira e Ricardo Alves mantêm intenso contato com pessoas que são consideradas suas potenciais eleitoras. Existe uma clara distinção entre o mundo de dentro, ou os "bastidores", e a atuação para a "platéia", para usar os termos de Erving Goffman.[10] Quando acompanhava Ricardo Alves e Marta Silveira nessas situações de "palco", eu representava um papel exatamente inverso ao que estava acostumada, nos "bastidores".

Participei de diversos encontros de Ricardo Alves com "comunidades", associação de moradores e grupos diversos de pessoas. Sempre que eram feitas as apresentações, Ricardo Alves ou um de seus assessores me introduzia como uma pessoa da "nossa equipe". Logo de início, Ricardo Alves me explicou que preferia proceder assim, porque achava que a presença de uma antropóloga/pesquisadora poderia "intimidar" as pessoas. Esse procedimento se encaixa na preocupação de Ricardo Alves e sua equipe de aproximar o mandato das "classes populares" (de acordo com a expressão nativa). Fica evidente também que, nesse momento, nós — eu, Ricardo Alves e a equipe — éramos todos parte de um grupo "elitizado" que se distinguia socialmente das pessoas que estavam sendo contatadas nas reuniões. Nem todos os encontros eram dessa natureza. Em conversas informais, a equipe classificava os eleitores de Ricardo Alves em basicamente dois grupos. De um lado, havia uma maioria de moradores da Zona Sul, de camadas médias e altas, que eram chamados de "formadores de opinião". De outro, estavam as "comunidades" (ou "os pobres", como brincava uma assessora), que vinham sendo contatados por Ricardo Alves e seus assessores há relativamente pouco tempo. Durante a pesquisa, acompanhei mais o investimento nesse último setor do que no primeiro.

A preocupação de Ricardo Alves em disfarçar minha identidade talvez não tivesse me chamado tanta atenção se o procedimento de Marta não fosse exatamente o oposto. Por ocasião de uma reunião em um conjunto habitacional em Roseiral, Marta explicou aos moradores o que eu estava fazendo ali:

> Ela acompanha toda a vida do meu pai. Toda a trajetória política dele, por ser uma pessoa inédita em termos de política, que tem muitos mandatos e tal. E está bisbilhotando a minha vida também! Ela hoje vai dormir na minha casa, senão ela não tem tempo de fazer entrevista! [Risos.] Pela primeira vez alguém acordou que existe um patrimônio político que tem que ser registrado, documentado. E ninguém nunca dá importância. ... Ela quer descobrir o que [é] que está por trás disso. Como é que alguém tem tantos mandatos, consegue se manter tanto tempo na vida pública. Eu não sei a conclusão do trabalho. Só vou saber daqui a algum tempo. Mas deve sair alguma coisa. Vai ser publicado, e aí a gente vai ter acesso. [Várias pessoas elogiam.] Você vê o nível do trabalho: ela já está há um ano com a gente, observando tudo, documentando tudo.

Marta via a pesquisa como um sinal de reconhecimento do valor do trabalho de seu pai. Ela me explicou que gostou da idéia de ser pesquisada e ficou entusiasmada quando eu disse que queria "conhecer o trabalho". Minha curiosidade foi interpretada como um sinal positivo.

Sempre procurei manter uma postura neutra, esclarecendo que a tese não tinha o objetivo de julgar A ou B, mas sim de entender o funcionamento de um escritório político. Marta sabia que os nomes seriam trocados. No entanto, por mais que isso fosse enfatizado, era a primeira vez que um representante de um grupo de "elite", potencialmente acusatório, estava ali com uma postura aberta e interessada. Diferentemente da repórter do *Globo Ciência*, eu nunca usava em campo palavras que pudessem desqualificar os Silveira — segundo suas próprias categorias —, como assistencialismo, clientelismo e fisiologismo. Além de moradora da Zona Sul e intelectual, que estava escrevendo "um livro" sobre a trajetória de Fernando, eu também era identificada como alguém com acesso à mídia, que tinha informações sobre outros parlamentares e sobre o sistema político de um modo geral. Durante o campo, meu nome apareceu no *Jornal do Brasil* e em *O Globo* três vezes, como antropóloga entrevistada sobre política e eleições. Marta costumava comentar que tinha lido os jornais e concordava com minhas opiniões. Não eram matérias grandes, onde a minha participação tivesse muito destaque, mas isso chamava a atenção de Marta e circulava entre alguns assessores.

Marta também sabia que eu havia feito muitas entrevistas com vereadores, e, embora eu não lhe desse informações que violassem o sigilo da pesquisa, esse era um conhecimento importante, que me valorizava aos seus olhos. Freqüentemente ela aproveitava minha presença para discutir as regras do sistema político e eleitoral e perguntar sobre outras pesquisas na área. Tanto Marta Silveira quanto Ricardo Alves tinham interesses em conversar comigo sobre esses temas. (Em algumas ocasiões, cheguei a levar artigos e referências bibliográficas que interessavam aos dois.) A simpatia entre pesquisador e "objeto" também conta com um fator subjetivo, sobre o qual não temos muito controle. Alguns assessores acreditavam que Marta simplesmente gostava de mim, da minha postura "calma" e "tranqüila" — que, segundo eles, contrastava com a dela.

O prestígio era sem dúvida um elemento importante da pesquisa, usado muitas vezes por Marta em seus contatos com outras pessoas, como vimos no trecho citado acima e extraído de uma reunião. A pesquisa era importante não apenas porque eu estava estudando a "trajetória" e a "vida pública" de Fernando, mas também porque mostrava que os Silveira "não tinham nada a esconder". Marta dizia sempre que eu estava "bisbilhotando" sua vida, que ficava "no seu pé" 24 horas e que estava há mais de um ano "observando" e "documentando" tudo. Às vezes, a platéia se entusiasmava e vinha espontaneamente me dar depoimentos, valorizando os Silveira. (Na reunião acima citada, uma mulher, espanhola de nascimento, pediu que eu anotasse que ela havia se naturalizado "só para votar em Fernando Silveira".) Esse era um modo de Marta se diferenciar da classe política, quase sempre associada a práticas desonestas e em geral negativas.

Esses diversos aspectos da minha identidade no trabalho de campo junto aos Silveira ficaram ainda mais evidentes durante um baile organizado por Marta para arrecadar fundos. Na ocasião, ela foi ao microfone e fez um discurso para os mais de 300 convidados: "Nós, do subúrbio, não temos o poder econômico ..., mas às vezes aquele lá de cima nos faz surpresas. ... Agora, nos enviou um anjo bom ... que está fazendo uma pesquisa de doutorado sobre a vida do meu pai..." Eu, que havia ido ao baile em companhia de meu marido e de uma aluna, quase desmaiei quando ouvi aquilo. Em seguida, Marta me chamou para subir ao palco e receber um "kit beleza" que estava sendo dado como brinde por um salão de beleza da região. Fui ao microfone, agradeci aos cumprimentos e desci rapidamente do palco, com as pernas tremendo.

Havia quase um ano que eu freqüentava o escritório, mas ainda não tinha me dado conta do peso que a pesquisa havia adquirido. Aquele talvez tenha sido um dos momentos mais intensos do trabalho, porque coincidiu também com a fase de entrevistas gravadas, com direito a várias noites dormidas na casa de Marta. Essa situação também coloca em xeque a idéia de que o pesquisador possa ser um elemento neutro. Mesmo trabalhando em sua própria cidade, a "invisibilidade antropológica" é uma meta utópica. Como vimos, isso também se aplica, no caso de Ricardo Alves, à minha identidade de "assessora", usada para o público externo. A neutralidade era apenas aparente, já que revelava muito a respeito da natureza da relação entre os envolvidos.

Identidade e socialização

Durante o trabalho de campo, pesquisadora e pesquisados passaram por um processo de socialização intenso, que foi redefinindo as identidades de um em relação ao outro. O aprendizado mútuo de códigos e valores fez-se lentamente, através da interação e da convivência. Por mais que existam certas condições sociais dadas, é no imponderável da própria interação que se constroem, se testam e se confirmam identidades.[11]

Entrevistas longas foram um momento privilegiado para compreender esse processo. As sessões com Marta foram quase todas feitas em casa dela, de madrugada, após dias de trabalho intenso, por cerca de uma a duas horas cada. Em geral, eu dormia por lá e, no dia seguinte, acompanhava suas atividades, que começavam em torno das sete horas da manhã. Às vezes estávamos tão cansadas que decidíamos não gravar. Procurava fazer perguntas sobre os eventos do dia e sobre o funcionamento do escritório, evitando os "porquês" e os pedidos de explicações abstratas. Na maior parte do trabalho de campo eu ia para Roseiral de carro, mas quando isso não era possível, à noite, Marta oferecia-se para me levar em casa, ou pedia que o motorista dela o fizesse. Não convivemos fora do âmbito da pesquisa, mas sempre fui tratada com extrema cordialidade e simpatia. Procurei manter minha independência de pesquisadora sem deixar de me relacionar de forma amigável com todos, cooperando em situações cotidianas quando possível.

O material proporcionado por esse tipo de entrevista é fundamental para qualquer pesquisa. No entanto, é preciso relacioná-lo com o *comportamento* observado em campo e com outras entrevistas. Procurei relacionar diferenças entre as opiniões individuais com a posição ocupada pelos indivíduos dentro do grupo, como recomenda Malinowski.[12] Tentei também não supervalorizar as entrevistas individuais, imaginando, por exemplo, que elas seriam mais confiáveis, por serem confidenciais. Citando Howard S. Becker, lembro que a observação participante tem o mérito de abordar as pessoas "enredadas em relações sociais que são importantes para elas". São justamente essas "restrições sociais" que o antropólogo está interessado em conhecer, pois são elas que tornam "difícil para as pessoas que ele observa fabricarem seu comportamento segundo o que acham que o pesquisador poderia querer ou esperar".[13]

Em todas as entrevistas, Marta Silveira parecia ter o controle da situação, escolhendo palavras e selecionando com cuidado o que devia e o que não devia dizer. Embora nunca tenha pedido para desligar o gravador ou se recusado a responder a alguma pergunta, evitou tocar em certos assuntos. Ao contrário da filha, Fernando não parecia filtrar suas declarações a respeito das redes de amizade, influência e sustentação financeira das campanhas. Como no episódio do crachá, Fernando falava dessas relações com naturalidade e, de certa forma, até com orgulho, como se quisesse me mostrar o alcance do seu prestígio. Foi principalmente através dele e de alguns de seus assessores que colhi informações a respeito de bens e hábitos de consumo da família, que eram deliberadamente mantidos em relativo segredo pela equipe.

A aproximação com os assessores foi bem mais fácil. Quase todos se mostravam interessados e dispostos a dar entrevistas. A despeito da minha vontade, a proximidade com Marta me tornava uma pessoa com prestígio dentro do grupo. Percebi um indício disso quando uma assessora veio me entregar o convite de um evento feito exclusivamente para "autoridades". O convite era bonito, em papel especial, mas os assessores não iriam recebê-lo, porque havia poucos e tinham sido muito caros. No dia-a-dia, diversos assessores passaram a me convidar para almoçar, para visitar a sua "área" e acompanhar o seu trabalho. Sempre que eu reaparecia, depois de alguns dias ou semanas de intervalo, minha ausência era comentada, motivando conversas que me atualizavam a respeito dos acontecimentos. A meu pedido, em algumas ocasiões, as pessoas ligavam para minha casa avisando sobre eventos importantes.

Embora protegidos pelo anonimato, alguns assessores pediam para desligar o gravador ou avisavam que estavam falando "em off". Aos poucos, estabeleci contato mais estreito com alguns assessores, que passaram a ser informantes regulares e invariavelmente me davam versões mais negativas dos fatos, diferenciando-se das de Marta. Fui procurando filtrar essas informações, utilizando apenas aquelas que me pareciam relevantes para a pesquisa. Deixei de lado observações ou críticas a respeito da vida pessoal e intrigas relacionadas a trabalho, comuns em qualquer grupo social. Também evitei acreditar de antemão em todas as versões negativas — cair nessa tentação seria confirmar estereótipos a respeito do tema presentes nas minhas pré-noções. Estive atenta para o fato de que muitas vezes os assessores procuravam obter ou passar informações por meu intermédio para Marta. Visões "idealistas" ou "cínicas", nos termos de Becker,[14] ou a falta de consenso, como lembra Gilberto Velho,[15] existem em todos os grupos sociais, às vezes simultaneamente na mesma pessoa, e é importante o pesquisador explorar as duas atitudes, sem buscar uma crença mais "autêntica" ou "verdadeira".

O processo de socialização junto ao grupo de Ricardo Alves e seus assessores foi igualmente intenso, mas não houve tempo de convivência que gerasse maior complexificação das identidades em jogo. As entrevistas foram feitas na Câmara Municipal, e o vereador e seus assessores foram informantes animados, dispostos a longas conversas. Contudo, além de ser uma equipe menor, o grupo de Ricardo tinha um ritmo de trabalho menos intenso que o de Marta, e havia uma preocupação explícita em fazer circular informações através de reuniões semanais. Um dos principais interesses do grupo pela pesquisa era o fato de eu estar freqüentando o universo dos Silveira.

Durante o ano eleitoral de 1996, realizei pesquisa de campo concomitantemente com Marta Silveira e Ricardo Alves. Ambos sabiam desse fato e demonstravam (com maior ou menor cautela) grande curiosidade a respeito do trabalho um do outro. A experiência motivava justificativas e comparações de parte a parte. O caráter extraordinário do período de campanha tornava impossível manter a aura de "neutralidade" de pesquisadora. Nessa fase, foi preciso vestir camisetas, usar bonés e buttons dos candidatos para poder acompanhar as atividades do grupo. Apesar disso, não distribuí panfletos, brindes ou fiz qualquer intervenção no sentido de convencer eleitores. Durante essa fase da pesquisa, lembrava-me de situações descritas por Foote Whyte em seu trabalho de campo junto a políticos de Cornerville.[15]

Minha própria identidade como *eleitora* foi diversas vezes questionada pelos assessores e participantes de ambos os universos pesquisados. Afinal, em quem eu ia votar? Escapava com evasivas ou deixava meu interlocutor sem resposta, mas a pergunta me ajudava a ver os limites da socialização no mundo da política — em última análise, um dos principais objetivos daquelas pessoas era converter mais e mais pessoas em eleitores do seu candidato (por motivações diversas).

A expectativa em relação aos resultados da pesquisa traz à tona problemas da divulgação dos dados do campo, difíceis de se resolver. Por mais que houvesse um acordo de anonimato, eu estava lidando com pessoas e eventos públicos facilmente identificáveis. Para obter informações sobre os bastidores da política, tive que abrir mão de certos dados que seriam enriquecedores para a pesquisa. Ao final do processo, tanto Marta quanto Ricardo reelegeram-se vereadores do Rio de Janeiro com votações extraordinárias. Defendi a tese em 1998 e, em 2000, publiquei-a em versão revista, em *O cotidiano da política*. No livro, optei por não incluir essas reflexões sobre o trabalho de campo, temendo minha própria exposição. No entanto, a análise do processo de socialização e construção de identidades durante a realização da etnografia revelou-se fundamental para a compreensão dos valores e das crenças dos universos pesquisados. Minha identidade variou no tempo e no espaço, e, metamorfoseando-me em "estudante", "assessora", "pesquisadora" e "eleitora", aprendi um pouco mais o que é fazer antropologia.

Notas

1. Nomes fictícios.
2. Para mais detalhes sobre as pesquisas que venho desenvolvendo, ver Karina Kuschnir, *Eleições e representação no Rio de Janeiro*, *O cotidiano da política* e "Trajetória, projeto e mediação na política". Este capítulo é uma versão adaptada de uma seção não publicada de minha tese de doutorado; ver Karina Kuschnir, *Política e sociabilidade*.
3. Émile Durkheim, *As regras do método sociológico*, p.27.
4. Gilberto Velho, "Observando o familiar" e "O antropólogo pesquisando em sua cidade: sobre conhecimento e heresia".
5. Roberto Da Matta, "O ofício de etnólogo, ou como ter *anthropological blues*".
6. Gilberto Velho, op. cit.
7. Gilberto Velho, *Projeto e metamorfose*.
8. Roberto Da Matta, *Carnavais, malandros e heróis*.
9. Karina Kuschnir, *O cotidiano da política*.
10. Erving Goffman, *Estigma*.
11. Anselm Strauss, *Espelhos e máscaras*.
12. Bronislaw Malinowski, "Tema, método e objetivo desta pesquisa".
13. Howard S. Becker, *Métodos de pesquisa em ciências sociais*, p.76.
14. Idem.
15. Gilberto Velho, "Observando o familiar".
16. Willliam Foote Whyte, *Street corner society*.

Vivendo entre muros:
o sonho da aldeia

Cristina Patriota de Moura

Se a cidade é o lugar da pluralidade, da coexistência das diferenças, da exacerbação dos individualismos e do cosmopolitismo, nem todos que nela vivem optam por se mesclar às multidões e viver no anonimato, e nem todas as cidades têm o mesmo grau de cosmopolitismo. Desde que autores como Louis Wirth e Robert Park, influenciados por Georg Simmel, anunciaram o caráter "laboratorial" dos estudos urbanos, presenciamos a realização de pesquisas apresentando tipos que dificilmente poderiam ter se desenvolvido fora das metrópoles, coexistindo, com maior ou menor proximidade, com outros que outrora seriam tidos como "rurais", "folk", "tradicionais", enfim, o que Herbert Gans chamou de *urban villagers*.[1] Louis Wirth, no célebre artigo "Urbanism as a Way of Life" (1975 [1938]) já caracterizava a cidade pelo seu raio de influência e sua capacidade de incluir diversos modos de vida. Não só a cidade em si, mas tudo o que está em volta dela viveria dentro de um sistema "urbano".

A pesquisa em meio urbano vem tradicionalmente apresentando alguns desafios específicos, como, por exemplo, formas de trabalhar com a diversidade dos mundos que se sobrepõem, com pessoas que transitam entre eles, com diferentes potenciais de metamorfose. Talvez a característica mais marcante da vida nas grandes cidades seja a extensão dos campos de possibilidades dentro dos quais indivíduos e grupos podem elaborar projetos.[2] Mesmo o *urban villager* pode sair de sua "aldeia" e transitar por outras regiões morais[3] da cidade, com liberdade e desenvoltura que variam de caso a caso. É claro que toda região moral tem seus limites de pertencimento, e é possível estar lá sem participar. No caso dos locais habitados e freqüentados por membros das camadas médias urbanas brasileiras, vemos que o contato com pessoas que ocupam lugares diferenciados em nossa escala hierárquica tem sido, historicamente, bastante intenso, ainda que governado por regras de conduta específicas.

Muitas já foram as discussões a respeito do trabalho de campo antropológico em meio urbano. Questões como proximidade e distância, familiaridade e exotismo, autoridade e acessibilidade permeiam esse debate que vem se travando, seja em seminários e publicações, seja nos bastidores acadêmicos das conversas entre pesquisadores. A diversidade das experiências reflete a própria diversidade dos mundos pesquisados, já que cada antropólogo tem seu "campo" e seus "nativos". Não obstante, pela própria inserção de campos e nativos pesquisados em contextos urbanos de sociedades complexas, os antropólogos cada vez mais compartilham visões de mundo e formas de produção de conhecimento, não só com outros antropólogos em situações semelhantes, mas também com os grupos pesquisados.

Assim, como já dizia Gilberto Velho no artigo "Observando o familiar",[4] todo antropólogo que faz pesquisa em sua própria sociedade tem que lidar com interlocutores públicos que produzem conhecimento acerca de seu objeto de estudo. O relato antropológico, além de não ser o único relato autorizado sobre o grupo estudado, muitas vezes nem é aquele que possui maior autoridade frente à própria sociedade do antropólogo. Assim, produzimos versões acerca de costumes urbanos que são interpretadas e criticadas não somente por aqueles que seguem tais costumes, mas por urbanistas, jornalistas e artistas, por exemplo.

Além da multiplicidade de possíveis interlocutores, outra questão se coloca ao pesquisarmos situações em meio urbano: a diferença radical entre pesquisador e pesquisados, que se colocava na pesquisa antropológica clássica, pode simplesmente não existir. Se a própria diversidade pode ser objeto de pesquisa, a diferença entre antropólogo e pesquisados pode ser simplesmente mais uma diferença em meio às múltiplas diferenças existentes, tornando-se, então, mais uma semelhança do que uma diferença.

Apresento, aqui, para reflexão, dois contextos de uma pesquisa de campo em meio urbano. O primeiro caso considerado se refere às minhas experiências no condomínio Aldeia do Vale, em Goiânia, onde iniciei uma pesquisa sobre condomínios horizontais naquela cidade. Na segunda parte do trabalho relato algumas experiências que tenho vivido como moradora de outro condomínio, o Monte Verde, para o qual me mudei com o objetivo de dar prosseguimento à pesquisa.

Em artigo no qual analisava a atitude de membros de camadas médias e elites do Rio de Janeiro com relação às camadas populares, principalmente no tocante à violência, Gilberto Velho dizia o seguinte:

> No Brasil, no Rio de Janeiro particularmente, com exceção de algumas poucas áreas como condomínios fechados, não parece viável a metafórica redoma de vidro que faz com que em sociedades mais guetificadas as elites possam viver boa parte do seu tempo ignorando as mazelas do povo. No entanto, os mecanismos socioculturais de distanciamento e hierarquização possibilitam a existência e manutenção de sutilíssimos mapas de navegação social que permitem, se não uma redoma, talvez uma espécie de capa ou invólucro protetor de insensibilização.[5]

A realidade brasileira, no entanto, vem sofrendo algumas transformações desde que o artigo foi escrito. Se, na época, os condomínios fechados eram casos esparsos e constituíam uma exceção, a "metafórica redoma de vidro" parece estar se tornando cada vez mais comum. A cidade de ruas abertas, com estratégias mais ou menos sutis de inclusão e exclusão, vem dando lugar a bairros fechados por muros e cercas eletrificadas,[6] monitorados por câmeras e seguranças armados, onde cada vez mais membros das nossas camadas médias "urbanas" vêm escolhendo residir.

Se, para Herbert Gans, ser um "aldeião" era viver em um nicho de modo de vida "tradicional" em uma metrópole, as aldeias urbanas que venho estudando são bem diferentes.[7] Não se trata de bairros com costumes tradicionais — ainda que tais costumes também possam estar presentes em uma grande cidade —, mas de opções de habitação que vêm se tornando cada vez mais populares entre as elites e as camadas médias no Brasil e nas Américas em geral: os condomínios horizontais murados, situados às margens das cidades de grande e médio porte. A revista *Veja* de 15 de maio de 2002, por exemplo, dizia que "um décimo da classe média brasileira, quase 2,5% da população total, foi viver atrás de muros" (p.96). Mesmo na ausência de estatísticas exatas e controladas, uma coisa é óbvia: o fenômeno é significativo, e o número de condomínios no Brasil praticamente dobrou nos últimos cinco anos.

Meu interesse por condomínios horizontais nasceu de um "choque cultural" que levei em uma visita feita à cidade de Goiânia. Um casal de amigos levou-me para ver o local onde havia comprado um lote para construir sua casa. De repente, deparei-me com cercas eletrificadas, holofotes, guardas com metralhadoras e um bairro "escondido", onde havia grandes mansões que passavam a maior parte do dia e da noite de portas abertas. Tratava-se do condomínio Aldeia do Vale.

Com seus 11 quilômetros de muros eletrificados e uma área de mais de quatro milhões de metros quadrados, o "Aldeia", como é carinhosamente chamado por seus moradores, é o maior bairro da cidade em termos de extensão territorial, ainda que sua população atual não ultrapasse os 500 habitantes. Os grupos domésticos que ali vivem se organizam em famílias nucleares que anteriormente ocupavam, em sua grande maioria, apartamentos nos bairros mais nobres da cidade. As menores casas do condomínio têm 250m^2, mas há casas de até 1.000 m^2. Com muitas árvores e gramados, os terrenos variam entre 1.250 e 5.000 m^2. Aldeia do Vale é anunciado como um "condomínio ecológico", e tanto as propagandas como os discursos dos habitantes enfatizam o "contato com a natureza" como um fator que se destaca na vida do local.

O fato é que, para quem não mora no condomínio, os muros chocam, e a entrada, mesmo autorizada, pode ser desagradável e muitas vezes constrangedora. A portaria é a passagem para dentro dos muros. No caso do Aldeia, são muros de três metros de altura com fios eletrificados em cima. Há duas portarias, ambas equipadas de câmeras, cancelas, computadores com nomes e fotografias das pessoas autorizadas a entrar e pelo menos dois seguranças armados.

O esquema de segurança montado no condomínio identifica três tipos de pessoas: moradores, visitantes e prestadores de serviços. Os moradores têm cadastro permanente e uma senha, assim como acesso diferenciado. Já os visitantes precisam ser autorizados a cada vez que entram ou ter também um cadastro por tempo determinado. Do ponto de vista de um visitante, a passagem pela portaria pode ser desagradável, mas transtorno mesmo é o vivido pelos prestadores de serviço. Entre os que são assim classificados estão as empregadas domésticas, por exemplo, que têm suas bolsas revistadas todos os dias. Os moradores, no entanto, não participam e nem presenciam essas revistas periódicas, já que a entrada de serviço fica a mais de um quilômetro da entrada principal.

Ainda não ouvi relatos de pessoas cujos amigos se recusam a entrar no condomínio para não ter que passar pelos guardas, como relata Ana Mércia Roberts[8] em seu trabalho sobre condomínios horizontais em São Carlos. Uma moradora, no entanto, chegou a relatar que seu pai, um senhor de idade, evita visitá-la e, sempre que vai, reclama do transtorno na portaria, principalmente porque o procedimento nem sempre é eficaz. Como a maneira de avisar o morador é por telefone, em um dia no qual o telefone de sua casa estava ocupado, seu pai ficou mais de 20 minutos na portaria esperando, até que enviaram um segurança pessoalmente à casa da moradora. Isso ocorreu mesmo depois que ela deixou um aviso na portaria de que o pai iria visitá-la.

O "campo" no qual escolhi trabalhar, portanto, tem como parte de sua própria definição o fechamento e o acesso controlado. Devo dizer, porém, que nunca me foi negada a entrada no condomínio. O fato de ter dois amigos, professores universitários, que residem no local tem sido de extrema relevância. Esses amigos, porém, não participam dos eventos promovidos no condomínio e não se relacionam de forma muito intensa com os vizinhos. Minhas relações com esse casal, no entanto, me permitiram ter uma senha de acesso que hoje me dá o direito, como "visitante permanente", a entrar a qualquer hora, sem que nenhum morador seja consultado. Também foram esses amigos que me levaram às duas reuniões da Sociedade dos Amigos do Aldeia do Vale (Saalva) de que tive a oportunidade de participar.

Fora esse contato, o outro meio de acesso que tenho tido à Aldeia é profissional. Uma particularidade do condomínio é que os empreendedores, proprietários e diretores das empresas envolvidas com a implantação e venda do empreendimento são também residentes no local. Assim, foi possível entrar em contato com as empresas e entrevistar alguns dos empresários-moradores. Apesar de eu ter me apresentado como antropóloga que fazia uma pesquisa sobre o estilo de vida dos condomínios e de ter me mostrado interessada em suas vidas domésticas, todos os que se encaixam nessa categoria me receberam em horário comercial, em seus locais de trabalho. Não obstante, foi por meio de uma empresária-moradora que tive conhecimento e acesso ao que tem sido a oportunidade mais frutífera de entrar em contato com moradores do Aldeia: as aulas de ginástica que ocorrem duas noites por semana. Ali, tenho tido a oportunidade de presenciar a interação de moradores, ainda que o número de pessoas fazendo ginástica não seja muito elevado.

Se o acesso a atividades coletivas tem sido relativamente fácil, o mesmo não se pode dizer quanto ao acompanhamento do cotidiano. A forma principal de apreensão da vida cotidiana dos moradores do condomínio tem sido através de seus relatos pessoais. A imagem da cidade pequena é bem constante entre os moradores do Aldeia, cujo nome já é bastante sugestivo. Como me disse um morador, ao falar dos vizinhos: "Aqui a gente considera vizinho todo mundo que mora no condomínio, mesmo que more lá em baixo, é meu vizinho só por morar no Aldeia". Há uma certa compreensão de que os "vizinhos" são pessoas com quem é possível se relacionar, o que não se aplica a qualquer outro de fora do condomínio.

Uma ilustração disso, ainda que caricatural, foi uma moradora com quem eu conversava na aula de ginástica, sobre o clima, horários de trabalho e plantas do jardim. A certa altura, ela me perguntou qual era minha casa. Quando eu disse que não morava no condomínio e que estava fazendo uma pesquisa, ela simplesmente virou as costas e foi conversar com outra pessoa, também moradora. Essa, é claro, não é a atitude de todos, mas retrata, de forma exagerada, uma realidade do campo. O fato de eu não ser "vizinha" ou "parente" vem restringindo meu acesso ao círculo de convivência que sei existir no condomínio. É claro que nem todos participam da "comunidade" do Aldeia, quem vem tendo que estabelecer seus critérios de inclusão e exclusão. No entanto, se os muros externos excluem os não-moradores automaticamente, já não é tão fácil estabelecer limites entre vizinhos tão visíveis entre si.

Minha tentativa de me misturar aos "nativos", portanto, não tem tido muito sucesso, como ilustra bem o episódio com a moradora que me deixou falando sozinha. Venho sentindo que o meu direito de estar ali é constantemente questionado. O próprio professor de ginástica, que sabe de minha pesquisa, já deu algumas indiretas, insinuando que o que eu quero é fazer aula de graça. O fato é que, se nem todos os moradores participam do mundo do Aldeia da mesma forma, os que participam são moradores e proprietários. Os prestadores de serviço só têm permissão para estar lá em horário comercial. Nas vezes em que entrei no condomínio dizendo que ia à aula, cheguei a ser confundida com uma professora de ginástica.

Quanto aos muros do Aldeia, como são vistos pela antropóloga, devo dizer que, ao longo do período de pouco mais de um ano em que venho freqüentando o condomínio, junto com a portaria e os seguranças, sempre me incomodaram bastante. Jamais fui revistada e sempre entrei como "visitante", apesar de ter sido confundida com uma jornalista e uma professora de ginástica. Já houve, no entanto, situações em que tive que ficar aguardando que o segurança telefonasse para duas ou três casas diferentes, para falar com pessoas com quem eu não tinha relações muito próximas, para que eu pudesse assistir a uma aula de ginástica. A partir do momento em que consegui minha senha, no entanto, tudo mudou. Até os seguranças que me olhavam desconfiados, quando eu pedia para telefonarem para outra casa, após constatarem não haver ninguém na primeira indicada, agora sorriem quando entro e saio do condomínio e — melhor ainda — não pedem minha carteira de identidade — às vezes nem pedem minha senha! Um dia em que eu entrava para ir à aula de ginástica e, no caminho, reparava nas formas das casas, de repente me dei conta de que, pela primeira vez, eu nem tinha percebido os muros que tivera que atravessar para estar ali. Porém, se os muros de concreto perderam grande parte de sua relevância, as barreiras invisíveis que impõem os limites do pertencimento estão sendo negociadas a todo momento.

Como eu vinha sentindo grandes dificuldades de ter acesso a esse mundo entre muros, cheguei à conclusão de que a melhor forma seria viver também entre muros. Essa opção de moradia, no entanto, está quase restrita a proprietários de imóveis. Encontrei, então, por acaso, uma forma de me tornar uma "nativa": comprei um imóvel em um condomínio de proporções bem mais modestas, mas que é uma realização do mesmo grupo empreendedor e fica ao lado do Aldeia: o Residencial Monte Verde.

O Monte Verde é um condomínio bem menos elitizado que o outro. Os lotes têm entre 250 e 460 m^2, com casas que são entregues prontas. São casas pequenas de 77 m^2, de três quartos e todas iguais, contrastando fortemente com o tamanho e a singularidade das casas do Aldeia do Vale. Os moradores fazem parte de uma pequena classe média, em sua maioria com educação universitária, muitos deles donos de seu próprio negócio. São também em grande parte jovens casais com filhos que têm menos de dez anos.

As aparentes diferenças, no entanto, dão lugar a grandes semelhanças. Se o tamanho é diferente, a filosofia é a mesma. Os moradores são todos proprietários, as vias de acesso são de uso coletivo privado, os muros e o esquema de segurança são quase idênticos, e os motivos alegados para morar nos dois condomínios também são praticamente os mesmos: segurança, exclusividade e "liberdade" para os filhos. Mais do que isso: se, no Aldeia, o tamanho dos terrenos faz com que a distância entre as casas seja maior, a exposição das casas e da vida doméstica para os vizinhos é praticamente a mesma.

O Aldeia do Vale leva mais adiante uma característica que é comum em todos os condomínios de Goiânia. As casas não possuem muros em nenhum dos lados, o que faz com que a frente das casas seja tão visível quanto os fundos, o que é mais ressaltado pelo fato de que muitas delas não têm formato retangular e não são alinhadas com relação às ruas. O Monte Verde, como outros condomínios, já apresenta muros baixos nas laterais e nos fundos das casas, mas não na frente, ficando as fachadas absolutamente visíveis e as casas também, facilmente penetráveis. De qualquer forma, o contraste com as casas de bairros abertos, que apresentam muros de mais de dois metros de altura e cujas fachadas são na maioria das vezes invisíveis, acontece em todos os condomínios horizontais da cidade. Depoimentos de pessoas que vivem em outros condomínios também apontam para uma proximidade e visibilidade maior dos vizinhos em comparação com o local anterior de moradia. Se, para alguns, proximidade e visibilidade geram mais oportunidades de contato social — que são vistas como positivas —, outros já não se sentem tão à vontade com o que eles chamam de "falta de privacidade".

Mas há um dado interessante que venho encontrando ao longo da pesquisa: para os moradores dos dois condomínios em questão, a ausência de muros parece ser um fator mais significativo na vida cotidiana do que a presença dos mesmos em volta do condomínio. O fato de estarem vivendo em um bairro fechado não parece afetar suas vidas tanto quanto a visibilidade de suas casas, situadas em um local sem limites muito claros entre vizinhos. O condomínio fechado permite que haja casas abertas, onde é possível entrar pelos fundos de surpresa, sem nenhum obstáculo. Abertos também ficam muitos dos veículos, das janelas sem grades e das portas principais. Assim, podemos dizer que os habitantes têm que repensar a relação palco/bastidores em sua vida doméstica cotidiana, o que afeta sua *presentation of self*.[9]

Se, no Aldeia do Vale, minha dificuldade como antropóloga é estar sempre sendo considerada como uma *outsider*, as dificuldades que venho vivendo no Monte Verde são de ordem inversa. O meu interesse pelas atividades coletivas do condomínio vem fazendo com que moradores e membros do grupo empreendedor me considerem uma pessoa privilegiada para ocupar cargos na associação dos moradores, cargos dos quais a maior parte dos moradores foge, por exigirem disponibilidade de tempo para reuniões e por apresentarem a possibilidade de desgastes com vizinhos — do mesmo modo como, em um prédio de apartamentos, não é fácil encontrar um síndico.

O que venho observando ao longo da pesquisa reflete-se sobre minha posição como antropóloga. Ou estou dentro demais ou fora demais. Para explicar melhor essa sensação, falarei de dois relatos que escutei durante minha pesquisa. O primeiro foi de uma moradora do Aldeia do Vale, declarando que, ao se mudar — quando o condomínio não estava completamente pronto e sua casa sequer tinha portas —, chegou a sonhar que a casa estava sendo invadida por uma onça. O segundo caso, desta vez no condomínio Monte Verde, aconteceu durante uma festa junina realizada pelos moradores. A mãe de um morador comentou comigo, ao ver sua nora vendendo bebidas na barraquinha montada para o evento, que a moça era muito fechada e estava agora mais extrovertida. Em tom de aprovação, ela me disse "Eu avisei pra ela que ela ia ter que mudar esse jeito de ser porque ia morar em condomínio".

Os dois episódios — que aparentemente se referem a coisas diferentes — são, na verdade, aspectos complementares de uma mesma experiência que vem sendo vivida por moradores de condomínios horizontais em Goiânia: a exposição e a visibilidade dos moradores uns em relação aos outros é uma novidade para todos. Se, por um lado, os muros excluem aqueles que não residem no condomínio, eles também fazem com que os que ali residem apareçam muito mais do que em outros bairros que abrigam membros das camadas médias na cidade.

Assim, minha experiência de campo tem sido um tanto diferente de algumas experiências relatadas como típicas de pesquisas com camadas médias urbanas. A parcialidade dos mundos da cidade, que faz com que muitos antropólogos possam estar em campo durante o dia e voltar para casa durante a noite, não se coloca para mim. Como minha casa está no campo, a situação está mais próxima à do antropólogo que arma sua barraca em uma aldeia indígena. A diferença é que os nativos não são um grupo com uma vida coletiva estabelecida e institucionalizada. São membros de camadas médias urbanas acostumados com a vida em apartamentos onde o fechamento da porta de entrada significa privacidade e isolamento da família nuclear com relação às outras famílias.[10]

Assim, se eu, com minhas noções de privacidade e individualidade, às vezes sinto um certo incômodo ao ver que uma criança, moradora da casa ao lado, adentrou meu quintal e procura abrir a janela de um dos quartos da minha casa, isso não quer dizer que meus outros vizinhos vejam ocorrências como esta como algo natural. O estranhamento que sinto, como antropóloga, fazendo pesquisa de campo, não está em oposição a uma aceitação e naturalização da vida no condomínio por parte dos outros moradores. Eles também vivenciam um estranhamento, ainda que alguns deles o façam de forma mais intensa que outros.

Seria uma ilusão de minha parte, portanto, entrar em campo como se eu, antropóloga, fosse a única peça estranha em um conjunto harmonioso e estabelecido. O estranhamento, neste caso, faz parte do próprio campo, e não somente da relação do antropólogo com ele. Minha sensação de estar "muito dentro" do Monte Verde e "muito fora" do Aldeia do Vale talvez faça parte das peculiaridades do próprio campo. Os condomínios horizontais, cada vez mais presentes em nossos meios urbanos, apresentam novas formas de estar dentro e fora, formas que, tanto aqueles que estão dentro quanto os que estão fora, ainda estão aprendendo a viver. Fazer sentido dessa vivência, então, torna-se uma missão tanto para a pesquisadora que aqui escreve quanto para aqueles que escolheram ali residir por motivos diferentes do que realizar uma pesquisa de campo antropológica.

Notas

1. Herbert J. Gans, *The urban villagers.*
2. Gilberto Velho, *Projeto e metamorfose.*
3. Park et alii, *The city.*
4. Gilberto Velho, "Observando o familiar".
5. Gilberto Velho, *Projeto metamorfose*, p.110.
6. A respeito da proliferação dos muros na sociedade brasileira, ver Teresa Caldeira, *Cidade de muros.*
7. Foi também Herbert Gans quem escreveu a mais interessante etnografia de um bairro nos *suburbs* norte-americanos, intitulado *The levittown-*

ers. Aquela realidade já era bem mais parecida com o caso que venho estudando.

8. Ana Mércia Silva Roberts, *Cidadania interditada*.

9. Ervin Goffman, *A representação do eu na vida cotidiana*.

10. Se é que a família é a unidade doméstica mais comum em prédios de apartamentos que abrigam membros das camadas médias. Acredito que em Goiânia esse seja o caso mais freqüente.

Particularidades e generalizações: reflexões a partir de uma pesquisa urbana entre usuários de drogas em Porto Alegre[1]

Fernanda Delvalhas Piccolo

Moro no Morro... E aqui
a cola de sapateiro serve desde cedo como leite,
a cachaça como cobertor,
a maconha como meio de vida...
Meu Deus! E você ainda nos
chama de
"vagabundos"? Marginais? ...
Hamilton de Souza Patrício[2]

Pretendo discorrer sobre uma pesquisa que realizei no meio urbano entre usuários de drogas e moradores de uma vila na cidade de Porto Alegre, entre 1997 e 2000. As vilas correspondem ao que no Rio de Janeiro se chama favela. A definição do que é e do que caracteriza uma vila enfrenta a mesma dificuldade da definição de uma favela.[3] Destaco, a partir do local onde realizei um trabalho de campo, para além das ponderações comuns sobre (a falta de) urbanização local, o fato mais distintivo de a população deparar cotidianamente, por exemplo, com situações de violência policial e doméstica, a presença de agentes do tráfico e da polícia.

Mesclando ponderações feitas à época com outras atuais, estas últimas marcadas pelo olhar mais distanciado pelo tempo e pelo espaço, procurarei apontar as facilidades, dificuldades, aproximações, distanciamentos, descobertas e aprendizagens encontradas nessa investigação específica, procurando refletir sobre a relação entre objeto e prática etnográfica.

Uma certa resistência invadiu-me antes de retornar ao campo para dar início a uma nova etapa da pesquisa, quando estava em jogo a conclusão do meu mestrado. Frente ao tempo que corria, eu não conseguia parar de pensar sobre o porquê de minha resistência, de meu medo e da insegurança que estava sentindo. Pensava muito em como me aproximar "deles", a quem recorrer, o que dizer para não ser mal-interpretada; o que dizer para que eles não pensassem que eu era da polícia. Minha experiência anterior no mesmo local foi bastante reveladora desse tipo de mal-entendido que pode acontecer e até mesmo inviabilizar a continuidade de uma pesquisa.

Então, numa ensolarada segunda-feira à tarde, fui ao Campo da Tuca encontrar velhos conhecidos, com medo, insegurança, mas também com certa convicção de que tudo daria certo.[4] Primeiramente fui procurar um enfermeiro conhecido no Posto de Saúde local, com o intuito de pedir indicações de pessoas usuárias de drogas que eu pudesse entrevistar. Ele não estava. Fui então à casa de uma redutora de danos, na Vila Vargas, próxima à Tuca, fazer o mesmo pedido.[5] Mas também não a encontrei. Frustrada, voltei para minha casa. No outro dia retornei em busca de outras pessoas. Fui ao bar de Rodolfo, a quem expliquei minha pesquisa e pedi ajuda. Prontamente ele disse que iria me ajudar e que realmente era muito difícil chegar aos usuários de drogas, porque eles "são muito desconfiados". Após essa conversa, Rodolfo me levou até a presença de um usuário. No caminho, ele pediu-me que eu dissesse que era amiga do Daniel — coordenador do Programa Redução de Danos —, para não ficar "chato" para ele e para que não pensassem que ele estava delatando o usuário.

Hesitações dessa natureza sempre ocorrem quando iniciamos ou retomamos uma investigação, seja ela em uma "aldeia" distante ou em nossa própria cidade, seja com grupos que têm práticas aceitas socialmente, seja com desviantes — embora o último caso tenha algumas especificidades, sobretudo no que diz respeito às conseqüências jurídicas de uma investigação.

Tenho como pressuposto que as pessoas que usam drogas não formam um grupo no sentido estrito do termo, pois são muito diferentes entre si. Essa diversidade se expressa tanto no que diz respeito à classe, à posição e à trajetória social quanto às substâncias que utilizam e às experiências pelas quais já passaram com o uso dessas substâncias. As drogas, por sua vez, também diferem em suas propriedades, nas formas de administração, nas sensações produzidas nos sujeitos e por eles construídas. Por fim, as próprias experiências estão relacionadas ao cenário de uso, à situação, isto é, ao contexto no qual se dá a utilização.

Dessa forma, o termo "grupo" é utilizado aqui arbitrariamente, como categoria sociológica por mim construída para fazer referência ao conjunto das pessoas estudadas, e não no sentido de que essas pessoas sejam e se percebam enquanto tal na realidade. Tampouco no sentido de formarem um conjunto homogêneo e uniforme, porque, como será visto adiante, apesar de compartilharem certos valores e visão de mundo, há entre elas determinada heterogeneidade e complexidade. Deve-se atentar ainda para o fato de que os usuários de drogas são considerados "um grupo" — muitas vezes no sentido de homogeneidade de práticas e visões de mundo — por aqueles que elaboram políticas públicas que tomam essas pessoas como público-alvo de medidas propostas, como por exemplo nos Programas de Redução de Danos.

Dado esse pressuposto — de que os usuários não constituem um grupo em si —, fui a campo ávida por desenvolver um trabalho de cunho etnográfico junto aos usuários de drogas moradores de determinado local e às suas redes de relações sociais.

Mas em uma cidade relativamente grande e diversificada como Porto Alegre, como escolher um dentre os diversos locais com características semelhantes?

A opção foi feita por meio de contatos com algumas pessoas que eu havia conhecido quando participei como voluntária da fase inicial de implementação do Projeto Redução de Danos — na época, em 1996, tratava-se ainda de um projeto; mais tarde veio a se tornar um Programa. Dessa maneira, eu sabia que elas trabalhavam com sujeitos que usavam drogas em seu próprio local de moradia. A opção específica pela Vila Campo da Tuca ocorreu porque o acesso a essa área era mais fácil. Ainda não havia um controle tão rígido por parte do crime organizado de quem entra no local — como existe em outras vilas, como por exemplo o Morro da Cruz. Também contribuiu para a escolha a indicação feita pelo coordenador do Projeto Redução de Danos da Prefeitura

Municipal de Porto Alegre, em 1997. O projeto estava sendo desenvolvido junto aos usuários de drogas moradores dessa região.

Como era de fácil acesso, o lugar fora palco de diversas pesquisas em diferentes áreas do conhecimento.[6] A presença constante de investigadores na vila criava a sensação, pelo menos para um observador afastado, de que as pessoas moradoras do local estavam acostumadas com a presença de pesquisadores, ou melhor, de pessoas estranhas à comunidade, fazendo perguntas sobre suas vidas ou sobre questões mais específicas. Por outro lado, como os moradores da vila não fazem uma distinção entre os pesquisadores e as finalidades da pesquisa — porque isso não é do seu interesse, mas do nosso —, eles diziam-nos que "já deram diversas entrevistas e a situação nunca melhorou em nada". Aliado a isso há o fato de que algumas dessas outras pesquisas pagaram determinada quantia em dinheiro ou espécie — como tíquetes-refeição — às pessoas que deram seus depoimentos ou responderam aos questionários. Assim, alguns informantes cobraram para me conceder uma entrevista e muitos deles deixaram de fazê-lo porque eu não pagava. Pesquisas epidemiológicas qualitativas e quantitativas ligadas ao Programa de Redução de Danos já haviam se desenvolvido — tanto para mensurar a eficácia do projeto como para conhecer os hábitos e práticas dos usuários de drogas —, com a finalidade de otimizar as ações do programa. Nelas os informantes ora eram pagos em dinheiro ora em tíquetes-refeição.

O Campo da Tuca situa-se no bairro Partenon, Zona Leste da cidade, localizado a sete quilômetros do Centro de Porto Alegre. Esse é um dos maiores e mais diversificados bairros da cidade em termos geográficos, populacionais e de serviços oferecidos. Ele é composto por diversas vilas, entre elas a Vila Vargas — também conhecida como Coréia —, o Morro da Cruz, a Vila São José, a Chácara dos Bombeiros, a Volta da Cobra. Mas também há casas e prédios.

Os moradores do bairro, especialmente os das vilas, são pessoas de baixa renda. Entre elas observei uma densa coletividade, no sentido de uma vida coletiva intensa, tanto em termos de convívio quanto do controle social exercido pelas fofocas.[7] Encontrei estreitos laços de solidariedade e reciprocidade nos quais participavam as redes familiares e de vizinhança, freqüentemente sobrepostas. Em função disso também deparei com situações de conflito, tensão e acusação como a que narro a seguir.[8]

Numa tarde de sol, Adriana, uma usuária de drogas que eu conheci e que não quis me conceder uma entrevista, deixou-me na casa de outro usuário a ser entrevistado. Depois que saí da casa dele, caminhei em direção à moradia de Adriana, a poucos passos dali. A moça estava na rua. Ao me ver, perguntou a um outro homem, Antônio, que reside em frente à casa dela, se não queria responder a uma entrevista sobre uso de drogas. Ele disse que não, porque não usava drogas. Além do mais, o que iria responder? "Que droga é uma droga?". A vizinha do lado, espiando por cima do muro, repetiu as mesmas palavras de Antônio. Aproximei-me mais do portão da casa do homem e fiquei ao lado de Adriana, que agora se acocorara no pequeno calçamento. A mulher de Antônio juntou-se à conversa, e Roberto, um vizinho, e uma senhora, Joana, se aproximaram depois que Adriana gritou anunciando a entrevista. As mulheres comentaram sobre o que "essa mulher [Joana] estaria fazendo de madrugada na rua". Ela respondeu que não tinha marido; "pior era Adriana, que tinha [marido] e também andava de madrugada na rua". Então Adriana perguntou para a mulher de Antônio sobre a entrevista, e ela respondeu: "O que eu vou dizer? Que vocês ficam fumando na frente da minha casa e que o cheiro entra para dentro?". Antônio disse: "Eu odeio quem usa drogas". Nesse momento, a tensão, a acusação e o desafio do outro eram elementos do arranjo que pessoas com estilos de vida diferentes encontravam para conviver.

A região em que eu me encontrava é identificada e popularizada pelos meios de comunicação — especialmente pela Rede Globo local — como o lugar em que se encena a Sexta-feira da Paixão e onde há elevado índice de criminalidade, tráfico e uso de drogas. Essa imagem, também de conhecimento das pessoas que ali residem, contribuía para que o medo estivesse presente no estabelecimento de nossas relações. Medo de que eu fosse da polícia e estivesse fazendo um interrogatório. Quando eu entrevistava

Caco na casa de André, onde outro usuário estava se picando, depois de algum tempo de entrevista, Caco começou a gritar que eu era da polícia e ia colocar todo mundo "em cana". Então, André, sua filha e sua mãe me levaram para a casa desta senhora, que ficava no mesmo pátio, e André mandou Caco embora.[9]

Foi nesse lugar que interagi com usuários de drogas e suas redes de relações sociais. Tive contatos com homens e mulheres de todas as idades, brancos e negros, usuários e não usuários de drogas, e também com crianças. Dos homens, poucos trabalhavam. Quando o faziam, geralmente era em serviços irregulares e/ou eventuais, como carroceiros, pedreiros e biscateiros em geral. Alguns já haviam trabalhado alguma vez em departamentos da Prefeitura, antes da imposição de concurso, ou em firmas que terceirizam serviços para o município. Alguns ainda estavam envolvidos com tráfico e roubo. Isso proporcionava uma presença quase constante desses homens no cotidiano da vila.[10]

As mulheres em sua maioria não possuíam atividade remunerada fora de casa e dedicavam-se aos afazeres domésticos e aos cuidados com os filhos. As crianças mais velhas também eram chamadas a cooperar nessas tarefas. Assim, as atividades da casa eram feitas pelas mulheres e suas filhas. No cuidado com as crianças, não havia regra: cada um cuidava da sua, todos cuidavam de todas com igual atenção.

A maior parte das crianças freqüentava a escola em um turno. No tempo restante, tinham outras atividades. As meninas, como já foi mencionado, colaboravam e muitas vezes assumiam de fato as tarefas domésticas. Desde pequenas elas são ensinadas a cozinhar, lavar roupa, limpar a casa, cuidar dos irmãos menores, entre outros afazeres. Os meninos — e também meninas — jogavam futebol e brincavam na rua. Na maioria das vezes eram as crianças que me levavam até a casa de um possível entrevistado, iam chamar e procurar alguma outra pessoa com quem eu queria conversar e me acompanhavam até a parada de ônibus.

Desenvolvi minha pesquisa no decorrer de três anos, com alguns intervalos entre idas e vindas ao campo. Cabe ressaltar que a realizei na minha cidade. Portanto, eu e o grupo estudado fazemos parte da mesma sociedade. Dessa forma, compartilhamos alguns valores. Mas por fazermos parte de "grupos" diferentes temos valores, visões de mundo e estilos de vida diferenciados.[11]

Para realizar a pesquisa eu ia à vila em determinado momento do dia ou da noite e retornava, depois de algumas horas, para casa. Nessas visitas, por exemplo, participei de aniversários de crianças — uma noite, após um deles, dormi na casa de uma participante da pesquisa; ganhei e retribuí cartões de Natal; visitei André quando ele foi internado em um hospital por infecções decorrentes do HIV; também fui chamada por sua família para ir ao fórum quando ele foi preso e ia depor.

Minha participação nesses eventos tornou-se importante, porque foi um modo de atenuar as diferenças e o distanciamento existente entre mim e os participantes. Isso porque sem dúvida havia um nítido distanciamento e uma diferença entre nós: eu pertenço às camadas médias da cidade, na época fazia faculdade e sou mulher; eles pertencem às camadas populares, haviam estudado poucos anos e eram na maioria homens.[12]

Minha pesquisa foi desenvolvida por meio do estabelecimento de relações sociais. Desse modo, os dados foram coletados em interação social entre mim e os participantes.

Utilizo o termo participantes e entrevistados para designar o que comumente se denomina na pesquisa antropológica como informante. Isso porque o termo informante tem um outro significado quando se trata dos sujeitos dessa pesquisa; ele é também utilizado para aquele que delata usuários de drogas e traficantes para a polícia. Além disso, a decisão de quem participaria ou não das entrevistas não coube a mim, mas às próprias pessoas que seriam entrevistadas, porque havia pessoas que conversavam comigo, porém não queriam conceder a entrevista — como Adriana.

Algumas vezes na casa de André — uma pequena casa de madeira irregular de duas pequenas peças, separadas por um guarda-roupas; em um dos cômodos ficava a cama e uma mesinha; no outro, uma cadeira e uma poltrona — eu o observava e a seus amigos fumando maconha, cheirando ou se picando com cocaína. Com essas observações é que pude perceber as regras do uso de drogas, isto é, quem e quando se pode fazer uso delas. Eu, como André várias vezes enfatizou, não poderia usar, caso contrário perderia o respeito das pessoas.

Outra cena também é ilustrativa: certa vez, próximo ao Natal, eu estava na casa de André quando Reinaldo e Zuleica — casados, na faixa dos 35 anos e que já haviam morado na vila — vieram visitá-lo. Após conversar por algum tempo, Reinaldo foi para a peça ao lado, juntamente com André e outros homens, e se picou. Depois ele entregou um pacotinho para Zuleica, que o guardou no sutiã. Daí a um tempo ela disse que iria ao banheiro e voltou fungando, passando a mão no nariz. Começamos a conversar, eu, ela, André e Reinaldo. Este mal falava, ficava sentado ao lado da esposa apenas mexendo a cabeça para os lados, com os olhos muito arregalados. André perguntou a Zuleica se ela havia ido ao banheiro para cheirar, e ela respondeu que sim. Disse que não queria usar drogas na minha frente "por respeito" com relação a quem não usa — no caso, eu —, porque não sabia se eu estava acostumada a essas cenas. André falou que não havia problema, que ela poderia usar ali. Então Zuleica contou que costumava ir com Reinaldo a reuniões na casa de amigos e que ficava "normal", conversando com as mulheres — que não usam. Assim, Reinaldo e seus amigos usavam a droga e depois entregavam-na a ela, que ia ao banheiro cheirar. Mas Zuleica acrescentou que não fazia isso na frente das mulheres, porque "respeitava" quem não usa.

Outras vezes participei, por exemplo, dos cafés da tarde, contribuindo até mesmo para a compra de pães e pó de café; ou de conversas sobre o cotidiano da vila, sentada nos pátios das casas. Essas observações e participações adquirem determinada importância no caso do universo aqui estudado, pela dificuldade de se falar sobre determinados temas — como o uso de drogas — em termos pessoais na nossa sociedade. Esse é um assunto proibido, chegando quase a ter o status de tabu no tocante ao nível pessoal, porque ouvem-se e lêem-se diariamente na mídia artigos e matérias relacionados a drogas, ao "mal" que elas causam, aos crimes ocorridos em conseqüência de sua utilização.

Além das observações, para abordar questões como sexualidade, lazer, enfim, sobre a vida das pessoas em geral, realizei ao todo sete entrevistas não gravadas e com roteiro — com seis homens e uma mulher — e quatro histórias de vida — com três mulheres e um homem. Uma das entrevistas foi complementada por dados obtidos na pesquisa "Aids e pobreza", na qual um dos participantes foi também entrevistado. Uma das histórias de vida foi por mim coletada para a mesma pesquisa.

Dois fatores influenciaram o número de entrevistas, um em relação às mulheres e o outro de caráter mais geral. Apesar de manter contato com várias mulheres usuárias de drogas, elas se negavam a dar entrevistas — como Adriana. Isso pode estar ligado ao fato de que as mulheres são mais "reservadas", como elas próprias dizem. Essa "reserva" relaciona-se a determinados assuntos, sobretudo aqueles considerados de caráter impróprio, e o uso de drogas é um deles. O outro fato diz respeito à desconfiança que essas pessoas têm dos desconhecidos, o que é uma característica marcante no grupo. Para elas, quem se aproxima pertence à polícia e está ali com a intenção de obter informações para, por exemplo, prender algum usuário ou traficante.

O fato de haver mais mulheres que se propuseram a participar da pesquisa relatando suas histórias de vida talvez possa ser explicado porque elas habitualmente apresentam maior facilidade para falar sobre suas vidas em termos gerais do que os homens. E como o assunto não girava somente em torno do uso de drogas — como nas entrevistas com roteiro —, as mulheres não ficaram receosas. O único homem que se dispôs a contar sua história de vida durante a entrevista declarou diversas vezes que era "engraçado" eu estar fazendo um trabalho sobre drogas e perguntar sobre sua vida, e não especificamente sobre drogas. Isso reflete a dificuldade que os homens geralmente têm para falar sobre suas vidas, mas não sobre determinados assuntos que lhes dizem respeito, como o uso de drogas. Freqüentemente eles me falavam sobre isso como suas peripécias.

Por meio da minha inserção na rede de relações dessas pessoas, os participantes passaram a ter maior confiança em mim, o que no caso aqui estudado foi fundamental. Para adquirir essa confiança passei por uma série de "testes" que podem ser considerados um rito de passagem. Essas situações criaram certa tensão.

Uma vez, por exemplo, eu estava conversando com um usuário, Paulo, na casa que ele estava construindo, próxima a um grande matagal e afastada da parte central da vila. Após pedir minha identificação, e de eu lhe mostrar a carteira de estudante da universidade, Paulo indagou-me sobre a pesquisa, minhas motivações e intenções. Depois que respondi, aconselhou-me a procurar outra coisa para fazer profissionalmente. Segundo ele, além de "perder meu tempo", provavelmente eu não iria ganhar nem "mil reais por mês" e poderia me envolver "emocionalmente" com algum usuário, ao procurar ajudá-lo. Diversas vezes enfatizou que era muito perigoso fazer entrevistas ali. Eu poderia acabar levando "uns tiros", e minha mãe ainda ia receber a notícia pelo jornal, o que seria muito triste para ela. Isso poderia ocorrer por uma "dívida" de drogas de algum usuário e porque não me conheciam "ali em cima". Poderiam pensar que eu era uma "drogada" também. Pelo mesmo motivo era possível que eu fosse "currada" e engravidar, o que só seria resolvido "tomando uns dez Citotecs". Isso iria "estragar" minha vida, não fisicamente, mas emocionalmente. Paulo ainda falou que eu poderia ser dada como pagamento da dívida de drogas de algum usuário. Ao final da conversa, perguntou-me se eu não tinha medo. Respondi que não. Então ele me deu os parabéns, dizendo que eu ia conseguir fazer o meu trabalho. Assim, acredito que na realidade Paulo estava me pondo à prova, além de investigar o que realmente eu queria.

Testes desse tipo e de outros — ou mesmo a "entrevista" que os participantes fizeram comigo — mostram como o processo da pesquisa é uma via de mão dupla. Os sentimentos, as ansiedades, pré-noções, aflições e conquistas que acontecem de um lado também acontecem do outro.

Além disso, testes e brincadeiras com conotação sexual relacionados a mim provavelmente ocorreram porque na maioria das vezes tratava-se de uma mulher entrevistando homens. Certa feita um participante disse parecer que eu estava convidando-o para ter uma relação sexual, porque eu fazia perguntas sobre o uso da camisinha. Assim, para alguns homens, eu poderia ser uma mulher a ser conquistada. Já para as mulheres, eu poderia ser uma aliada, no sentido de escutá-las e aconselhá-las. Diversas vezes elas me pediam opinião sobre o que deveriam fazer em relação aos mais variados assuntos, como relacionamentos amorosos e saúde.

A cada novo momento que eu voltava a campo, um misto de ansiedade e medo tomava conta de mim. Esses sentimentos logo se dissipavam e davam lugar a outros, ou à alegria ou à frustração. O primeiro desses sentimentos surgia quando eu encontrava algum participante que prontamente me reconhecia e trocávamos atenção, informações, ou quando simplesmente me cumprimentavam. Nesse caso, então, eu me sentia aceita e inserida naquele lugar. O segundo sentimento, a frustração, surgia quando eu não encontrava nenhuma das pessoas que conhecia em casa, ou quando algum participante com quem eu havia marcado não aparecia. Ou, ainda, quando não conseguia novos participantes para a pesquisa. Essas situações, apesar de bastante freqüentes, não deixaram de causar certo desconforto e tristeza. Isso tem a ver com a pesquisa em meio urbano. Se eu voltava para casa ao final do dia e me envolvia com outras atividades, os participantes também tinham outras atividades e podiam sair facilmente do meu raio de visão.

Para finalizar, gostaria de ressaltar um último ponto: as situações de perigo às quais estamos sujeitos em trabalhos como este. Primeiramente torna-se necessário qualificar o perigo. Trata-se de situações de perigo ligadas sobretudo à violência física. Há outras com as quais os moradores do lugar deparam cotidianamente, tais como ter suas casas invadidas a qualquer momento do dia ou da noite por policiais; como ser atingido e até morrer por balas perdidas, entre muitas outras ameaças, não só físicas mas também morais e simbólicas, como é o caso da própria visão que a sociedade mais ampla forma a respeito dessas pessoas. No entanto, não se deve esquecer que o que é considerado perigoso — e também violento — por um grupo social, pode não ser por outro grupo.[13]

Falarei de duas dimensões do perigo. Uma é exatamente essa visão que a sociedade mais ampla tem de locais como este onde realizei a pesquisa, uma visão marcada pelo preconceito e pela mitificação; a outra, para além desta, envolve evidentemente um perigo.

A primeira se refere àquilo que posso chamar de "ignorância etnográfica", explicitada quando eu falava ou falo de minha pesquisa, do local e dos participantes dela para meus amigos, conhecidos, familiares e colegas da faculdade que nunca entraram em uma vila. O comentário invariavelmente era que fui "corajosa", que não era qualquer pessoa que faria isso. Eles alertavam para os perigos que me rondavam, como ser agredida por um "drogado" fora de controle. Prosseguiam dizendo que a pesquisa era "boa", porque alguém devia "ajudar". Classificar-me como corajosa reflete as percepções que essas pessoas têm desse lugar e de seus habitantes como a morada e o refúgio de marginais, bandidos e drogados, aos quais toda sociedade deve temer e combater, ou pelo menos evitar. Essa visão é reforçada pelos meios de comunicação de massa, que assinalam muito freqüentemente em suas matérias o aumento da criminalidade na região. E é através desses meios que essas pessoas têm "contato" com lugares como aquele.

Como faço parte dessa sociedade, sobretudo nas primeiras idas a campo tomei certas atitudes que podem ser vistas como preconceituosas, como, por exemplo, ir com roupas mais fechadas, não levar dinheiro além do mínimo necessário para as passagens, carregar um lanche, desligar o celular, evitar dar o endereço de minha casa — embora tenha dado para certos participantes. Alguns deles, aliás, compartilham dessa visão, ou pelo menos conhecem-na e utilizam-na naquilo que considerei "testes", como no caso de minha conversa com Paulo.

Mas além dessa dimensão preconceituosa, ao fazer pesquisas em locais como esse, existem situações que manifestamente envolvem perigo. Havia a ameaça de tiros perdidos nos conflitos entre policiais e "bandidos", ou entre grupos rivais dali ou de vilas vizinhas, como ocorreu certa vez, quando, logo ao chegar na vila, um participante da pesquisa disse para eu ir embora, porque uma mulher havia sido morta em uma briga com uma vila próxima, e o clima estava muito pesado. Falou que tão logo passasse a tensão e cessassem os confrontos, ele me ligaria para eu voltar.

Termino evidenciando que, no momento em que participei etnograficamente da vida desse local, aquela "ignorância etnográfica" transformou-se em conhecimento, e o medo se dissipou. Acredito ser essa a única maneira de romper com o senso comum e com a visão preconceituosa em relação a essas pessoas.

Ressalto que o conteúdo de grande parte dos eventos aqui narrados não é próprio da pesquisa entre usuários de drogas, embora haja, nesse caso, certas particularidades ligadas especialmente à questão dos perigos. Mas outros anseios e questões são compartilhados com as diversas pesquisas antropológicas, sobretudo aquelas realizadas no meio urbano. A própria complexificação e heterogeneidade desse meio retoma as questões da familiaridade/distanciamento, das interações e trocas entre os participantes.

Notas

1. Este trabalho é uma reflexão sobre a pesquisa de campo que resultou em minha dissertação de mestrado, intitulada *'Se deixar a droga levar...' Um estudo sobre as trajetórias sociais de usuários de drogas em uma vila de Porto Alegre*, apresentada ao Programa de Pós-Graduação em Antropologia Social/UFRGS, sob a orientação da professora doutora Daniela Riva Knauth. Agradeço as discussões e sugestões de Antonádia Monteiro Borges, do professor Gilberto Velho e dos outros participantes do seminário, que muito contribuíram para a versão final do presente artigo.

2. Hamilton de Souza Patrício é um poeta citado por Cláudia Fonseca ("Aliados e rivais na família: o conflito entre consangüíneos e afins em uma vila porto-alegrense"), em texto sobre o Morro da Cruz, favela onde a antropóloga desenvolveu uma de suas investigações.

3. Lícia do Prado Valladares, *L'invention de la favela.*

4. Serão utilizados nomes fictícios para as pessoas, como medida ética de preservação dos entrevistados. Já o nome da vila — Campo da Tuca — será mantido, pois a caracterização do lugar é fundamental para o entendimento da própria realidade dessas pessoas e por se entender que isso não prejudicará os entrevistados.

5. Os redutores são as pessoas que trabalham nos Programas de Redução de Danos, que visa principalmente a prevenção da infecção por HIV/Aids entre usuários de drogas injetáveis, por meio, entre outras ações, da troca de seringas.

6. Eu mesma participara da pesquisa "Aids e pobreza: práticas sexuais, representação da doença e concepções de risco em um bairro de Porto Alegre", realizada sob a coordenação das professoras doutoras Daniela Riva Knauth e Ceres Gomes Víctora, com financiamento da Fapergs. Para maiores informações, ver Daniela Knauth et alii, "A banalização da Aids"; Ceres Víctora, "A mãe do corpo dentro do corpo da mãe: um estudo sobre relações

entre espaço social e espaço corporal em grupos populares em Porto Alegre"; e o relatório final da pesquisa, em Ceres Víctora e Daniela Knauth, "Trajetórias e vulnerabilidade masculina".

7. Ver Cláudia Fonseca, "Cavalo amarrado também pasta: honra e humor em um grupo popular brasileiro"; Ceres Víctora, op.cit.

8. Sobre "cultura popular urbana", sobre as especificidades da cultura das "classes trabalhadoras urbanas", ver, entre outros, Luiz Fernando Duarte, *Da vida nervosa nas classes trabalhadoras urbanas*, "Pouca vergonha, muita vergonha: sexo e moralidade entre as classes trabalhadoras urbanas" e "A outra saúde: mental, psicossocial, físico-moral?"; mais especificamente em Porto Alegre, Cláudia Fonseca, op.cit., "Aliados e rivais na família: o conflito entre consangüíneos e afins em uma vila porto-alegrense", "Mulher chefe de família?" e "Um morro porto-alegrense", que apresenta uma ótima descrição do Morro da Cruz; Daniela Knauth et alii, op.cit.; Ceres Víctora, op.cit.; Ceres Víctora e Daniela Knauth, op.cit., que inclusive trabalharam no mesmo bairro em que realizei minha pesquisa.

9. Sobre a situação de desconfiança, ver, entre outros, Gilberto Velho, *Nobres e anjos*.

10. Sobre a presença dos homens no cotidiano de vilas populares, ver, entre outros, Cláudia Fonseca, "Cavalo amarrado também pasta".

11. Sobre a discussão da pesquisa em meio urbano e em especial na mesma sociedade do pesquisador, ver, entre outros, Gilberto Velho, "Observando o familiar" e "O antropólogo pesquisando em sua cidade: sobre conhecimento e heresia"; Maria Luiza Heilborn, *Conversa de portão*.

12. Tania Salem, "Entrevistando famílias: notas sobre o trabalho de campo"; Teresa Caldeira, "Uma incursão pelo lado 'não-respeitável' da pesquisa de campo"; Mariza Peirano, *Uma antropologia no plural*. Pierre Bourdieu ("Compreender") aponta para as situações e relações de trocas estabelecidas no momento de interação entre pesquisador e pesquisados na situação de pesquisa e para os efeitos causados por elas.

13. Hermano Vianna, *O mundo funk carioca*.

Pesquisando em uma grande metrópole: fast-foods e *studios* em Paris

Carmen Rial

Duas pesquisas que têm como campo a cidade de Paris são o tema deste artigo. A primeira, realizada no final dos anos 1980, teve como objeto os fast-foods — cadeias globais de lanches rápidos que tinham se instalado na cidade no final dos anos 1970 e ascendiam vertiginosamente no cenário da *restauration* francesa, colocando questões relativas ao processo de globalização cultural, tais como a tendência a uma homogeneização planetária e a conseqüente norte-americanização da cultura francesa. A segunda, realizada nos anos 1990, abordou o estilo de vida dos moradores de pequenos apartamentos parisienses, as *chambres-de-bonne* e os *studios*, espaços cuja história remonta ao século XVIII e que constituem um modo particular de *gentrification* (enobrecimento) espacial na cidade.[1]

As *chambres-de-bonne* são espaços de moradia localizados em geral no sexto andar dos prédios de estilo Hausmann e construídos para servir de lugar de descanso para as empregadas das casas burguesas. Hoje são ocupadas por estudantes, artistas e profissionais de camadas médias. Os *studios* são pequenos apartamentos de uma só peça. Trato aqui de algumas questões metodológicas envolvendo esses dois objetos.

Uma etnografia dos fast-foods

A pesquisa com os fast-foods iniciou-se em 1983, portanto, há uns 20 anos, como um dos trabalhos finais para a obtenção do Diploma de Estudos Aprofundados (D.E.A).[2] Uma de minhas colegas francesas em Paris V (Sorbonne) trabalhava no maior fast-food da cidade na época, o Quick, situado em um centro comercial do bairro futurista de La Defénse. Seus comentários sobre as especificidades do trabalho, aliados à possibilidade de se obter emprego num desses estabelecimentos mesmo sendo estrangeiro, atraíram minha atenção para os fast-foods. É preciso dizer também que eu estava sensibilizada pelos seminários comandados por Claude Fischler e Louis Flandrin na Ecole des Hautes Etudes en Sciences Sociales (EHESS), que descortinavam um campo de estudos — o da antropologia da alimentação — habitado por antropólogos e historiadores das procedências as mais diversas, com etnografias fascinantes sobre alimentação em diferentes áreas geográficas e períodos históricos. Passávamos das relações entre a comida de judeus, italianos e chineses de Nova York, hoje, ao comensalismo entre os primatas, na África; dos temperos do sul da Índia à disseminação das receitas na Europa medieval, percorrendo diferentes interpretações: de Richards a Mennel, de Lévi-Strauss, Douglas e Sahlins a Leach, Mintz e Goody ou a Harris.

Por outro lado, eu observava com interesse as reações contraditórias dos parisienses em relação aos fast-foods. Ao mesmo tempo que, na imprensa, se multiplicavam artigos indignados contra o que era considerada uma invasão dos norte-americanos, nas ruas da cidade multiplicavam-se os sinais da presença do fast-food nas publicidades dos corredores do metrô, nos letreiros luminosos de novos restaurantes.[3] A paisagem urbana de Paris estava contaminada pelos fast-foods, quer os franceses quisessem, quer não.

O "quer não" logo se mostrou predominante. Invariavelmente os franceses com quem eu conversava sobre o tema afirmavam de imediato sua distância, quando não a repugnância a esse tipo de restaurante. Emprego o verbo conversar, e não entrevistar, porque, nesta pesquisa, predominaram as situações informais. De fato, bastava mencionar o assunto para que as pessoas se lançassem em digressões apaixonadas, como nunca tinha ocorrido em minhas pesquisas anteriores. Os franceses tinham algo a dizer, e com urgência, e esse algo era geralmente um protesto.

Entre meus colegas dos seminários de alimentação, no entanto, o assunto raramente era evocado. De um certo modo, constatei, não um desprezo, mas uma espécie de negação da parte dos pesquisadores franceses, negação que consistia em não dar importância à inserção dos norte-americanos em um domínio — a cozinha, a *restauration* — tradicionalmente comandado por seus compatriotas. Os estudos de alimentação na França ainda não dedicavam atenção aos fast-foods. Para citar apenas um exemplo, lembro que eles tiveram direito somente a cinco páginas no livro tão volumoso quanto importante de Claude Fischler[4] sobre a alimentação contemporânea, lançado enquanto eu estava desenvolvendo a segunda parte da pesquisa que resultou em minha tese de doutorado (Rial, 1992).[5] Pynson[6] era uma figura de exceção, observando, desde a década de 1980, que os fast-foods eram um fenômeno cultural significativo. Mas as pesquisas quantitativas sobre refeições "fora-de-casa" do Instituto Nacional de Estatísticas Econômicas (INSEE) não previam qualquer categoria que dissesse respeito diretamente aos fast-foods — o questionário aplicado mencionava cafés, restaurantes, *cantines* (restaurantes internos às empresas) etc., mas não fast-foods. Ou seja, ao lado da visibilidade notória constatável nas cidades, na mídia e entre diversos grupos sociais (basta lembrar que, então, o McDonald's "alimentava" diariamente 22 milhões de pessoas distribuídas por mais de 60 países), os fast-foods permaneciam um objeto por assim dizer invisível para as ciências sociais na França.

"Porque você vai estudar isto *aqui*?", era uma pergunta recorrente que me faziam, como se vissem uma certa perversidade na escolha de um objeto tão detestado pelos franceses; ou como se ficassem incomodados porque eu, vinda de um país associado mais freqüentemente à fome e à tradição,[7] queria pesquisar um tipo de comida tão moderno; ou, ainda, porque estavam acostumados às teses e pesquisas feitas por brasileiros que, embora estudando em Paris, escreviam sobre o próprio Brasil.[8]

Busquei analisar os fast-foods como um caso exemplar de tentativa de multiplicação mundial de um padrão homogêneo (o *global standard*, como é chamado pelas cadeias), sugerindo que a lógica e a dinâmica de disseminação planetária, nas quais se mesclam homogeneidade e heterogeneidade, pode nos dizer muito sobre os processos de globalização cultural contemporâneos. Para isso, realizei uma etnografia desses restaurantes, unindo procedimentos clássicos, como a observação participante, e uma heterodoxa definição do campo de investigação.

Essa foi uma pesquisa itinerante. Durante três meses trabalhei no Quick de La Défénse, o maior estabelecimento desta cadeia na França. Na época, o Quick, localizado no quarto andar do Centro Comercial Quatre Temps, contava com mais de 60 empregados e uma produção diária média de seis mil hambúrgueres. Ali trabalhei dez horas por semana, com uma jornada que variava de duas a cinco horas, dependendo da escala. Por cinco anos — em 1985 e depois em 1988-92 — acompanhei, visitando restaurantes, entrevistando pessoas e através da mídia, a trajetória de expansão dos fast-foods no mundo, e em especial na França, onde residi nesses períodos. O texto da pesquisa foi elaborado a partir de minhas observações — na condição de trabalhadora e consumidora de fast-foods — e de entrevistas com outros trabalhadores, consumidores, gerentes de lojas, diretores de cadeias, publicitários responsáveis por anúncios e marketing das cadeias, além de anotações de observações feitas pelos mais diferentes atores sociais. A idéia de "etnografias cujo campo é o planeta"[9] não era usual, na época, e talvez eu encontrasse dificuldades em realizá-la, caso não tivesse contado com a surpreendente compreensão de um orientador, Louis-Vincent Thomas — um africanista reconhecido por seus trabalhos sobre a morte —, que amava surpreender a academia com irreverências pouco comuns em sua idade.

A explosão do terrain *tradicional*

Metodologicamente, creio que a pesquisa sobre os fast-foods colocou a necessidade de se repensar o *campo* de pesquisa. Não só era inaceitável para mim a divisão do planeta entre oceanistas, africanistas e americanistas, freqüentemente aludida pelos antropólogos franceses, como também achava inadmissível que os procedimentos metodológicos clássicos da disciplina se mantivessem intactos na sua transposição das pesquisas em sociedades tradicionais para as sociedades modernas. Defendi a necessidade de um campo necessariamente em consonância com o objeto da pesquisa, o que, no caso, implicava um esfacelamento da noção tradicional de campo e uma definição fluida de limites. Seria conveniente, em nome da sacralidade das fronteiras do campo, fechar os olhos aos títulos de jornais que anunciavam a abertura de um fast-food em Moscou ou em outras cidades situadas fora dos limites geográficos do *meu* campo? Ou, ainda, deveria desviar os olhos das filas de espera diante do fast-food em Budapeste, deixar de escutar o relato de um empregado do McDonald's de Londres, passar sem entrar diante de um fast-food plantado no centro de Marrakech? E o que dizer das cascatas de anedotas que os amigos me traziam de visitas a fast-foods localizados em diversos países?

A diferentes campos, diferentes questões, reconhecia Segalen em um postulado que, apesar de ser uma evidência estabelecida na época, pela incansável repetição, hoje nos parece caricatural:

> Cada trabalho de campo traz questionamentos que lhe são específicos, ligados à tradição antropológica, mas também relacionados aos traços culturais ou sociais que lhe são próprios: o xamanismo e a mitologia são estudados pelos americanistas, enquanto os especialistas em Oriente Médio tradicionalmente têm se voltado para os problemas técnicos do nomadismo.[10]

Como agir, no entanto, quando não há pesquisas anteriores como guias para fixar *repères* (marcos) seguros quanto ao objeto de estudo? Como agir com relação a objetos contemporâneos que se rebelam contra as fronteiras precisas — que, se é que tiveram algum sentido há 30 ou 40 anos, já não tinham mais diante da instantaneidade do diálogo que eu via se instaurar entre os fast-foods em escala planetária? Mas como captar os efeitos dessa "disseminação global" senão redefinindo o campo, para adaptá-lo à mobilidade única da época em que vivemos? Não havia por que continuar restringindo os objetos de pesquisa na América ao xamanismo e à mitologia, como constatava de modo acrítico Segalen.

Foi impossível me confinar nos limites tradicionais do campo sem reificar a idéia de campo e impor, a priori, uma camisa-de-força que teria por conseqüência a falsificação da problemática. Foi necessário repensar a noção de campo, o *terrain*, reformulá-la, sob pena de vê-la ser ultrapassada por objetos de caráter planetário que não se conformam mais às adaptações às quais esta noção tem sido submetida na sua passagem dos estudos antropológicos tradicionais aos das sociedades complexas moderno-contemporâneas.

Existem e são numerosos os possíveis objetos de estudo para os quais o campo não pode ser circunscrito no interior de fronteiras geográficas precisas. Objetos que ultrapassam os limites das ilhas distantes que a antropologia clássica estudou, que vão além dos quadros das tribos localizadas e que superam também os limiares da comunidade e dos grupos sociais no plano rural, urbano ou local (a fábrica, a empresa, o bairro). São objetos que se encontram um pouco *partout*, nos quais a presença aparece mais como temporal do que geográfica. Vendo-os em um filme, por exemplo, sabemos mais ou menos de que época são, mas não em que lugar estão. Na modernidade, como sublinha Margareth Mead, citada por Lévi-Strauss, não nos encontramos mais na situação dos conquistadores norte-americanos que deviam descobrir e domesticar o espaço, o Oeste, mas na situação de ter que domesticar o tempo.[11] Trata-se de objetos que se situam sobre o *planeta*, simultaneamente nas ruas de Nova York e no interior do Brasil, que constituem expressões culturais que se universalizam, compartilhadas por uma comunidade que poderíamos chamar de *imaginária*[12] e que a comunicação contemporânea construiu via satélite, pelo vídeo, pelo cinema.

Como definir esse *campo*? Quais são suas fronteiras? Ainda que inicialmente o campo da pesquisa tenha sido definido como Paris e São Paulo, realizei visitas e entrevistas em diversas outras cidades brasileiras, observei e fiz entrevistas em lugares do interior da França.[13] Além desses dois países, que foram meu campo preferencial, realizei entrevistas com clientes e trabalhadores de fast-foods em cidades como Buenos Aires, Nova York, Londres e Marrakech e fiz observações em diversas cidades da Europa (Berlim, Helsinque, Colônia, Amsterdã, Bruxelas, Madri, Barcelona, Lisboa, Viena e Budapeste). Além disso, contei com um batalhão de caçadores de guardanapos de bandeja, como eu os chamava, que me trouxeram peças publicitárias e, conseqüentemente, histórias, mantendo-me atualizada com a publicidade de países como a Turquia e Grécia, a Austrália, o Chile, a Argentina, a Itália e os Estados Unidos.

Em muitos lugares, utilizei procedimentos clássicos da etnologia: entrevistas, observação participante. Porém, muitas outras observações foram feitas onde eu não falava a língua local e não tinha intérprete, exercitando uma espécie de errância do olhar e da escuta. Eu era turista e acompanhava turistas, o público preferencial dos fast-foods no mundo. Assim, outra regra sagrada da antropologia foi quebrada: a língua — se possível falar a língua dos informantes, ou pelo menos contar com um tradutor confiável. Claro que o inglês é a língua "esperanto", e muitas vezes os funcionários dos fast-foods portam um crachá onde se lê: "Falo inglês". Ainda assim, fiz observações interessantes em lugares onde não sabia falar uma palavra além do vocabulário "fast-foodiano" comum aos cem países onde encontramos esse tipo de restaurante hoje em dia.

Em lugar da prática da co-residência, estabeleci a prática da co-visita. Agir de outro modo significaria, creio, a incapacidade de captar uma das principais características do objeto e a mudança radical que ele introduz em relação aos espaços precedentes: sua mobilidade, a circulação constante que ali se instaura, o permanente nomadismo dos seus freqüentadores. Porque os fast-foods, como o nome revela, são estruturados como lugares de passagem — os drive-ins encarnam o auge dessa circulação. Eles são lugares onde não encontramos clientes (*habitués*)[14] propriamente ditos, e sim usuários, freqüentadores. Nos fast-foods, os encontros são fortuitos e efêmeros. Lugares assim exigem uma *flânerie* metodológica, uma antropologia *on the road*, em movimento, capaz de captar esse movimento. "Não se vê a França do mesmo modo de uma estrada ou de uma auto-estrada", é a constatação elementar de Augé,[15] à qual poderíamos acrescentar: para compreender as sociedades moderno-contemporâneas, seus fast-foods, suas vias expressas e a nova paisagem que eles engendraram, é conveniente colocar-se nas auto-estradas, seguir seu "movimento", ampliando, se necessário, o campo e os instrumentos de pesquisa. Objetos como os fast-foods nos colocam diante da necessidade de realizar uma antropologia, não em uma cidade, mas em múltiplas cidades, quiçá no planeta.

A escuta flutuante da televisão e do rádio — que, pela força do hábito (de jornalista que fui), permaneceram ligados muitas horas por dia, sem volume ou muito baixo — me proporcionou desde informações sobre a expansão das cadeias no mundo e manifestações hostis aos fast-foods (passeatas, explosão de uma bomba programada por um grupo extremista em um restaurante), até filmes e sobretudo uma multiplicidade de exemplos de spots publicitários que me permitiram traçar algumas hipóteses sobre o imaginário social relativo aos fast-foods no Brasil e na França. O cinema, os jornais, a literatura também trouxeram contribuições nada negligenciáveis.

A abundância de informações, no entanto, não significa que as práticas fast-foodianas sejam de fácil acesso. De fato, existe uma riqueza de informações, um discurso oficial que é produzido por setores da empresa ou empresas associadas.[16] Elas sempre se mostram disponíveis a divulgar seus releases repletos de números e recebem os eventuais pesquisadores com um espírito de abertura profissional. Mas, por trás da gentileza, percebem-se logo as barreiras — diretores e publicitários são inacessíveis, entrevistá-los é uma tarefa para detetives obsessivos. Com efeito, observei, junto às empresas, dois procedimentos diferentes em relação aos eventuais curiosos: ao lado da divulgação exaustiva de releases, há uma censura não explicitada no que diz respeito às informações e práticas que fogem ao estabelecido como norma.

Em conseqüência, foi bastante formal o tom das entrevistas realizadas com os executivos, os publicitários e mesmo os "proprietários" ou gerentes dos estabelecimentos. As cadeias de fast-food adotam o sistema de franchise, no qual a marca é cedida por aluguel, mas não vendida, de modo que o adquirente nunca é de fato o dono do restaurante, uma vez que a propriedade permanece em mãos da empresa detentora da marca. As entrevistas só puderam ser realizadas depois de negociações ("Foi fulano que me disse para procurá-lo", "Nada será publicado na imprensa" etc.). O motivo das reticências parecia ser o temor de contradizer o discurso oficial, o imperativo da *imagem de marca* que tantas vezes foi mencionado pelos dirigentes, ou seja, a necessidade de manter intocáveis os mitos cuidadosamente construídos pelo discurso oficial das empresas. O diálogo terminava com frases feitas, como se os entrevistados repetissem uma oração aprendida em um livro. Em certo momento, descobri que, no McDonald's, realmente existia um manual que prescrevia os procedimentos em detalhes.

Tudo funciona, então, como se, ao lado de uma *lógica moral* universalizante, normativa, conservadora, o que as redes chamam de *standard global*, coexistisse uma *lógica doméstica*, particularista, inovadora, à qual é vetado o acesso de curiosos. Pode-se até falar, para algumas dessas praticas domésticas fast-foodianas, de um caráter secreto, como, por exemplo, as que se desenvolvem no interior da cozinha, a mais protegida das áreas de trabalho de um fast-food. Foi sempre fácil obter permissão para permanecer e observar os restaurantes, mas o acesso à cozinha me foi seguidamente proibido, sob alegações as mais diversas ("As máquinas são exclusivas, os concorrentes não podem conhecê-las"; "É proibido fotografar a cozinha, sua presença seria incômoda para o serviço"). Teria sido quase impossível descrever a cozinha sem o trabalho de observação participante que fiz durante meu contrato com o Quick.

Se, com os dirigentes, o acesso foi marcado pela formalidade, com os trabalhadores ele mostrou-se muito fácil. Os testemunhos mais prolixos e completos vieram de indivíduos que já haviam rompido com a empresa por decisão pessoal ou por dispensa. Entre os que ainda trabalhavam, o temor era o da indisciplina. Freqüentemente pediam a permissão de um chefe antes de me conceder uma entrevista. Os *équipiers* me falaram — em suas casas ou nos fast-foods, depois do expediente — de suas vidas e de seu trabalho com uma abertura de espírito notável. O fato de eu ter passado por uma experiência idêntica de trabalho foi importante para estabelecer uma cumplicidade, uma vez que compartilhávamos um vivido sobre o qual podíamos dialogar sem mistérios com um vocabulário específico, acessível aos iniciados. Como pude constatar, quanto mais eu me aproximava da parte inferior da escala hierárquica interna, mais fáceis se tornavam os contatos.

Breve etnografia do trabalho nos fast-foods

Ingressei no Quick como muitos dos que trabalham ali: mentindo. Não tinha autorização para trabalhar na França, e ela nunca me foi pedida pela empresa. Na entrevista de admissão pouco falei — o que foi atribuído a um handicap lingüístico normal. Também não revelei aos chefes minha escolaridade avançada (superior certamente às deles), nem o fato de que eu realizaria uma pesquisa — o que era de conhecimento de meus informantes principais, os colegas de trabalho.

O trabalho no Quick se mostrou desde o início assustador, dada a imposição de uma cadência histérica ("Em dois minutos, um atendente do McDonald's deve preparar 12 hambúrgueres ou dez pacotes de fritas"),[17] de máquinas desconhecidas que ditavam o ritmo de trabalho e, sobretudo, pela presença de chefes autoritários. A essas angústias se acrescenta o fato de se tratar de um "trabalho manual", distante de minhas experiências de filha de classe média que sempre contou com o serviço de empregadas domésticas.

Os primeiros dias no Quick foram um pesadelo. Ao voltar para casa sentia que o fast-food tomara posse do meu corpo: a luminosidade excessivamente forte do setor de fritas me fazia ver estrelas, literalmente, a cada piscar de olhos; meus cabelos cheiravam a óleo e minhas mãos exibiam as queimaduras de gestos em falso. Pior ainda: os gritos dos superiores e os assobios das máquinas que anunciavam o início e o fim das operações ressoavam em meus ouvidos. Sentia-me presa em um universo de trabalho automatizado que demandava uma concentração e uma precisão como jamais imaginei, ao olhar a cozinha, como cliente, do outro lado do balcão. O principal foco de tensão no trabalho, nesses lugares, origina-se da interação entre os trabalhadores, como já mostrara Foote Whyte em artigo sobre a estrutura de restaurantes tradicionais.[18] Nos fast-foods, os pedidos dos clientes são passados invariavelmente aos atendentes/caixas, que às vezes fazem simultaneamente o papel dos garçons e dos caixas nos restaurantes tradicionais. Dependendo do tamanho do restaurante e do horário, as ordens seguem diferentes trajetos.

Em pequenos fast-foods, ou em horários de baixo movimento, os próprios funcionários das caixas encarregam-se de preparar ou apanhar, já pronta, a maioria dos itens, ficando para o *grilleur* a tarefa exclusiva de aprontar o sanduíche. Em fast-foods maiores, ou em momentos de grande movimento, no entanto, os atendentes/caixas devem receber os itens prontos das mãos dos atendentes designados para os diversos postos e repassá-los aos clientes. No Quick havia um atendente para bebidas, dois para batatas fritas, um para peixe, dois para o grill, quatro para a preparação de sanduíches e milk-shakes, além de outros que trabalhavam fora da vista dos clientes, fazendo as saladas.

As ordens, então, vão da caixa aos postos, o que coloca os funcionários da caixa em uma posição superior, ainda que, na hierarquia de cargos e salários, eles ocupem a mesma posição que os atendentes dos outros postos. O modo como a ordem é transmitida da caixa, as palavras e o tom utilizados podem gerar respostas hostis por parte dos encarregados dos postos. Uma das acusações que eu mais freqüentemente ouvia dos atendentes era contra caixas que queriam "aparecer" para os chefes, exigindo rapidez dos postos em tom enérgico. Uma ordem vinda de um igual, mas transmitida em tom superior, gera uma tensão semelhante à que Foote White detectou nas ordens dadas pelas garçonetes aos cozinheiros — neste caso, com o duplo agravante de gênero e hierarquia de cargos.

As empresas buscam diminuir essa interação introduzindo fórmulas estereotipadas, muitas vezes contendo palavras em inglês, que fazem com que a ordem pareça intermediada por algum mecanismo impessoal. "Três *cheese*", "ck", "seis *fish*" "ok, produção". Isso gera uma espécie de esquizofrenia lingüística, com o mesmo objeto sendo designado por diferentes nomes, dependendo do lugar em que ele se encontra na cadeia de produção. O queijo, por exemplo, é chamado queijo (*fromage*) quando está cru, e o chefe diz: "Vá buscar queijo [*fromage*] no freezer". Mas o mesmo chefe passará a designar o queijo como *cheese*, no interior da cozinha.

Outra forma encontrada pelas empresas para contornar o problema da emissão de ordens entre iguais — e que também garante a diminuição do tempo de espera do cliente — é a introdução de um mediador hierarquicamente situado entre os atendentes e os supervisores, espacialmente situado entre a caixa e os postos que ficam logo atrás do balcão (*binn*, no jargão fast-foodiano), com a função primordial de antecipar os pedidos dos clientes.

"Ele está sempre olhando para os clientes e sabe, ele sabe exatamente quantos hambúrgueres precisam ser preparados. Ele tem que ser o melhor." Foi como uma hostess (recepcionista) do McDô dos Champs-Elisées definiu esse empregado especial, que trabalha entre o espaço que separa a caixa e a cozinha, e que é chamado de "produção" na linguagem codificada da cadeia. Esse personagem intermediário, que faz a ligação entre a caixa e os "cozinheiros", é adotado por algumas cadeias. Está presente no McDonald's e no Quick e ausente no Bob's (onde os funcionários da caixa passam os pedidos gritando para a cozinha) e no Burger King. Neste último, "o produção" (como era chamado em Porto Alegre) é substituído por microfones que ligam diretamente as caixas à cozinha, e os itens são preparados depois de feito o pedido.

Esse intermediário é uma figura-chave. Quase sempre é um homem, assistente ou supervisor, hierarquicamente superior aos atendentes. Mais do que qualquer outro empregado, ele não tem o direito de errar. Se não comandar um número suficiente de sanduíches, ele bloqueia a circulação de consumidores. Caso superestime o número de pedidos, desperdiça sanduíches. "Ser o melhor" significa não deixar faltar sanduíches. E também não deixar que eles sobrem e sejam jogados fora depois dos dez minutos em que têm de validade. O raio de ação dessa pessoa cobre quase toda a produção da cozinha: os grills de hambúrgueres, os Mcnuggets, as tortas (no McDonald's) e os peixes (no Quick); mas o "produção" não interfere no setor de fritas nem no de bebidas. Ele deve gritar a plenos pulmões suas ordens e usar frases em códigos, como "dez *cheese*, doze Big, nove *fish*". Ao mesmo tempo, deve receber as bandejas onde estão os sanduíches prontos, embalando-os e fazendo-os rapidamente escorregar para o balcão de exposição situado à sua frente, atrás das caixas.

A tarefa divinatória desse funcionário consiste em não apenas calcular a quantidade de sanduíches correspondente ao número de consumidores na fila, mas também antecipar os desejos deles, adivinhando o que os próprios clientes ainda não escolheram. Nesses exercícios de previsão, o "produção" apóia-se em certos parâmetros, como a preferência segundo gênero, idade e origem étnica dos usuários, o calendário da semana etc., com um método de raciocínio próximo ao seguinte: "Crianças na fila? Mais hambúrgueres simples e fritas". "Mais homens do que mulheres? Aumentar a produção de Bigs." "É sexta-feira? Mais peixe." Isso tudo é traduzido em fórmulas impessoais gritadas à cozinha como "nove *ham*", à qual se deve responder, quando for o momento: "Nove *ham* prontos, produção". Entre uma ordem e outra, o "produção" distribui comentários encorajadores ou reprovadores, conforme o caso.

Pela instituição dessa nova figura, os fast-foods parecem ter resolvido o paradoxo apontado por Focte Whyte.[19] Aqui vale uma pausa para lembrar o problema central verificado por este autor Whyte nos restaurantes. Na maior parte das organizações sociais, as ordens seguem a hierarquia, ou seja, vão dos superiores aos subalternos. Porém, no caso dos restaurantes, acontece o inverso. Uma vez que o cliente tenha decidido, ele passa a ordem aos trabalhadores de status inferior (os garçons), que as transmitem, por sua vez, aos superiores hierárquicos (caixas e chefes de cozinha). Essas "ordens" engendram ressentimentos e uma diminuição no ritmo de trabalho, criando uma situacão-problema. Para Foote Whyte, a solução seria diminuir a interação entre os assalariados, sem prejuízo da comunicação entre eles. Através da figura do "produção", as cadeias filtram as ordens que vêm das caixas, impedindo que se estabeleça uma relação desconfortável entre os funcionários que aí trabalham e o pessoal da cozinha. O fato de se manter sempre de costas e de gritar fórmulas impessoais mostra essa vontade de manter o contato o mais maquinal possível.

Uma outra característica dos restaurantes fast-foods — que não é particular à França, porque encontrei o mesmo na Inglaterra — é que cada estabelecimento constitui o território de uma determinada rede de imigrantes. No caso do Quick, onde trabalhei, o atendente/treinador (um vietnamita) mediava também os contatos entre o grupo de vietnamitas — que praticamente não falava francês — e os chefes. Essas redes se formam a partir do recrutamento de um indivíduo que, em seguida, convida os amigos, em um movimento que confirma os estudos de imigração: a tendência dos imigrantes a permanecer entre as pessoas de sua nacionalidade, predominando sobre a tendência à integração. No Quick em que trabalhei, a grande maioria dos empregados era constituída de vietnamitas e malgaxes — havia também um polonês, um alemão e alguns antilhanos. Se, porém, a vaga é de chefia, tudo muda. "O Quick, não emprega negros nem árabes como assistentes e gerentes", disse-me, sem hesitar, Jamel, supervisor do Quick de Belleville, amigo de um conhecido, na única declaração direta que consegui a esse respeito, pois o assunto sempre era negado ou tratado com evasivas pelos gerentes e por aqueles que conhecem as regras internas. A política de pessoal da rede franco-belga não pode contudo ser generalizada. Se comparamos as empresas norte-americanas de fast-food estabelecidas na França, como McDonald's e Burger King, vemos que elas têm chefes negros. Isso é resultado da própria história das cadeias, onde os negros souberam conquistar um lugar, às vezes como conseqüência de incidentes sangrentos, como foi o caso do McDonald's de Cleveland.[20]

> Esse trabalho não é para os franceses, que têm a possibilidade de encontrar alguma coisa melhor. Eles [franceses] não trabalham bem, eles não precisam. É diferente com os imigrantes. Os estrangeiros são bons, em geral porque precisam de dinheiro; não têm um pai para ajudar.

Assim explicou-me Dala, uma ex-hostess brasileira de um McDonald's em Paris. De fato, uma verdadeira bolsa étnica parece dirigir a escolha dos empregados, de acordo com cotações diferentes para cada procedência nacional. "Se [o candidato] é espanhol ou português, ele tem mais chances de ser selecionado. Os portugueses são bons para a faxina. Todo mundo sabe que ele vai trabalhar melhor do que um inglês ou um americano", completou a ex-hostess. Também os "negros" se beneficiam de uma boa cotação — "eles são rápidos", acrescentou ela.

A emissão de ordens, portanto, era um dos fatores de tensão entre trabalhadores e chefes. Outro fator era a relação dos trabalhadores com os instrumentos fast-foodianos e os procedimentos-padrão que deveriam ser obedecidos. Apesar da permanente modernização das tarefas domésticas a partir dos anos 1950, com a incorporação de eletrodomésticos, as atividades caseiras como fritar e grelhar estão longe de se comparar às mesmas tarefas, quando realizadas nos restaurantes fast-foods. Não é no universo doméstico, e sim nas indústrias, com suas cadeias de montagens organizadas segundo conceitos tayloristas e fordistas, que se devem buscar referências capazes de sustentar comparações.

Freqüentemente, os instrumentos de trabalho complicam as tarefas. Este é o caso do chamado "revólver" do Quick, concebido para distribuir uma quantidade idêntica de molho tártaro sobre os sanduíches de peixe. Em tese, ele deveria permitir a maior rapidez na condimentação do sanduíche de peixe, pois seria manipulado por uma só mão, como se fosse uma seringa gigante. O problema é que sempre funcionava mal, obrigando-me a bater com a outra mão na tampa, para que o molho saísse. Uma banal colherinha teria poupado tempo e dor. A simples operação que consiste em abrir um saco de batatas congeladas para arremessá-las nas cubas de fritura revelava-se um pesadelo. O plástico resistia heroicamente às tentativas de rasgá-lo com a força das mãos e a energia pouco convincente de meus 48 quilos. Eu sonhava com uma tesoura ou um simples canivete que poupasse gastos físicos. Mas, quando pedi isso à supervisora, ela evidentemente recusou: "Não, de jeito nenhum! É preciso abrir de um golpe só", e acrescentou o já previsível "olhe só, como é fácil". Diante da intransigência oficial, resignei-me a um método primitivo: quando conseguia escapar à vigilância, utilizava os dentes para fazer um pequeno furinho, poupando esforços para os momentos em que me encontrava exposta ao olhar dos chefes.

Por mais fácil que possam parecer para um usuário, as tarefas exigem gestos bem precisos. Estes são ensinados aos atendentes "no campo", ou seja, na prática. Os gestos fast-foodianos são pré-projetados. Para realizá-los, deve-se antes desaprender o gestual anteriormente conhecido, culturalmente determinado e — no Ocidente — fundado na idéia de um trabalho individual e autônomo. Quem não sabe limpar um pouco de Coca-Cola derramada no chão? Pois bem, esqueça. A limpeza, de agora em diante, implica outros gestos e outros instrumentos, que nem sempre simplificam a tarefa. É preciso aprender a usar a vassoura espanhola — como se chama, na França, o pano de chão em tiras presas a um cabo, que é imerso na água do balde, comprimido em seguida em uma espécie de pá que retira o excesso de água e finalmente passado no chão, em movimentos que imitam o traçado escrito do número oito. Deve-se esquecer que, para encher um copo, em casa, segura-se ele com a mão sob a torneira, porque nos fast-foods o copo é deixado solto sob o jato de líquido; deve-se esquecer como grelhar um bife, como fritar batatas, como arrumar um guardanapo.

O aprendizado é sobretudo o da obediência aos chefes. A disciplina figura entre as maiores exigências e chega a ponto de estabelecer relações quase sádicas. Pelo que observei no Quick, a maioria dos chefes gosta de comandar e impõe uma disciplina, às vezes para além do bom senso. Lembro-me de uma cena, em um dia no qual eu trabalhava no salão, "recolhendo bandejas". Gamin — como meus colegas apelidaram um chefe jovem, de cabelos ruivos e olhos azuis, em nossas conversas de vestiário — entrou subitamente na peça dos fundos, provavelmente esperando me encontrar descansando, e pareceu decepcionado ao perceber que não teria por que me repreender. Eu estava concentrada, substituindo as folhas de papel que fazem as vezes de toalhas nas bandejas. Olhou em volta e depois, girando em torno de mim, passou a criticar meu trabalho: "Não é assim, é preciso usar as duas mãos", disse subitamente, fazendo com que eu parasse, para mostrar como deveria agir para pousar as folhas de papel sobre a bandeja. O problema é que, com os seus gestos nervosos, o modo "correto" de proceder tomava mais tempo do que o meu. O desacerto tornou-se flagrante quando ele deixou cair uma das folhas. Não pude deixar de sorrir, o que o deixou furioso "É assim que se deve fazer! Você vai fazer exatamente assim", repetia. "Mas assim eu vou levar mais tempo, é menos prático", repliquei corajosamente. "Não discuta!", concluiu secamente, "Você não sabe nada desse trabalho. Existem cursos para aprender a fazer isso". Em seguida, afastou-se do meu lugar diante da montanha de bandejas e de papel colorido, e eu, obediente, tratei de imitá-lo.

A didática dos gestos consiste, antes de mais nada, em observar o instrutor, que mostra, com o seu próprio corpo, suas mãos e seus dedos, os gestos corretos que devem ser memorizados e reproduzidos, mesmo quando não são os mais práticos. As iniciativas individuais não são bem-vindas. O objetivo do aprendizado é transformar os empregados em elos de uma cadeia que inclui outros trabalhadores e sobretudo as máquinas.

Para além das diferenças entre métodos e instrumentos, há uma tarefa comum e contínua que irmana todos os assalariados dos fast-foods: a limpeza. Ela observa uma organização precisa. Cada "área" do fast-food, ou seja, cada setor de trabalho, constitui um território no qual o encarregado é responsável não apenas pela produção como também pela faxina. Deve-se limpar sem cessar, durante todos os intervalos de tempo "livre", seja entre uma ordem e outra da máquina, seja em uma parada na cadeia de produção por um intervalo na demanda. O ditado anglo-saxão que afirma *time to lean, time to clean* aparece como a grande divisa dos fast-foods.

O *planning* (plano de distribuição dos empregados), por exemplo, era visto pelos atendentes mais como uma forma dos chefes "se vingarem" do que como a disposição fundada em alguma racionalidade e eficiência. Pelas minhas observações, o *planning* era realizado tendo em vista este critério subjetivo e outros relativos a gênero, etnia e aparência física. Certos postos eram considerados masculinos — como a chapa, um posto crucial — e ocupados por homens ou por mulheres fisicamente fortes. Outros eram tidos como femininos e ocupados preferencialmente por mulheres, como a limpeza da sala e sobretudo a caixa, de preferência ocupada por mulheres não muito altas nem muito baixas, sem óculos, brancas — embora esta preferência étnica dependa do bairro onde se localiza o restaurante — e com domínio da língua francesa. Traços difíceis de se imaginar decidem o lugar dos atendentes no restaurante: "Alguém que tenha espinhas no rosto fará a limpeza. Não é bom que os clientes vejam alguém com espinhas fazendo sanduíches", explicou Dala. Sobre o mesmo tema, ainda observou: "Em Belleville, que é um bairro de chineses e de negros, nós colocamos como pessoal negros e chineses, porque eles têm uma relação com o bairro. É um critério comercial. Nos bairros de brancos, onde só tem brancos, nós colocamos brancos, é assim que funciona".

Postos como o de servir bebidas eram mais fáceis do que o de fritas e muito mais do que o da chapa ou de montagem dos sanduíches. Havia postos em que o tempo do trabalhador dependia da máquina e das ordens, e outros que, além desses fatores, tinham que se ajustar também ao tempo dos outros atendentes, em uma linha de montagem, como na de preparação de sanduíches, que incluía três pessoas (chapa+pão+temperos) lideradas pelo controlador da chapa — que ditava o tempo da preparação aos outros dois participantes, que deveriam adaptar sua velocidade à dele. O trabalho nesse posto crucial para o fast-food era realizado em harmonia, sem que eu tenha detectado tensão entre os participantes. Ao contrário, era comum eles trocarem expressões de jocosidade.

No espaço da cozinha, mais distante dos olhos dos usuários que o *lobby* (salão) ou as caixas, estavam os trabalhadores considerados mais fortes e mais feios. Era para lá que a maioria dos empregados negros era mandada.[21] Os assistentes responsáveis pelo *planning* recusam-se, no entanto, a admitir o racismo. "Eu coloco negros nas caixas. Não, não há diferença", disse-me um gerente do Quick. Mas muitos atendentes apontaram a discriminação. No Brasil, ela se esconde sob a expressão "boa aparência" e tem um papel determinante.

A caixa é a vitrine do fast-food. É lá, dizem os gerentes, que a empresa precisa se mostrar "humana" e "calorosa", de modo a aplacar o momento às vezes difícil da escolha de um item em poucos segundos. Se, na cozinha — acrescentam eles —, é possível substituir parcialmente os empregados por máquinas, no balcão isso é impensável. O trabalho nas caixas exige mais do que as qualidades comumente exigidas em um fast-food — velocidade, automação. Ele exige amabilidade, sedução, uma espécie de assédio sensual justificado pela busca de uma boa imagem para a marca. "Nossas jovens devem ser *mignonnes*, compreensivas, gentis", preconiza o setor de marketing do Quick.[22] O atendimento é um serviço para jovens "mais engraçadinhas", mais "sorridentes", disse-me Jamel, um assistente do Quick de Pigalle que estava prestes a entregar sua demissão quando o entrevistei. Essa estratégia, no entanto, nada tem de nova: ela é de algum modo herdeira das "*dames* de balcão", as caixas dos primeiros cafés parisienses, que, na sua época, faziam sonhar os usuários.[23]

> Eles escolhem pelo modo de se vestir. Quero dizer, se a pessoa é mais delicada, se ela tem um belo corpo, se sua aparência é melhor. Eles me colocavam sempre nas caixas. Uma vez, conferi o *planning*, e meu nome estava em outro setor. Mas quando um dos chefes me viu, foi logo dizendo: "Ah, não, Dala. Você vai para a caixa, troque com X". [Dala].

Vale lembrar, no entanto, que, no passado, os fast-foods (e especialmente o McDonald's) evitavam contratar mulheres; seja por creditar-lhes atributos pecaminosos, seja por taxá-las de incapacidade.

O rigor da atual seleção dos funcionários das caixas pode nos levar a pensar que estes sejam postos disputados, mas não é assim: "Eu preferia a cozinha por causa do movimento. Quando não há movimento nas caixas, você não sabe o que fazer, é preciso manter uma atitude, você não pode se sentar ou conversar. Se você está de mau humor, não pode mostrar. Na cozinha, não, você pode se divertir, brincar" [Dala].

"Manter uma atitude" é o preço a pagar quando se está na vitrine, é o preço da vitória nesse concurso de beleza particular, onde se troca a espontaneidade pelo lugar de exibição. E não se pense que estar na caixa é apenas permanecer de pé e se deixar admirar pelos consumidores. Como em todos os outros setores, é preciso se movimentar. O supercaixa é aquele que, além de manter uma atitude, é capaz de trabalhar rápido, ou, na linguagem fastfoodiana, cobrir três postos sozinho (caixa, fritas e bebidas). Quem é assim está em condições de arrebatar a mais alta das condecorações: ser designado como o trabalhador do mês.

Uma história que Kroc — presidente do McDonald's, considerado pela história oficial da empresa como seu fundador, quando, de fato, apenas adquiriu os direitos de explorar a franchise dos irmãos McDonald — conta em sua autobiografia dá uma idéia de sua obsessão contra as mulheres:

> Clark me disse que eu deveria procurar uma secretária. "É, você tem razão", concordei, "mas quero que seja um secretário". "Quer o quê?" "Quero um homem, ainda que custe um pouco mais no início. Mas se ele for competente, vou colocá-lo no setor de vendas, e não na administração. Não tenho nada contra ter uma pequena delicada perto de mim, mas o emprego que tenho em mente será assumido muito melhor por um homem."[24]

Ou, ainda, a declaração de Kroc sobre Martino, uma das primeiras funcionárias da empresa: "A Sra. Martino ... tem uma mente incisiva que um colega do sexo masculino descreveu como 'completamente isenta da mesquinhez que desfigura o pensamento da maioria das mulheres'".[25]

Em certos estabelecimentos do McDonald's, as caixas dispõem de três "memórias". Com isso, três pessoas podem ser atendidas simultaneamente. Encorajar os usuários a decidir rapidamente sem que isso gere descontentamento é a chave do jogo. Para resolver esse paradoxo, o McDonald's inventou uma estratégia sutil e inteligente, ainda que terrificante: diante das caixas, está discretamente colocada uma tela onde desfilam os segundos que se passam desde o instante em que o usuário inicia o pedido. O funcionário da caixa vê o tempo passar, em uma conta desesperadora — 9, 8, 7, 6... — que faz piscar em seu espírito a mensagem: "Rápido, rápido", e o momento fatal se aproxima inexoravelmente, enquanto o consumidor, ignorando o que se passa, hesita calmamente entre um suco de laranja ou uma água mineral. É uma verdadeira corrida contra o relógio, cada segundo perdido deve ser recuperado com o próximo usuário, pois tudo é fielmente registrado pela caixa-computador que permite ao gerente estabelecer os recordes de rapidez e de lentidão de todas as caixas.

O supercaixa não pode se contentar em ser rápido. Ele tem a obrigação de aumentar as vendas, sugerindo novos itens ao consumidor. Para isso, as caixas atualmente são equipadas com pequenas luzes que piscam em itens não comandados, de modo a evitar lapsos ou brancos de memória de que o usuário possa ser vítima, ou sugerir desejos eventuais. Ao caixa cabe a tarefa de traduzir as luzes. Você pediu um Big Mac e um café? As luzes indicarão a bebida, as fritas e a sobremesa, ou seja, produtos que podem completar o seu menu e que não haviam sido escolhidos. Mesmo que não seja o objetivo confesso, esses radares-visionários funcionam como brigadas anti-*snack*, encarregadas de preencher as possíveis lacunas da refeição.[26]

Em lugar de números, os novos teclados exibem o nome dos itens, de modo que, para o troco, não há nada mais simples. Digita-se a soma paga pelo consumidor e a caixa indica o montante exato de troco a devolver. Isso no caso de se utilizar ainda esse meio de troca universal, o dinheiro, que logo será suprimido, porque, nos estabelecimentos d'*avant-garde*, já era possível usando um cartão de crédito no final dos anos 1980. Nenhum conhecimento de aritmética é exigido dos caixas. Isso não significa que o sistema funcione sem problemas. Hervé, um francês de 29 anos, me conta ter bloqueado uma caixa inadvertidamente, porque, para ajudar no troco, ele acrescentara alguns centavos a mais. A funcionária da caixa, que já havia registrado uma soma, não sabendo o que fazer, acabou chamando o gerente, que simplesmente devolveu os centavos a Hervé: "Não, obrigado, não é necessário".

Na caixa ficam também as pessoas que melhor se adaptam à padronização imposta pelos uniformes. Não se levam em conta, na tentativa de homogeneização, fatores como o clima ou as diferentes necessidades dos empregados de diferentes setores: no grill reclama-se de calor, as pessoas que trabalham no lobby sentem frio. Isso sem falar das diferenças de medida e peso, pois a standardização da vestimenta previa apenas três tamanhos. A ex-atendente do Quick de Rouen, Véronique, contou-me sua pequena tragédia:

> Tenho 85 centímetros de peito. Você imagina, não havia nada para o meu tamanho. Eles me deram como uniforme uma blusa que abria o tempo todo. [Ela faz um gesto como que sustentando os seios.] Eu coloquei um *button* para fechá-la, mas eles me fizeram tirar: "Não se deve personalizar a vestimenta", disse-me a chefe. Você acredita? Ah, era demais. Personalizar o uniforme. E, além disso, eu tinha um vestido que ia até aqui. [Mostra a altura do meio da coxa.] Não

podia me abaixar, porque o vestido vinha aqui. Eu morria de vergonha de ficar no lobby, todo mundo me olhava.

Como o uniforme é o mesmo para os invernos moscovitas como para os verões dos países tropicais, pode-se imaginar o desconforto extremo dos trabalhadores, às vezes banhados de suor, às vezes expostos a um frio de –10ºC dos congeladores. Existem, é claro, casaco e luvas previstos para as incursões dentro do freezer, mas enfiá-los implica um desperdício de tempo. Muitas vezes é preciso que os atendentes protestem para poder usar casaco e luvas. Eu só descobri esses preciosos acessórios no segundo mês no Quick. Por vezes, situações inesperadas acontecem. Foi o caso de um dia de inverno em que eu servia no lobby e estava depositando os sacos plásticos cheios de lixo, já triturados pela máquina redutora, para o lado de fora, na área de serviço localizada no teto do Centro Comercial de La Défénse — uma operação que normalmente significava 20 segundos de contato com o frio intenso. Nesse dia, no entanto, me distraí, e a porta subitamente se fechou. Encontrei-me sozinha, em uma temperatura de –14ºC, tendo como proteção um vestido de mangas curtas e de um tecido leve. Durante quinze minutos errei pelos corredores externos, subindo e descendo escadas de incêndio, para finalmente encontrar uma porta entreaberta e fazer minha entrada triunfal na sala de um outro restaurante, diante de um *maître d'hôtel* estupefato pela visão de um uniforme listado que tremia de alto a baixo.

Por que permanecem?

A imagem que fiz dos fast-foods, através da minha experiência e da de outros assalariados, é a de um trabalho cujas condições são duras, e a recompensa é pouca. Essa visão negativa do trabalho fast-foodiano com a qual a maioria dos meus colegas compartilhava, nos vestiários e nas entrevistas, não corresponde exatamente à dos trabalhadores no Brasil ou na Argentina. No Brasil, a imagem dos fast-foods é bem mais positiva, e, em conseqüência, a rotação da mão-de-obra é bem menor do que na França. Por que os assalariados brasileiros suportam trabalhar além das horas pagas, aceitam ser enviados para casa segundo a vontade do gerente e se acomodam a situações de trabalho insuportáveis? E os franceses, o que os faz permanecer ali? Evidentemente, a necessidade do salário e o handicap da inexperiência não podem ser ignorados, mas há outros fatores.

Entre os trabalhadores brasileiros, os dos restaurantes recém-abertos são os que têm a imagem mais positiva. Saber como funciona, ter a experiência de um primeiro emprego, conhecer máquinas, descobrir o "moderno", esse é o maior atrativo. "A gente aprende a trabalhar com eficácia e rapidez, o que é bom para qualquer outro trabalho que viermos a ter" [Gabriel, atendente em Buenos Aires]. A palavra trabalho aparece em um contexto pedagógico: "Aprende-se a trabalhar em equipe e a vencer desafios" [Gabriel].

Para alguns, a curiosidade é o primeiro impulso. Mas, uma vez engajados, é a sociabilidade interna que os mantém no lugar: "Os colegas são excelentes. Não é em todo lugar que se gosta de trabalhar" [Martha, atendente de Porto Alegre]. E o mesmo acontece na França: "Não é só o trabalho que conta, você conhece pessoas, sai com elas" [Natália, argentina atendente nos Champs-Elysées]. Diversas vezes encontrei atendentes visitando seu lugar de trabalho durante a folga — o que me fez repensar a famosa dicotomia lazer-trabalho. "Meus amigos estão aqui"; "Depois nós vamos sair juntos"; "Gosto de vir aqui". As empresas fast-foodianas incentivam essa sociabilidade entre os assalariados, dentro ou fora do trabalho, criando espaços para que eles possam se reunir. Quase todos os McDonald's possuem uma sala — freqüentemente localizada no subsolo, mobiliada no mesmo estilo que a dos usuários — que serve como refeitório dos lanches "gratuitos". Nas outras cadeias, o lanche é feito na sala do restaurante. Em alguns casos, as salas são usadas para mais uma manipulação da mão-de-obra, como no McDonald's dos Champs-Elysées, que chega a ponto de manter empregados no interior do restaurante, uniformizados, esperando que a circulação de usuários aumente, para então deixá-los bater o ponto. "Tinha vezes em que não podíamos bater o ponto porque não havia muita gente, e eles não precisavam de nós.

Aí, nós tínhamos que esperar lá em cima, e quando eles queriam, vinham nos buscar dizendo: 'Podem descer.' Às vezes eu trabalhava apenas duas horas por dia."

O Quick, no tempo em que trabalhei na cadeia, distribuía viagens para os empregados mais antigos e prêmios em dinheiro para os gerentes cujas vendas ultrapassassem os objetivos fixados pela empresa. Quanto às outras festividades que o McDonald's organiza, trata-se sobretudo de concursos de velocidade e habilidade nas tarefas cotidianas. Como em verdadeiras olimpíadas, existe uma grande variedade de "jogos" — montar um Big Mac, preparar fritas, servir bebidas — e, em diferentes níveis, certas competições opõem entre si os restaurantes de uma mesma cidade ou reagrupam os restaurantes de todo o país.

Essas competições implicam, evidentemente, uma extensão da jornada de trabalho, à medida que ocorrem depois do serviço, em um tempo não remunerado. Porém, elas são vistas pelos empregados como esporte e lazer, e não como trabalho. Às vezes, trata-se de competições esportivas propriamente ditas — jogos de futebol, vôlei ou basquete.

Mas voltemos à questão inicial: por que os jovens se submetem a esse emprego? Que atrativo pode exercer sobre eles um trabalho tão extenuante? O sentimento de pertencer a um grupo, de fazer algo junto, de compartilhar um código que vai do uniforme à linguagem, passando por gestos, tudo isso deve ser considerado na resposta.

Dos novos usos do questionário e da câmera

Se, por um lado, a pesquisa nos fast-foods afrontava alguns cânones da etnologia francesa da época, por outro, ela punha em questão alguns tabus metodológicos de minha própria formação no Brasil. Um deles foi o uso do questionário.

Nas disciplinas de metodologia, eu tinha aprendido a desconfiar profundamente dos questionários como instrumento de pesquisa. Foi preciso a nova geração e os programas de informática para que ele se reabilitasse plenamente. Eu mesma comprovara a sua ineficácia, atuando como bolsista em uma pesquisa com metalúrgicos de Porto Alegre, na qual deveria visitar operários em suas casas e aplicar um longo questionário sobre os sindicatos. Ora, vivíamos no tempo da ditadura militar e de forte repressão política, como é desnecessário lembrar, no qual qualquer um com um mínimo de bom senso evitaria declarações contestatórias — ainda mais por escrito. Como rapidamente me dei conta, os operários escolhiam as opções menos comprometedoras do questionário, do tipo "sindicatos não devem ter função política, e sim assistencial", com uma ironia claramente perceptível para mim, mas incapaz de ser capturada pelo instrumento de pesquisa. O questionário perdia, ali, do olhar que eu lançava do alto dos meus vinte anos, qualquer validade científica.

Foram precisos alguns anos e várias pesquisas para o questionário recuperar os galões perdidos. E de modo imprevisto: ele legitimava as questões que eu colocava para os freqüentadores dos fast-foods durante suas refeições, pois descobri que era bem menos incômodo me aproximar da mesa com um questionário na mão, de preferência pousado em uma prancheta. Ele compunha, assim, o hábito de pesquisadora, servia mais como um item de indumentária que me garantia o estatuto de investigadora do que como instrumento de captação de informações — e era abandonado discretamente logo que o meu informante se sentia mais à vontade com a minha presença. Acostumados a pesquisas de consumo que se realizam nas calçadas de Paris, diante dos centros comerciais importantes, os consumidores de Big Mac não estranhavam que alguém propusesse uma conversa com o intuito de preencher uma folha de papel, mas não compreendiam como uma estrangeira poderia querer conversar com desconhecidos sobre suas preferências alimentares, ainda mais durante a refeição. O questionário me tornava pesquisadora, angariava um *plus* de seriedade.

De modo semelhante, a câmera-de-vídeo facilitou meu acesso a espaços e pessoas durante outra pesquisa também realizada em Paris, desta vez sobre a moradia de brasileiros e franceses de camadas médias em antigas e pequenas *chambres-de-bonne* reformadas e *gentrifiquées*. Esses espaços muitas vezes minúsculos servem, ao mesmo tempo, como quarto de dormir, cozinha, sala de refeições e lugar de estudo e trabalho. A escolha da casa — do apartamento — como objeto de pesquisa não se deu por acaso. Acreditávamos que a moradia constitui uma chave importante para se aceder ao *ser social* dos moradores, no caso, os franceses e os brasileiros estudados. Como destaca Bourdieu, em um dos seus últimos trabalhos sobre a propriedade imobiliária, "a casa exprime ou trai, de maneira mais decisiva que outros [bens materiais], o ser social do seu proprietário, seus "recursos", como se diz, mas também seus gostos".[27]

Nosso interesse pela questão levou-nos a adotar técnicas clássicas, como o mapeamento do mercado imobiliário em Paris através de estatísticas dos arquivos do INSEE, a análise de anúncios classificados e a entrevista com arquitetos, agentes imobiliários e diversos moradores desses pequenos espaços. E outras menos evidentes, pois, como em toda situação de pesquisa, inúmeros dados se acrescentaram a nossas observações: a leitura de romances e de memórias de escritores franceses e estrangeiros que moraram em Paris, as imagens das moradias da cidade mostradas em filmes de ficção rodados na cidade ou a observação participante, através das visitas a imobiliárias e apartamentos, na condição de possíveis compradoras.

Os arquivos — que no dizer de Foucault[28] encerram vidas ínfimas abatidas por algumas frases — foram outra fonte interessante no levantamento da história desses espaços. Para nossa surpresa, encontramos uma riqueza ainda pouco explorada pelos antropólogos nos bancos de imagem franceses, obtendo vídeos, diversos filmes documentários e de ficção que abordam, direta ou indiretamente, a moradia em Paris. Entre os arquivos, destaca-se o do Instituto Nacional do Audiovisual (INA), localizado no subsolo da Biblioteca Nacional, setor François Mitterrand, que disponibiliza a integralidade das imagens televisivas a partir de 1975, além de inúmeros outros documentários; e o Fórum de Imagens, antiga Vidéothèque de Paris, situada em Les Halles.

A câmera de vídeo — como pude constatar filmando muitas das visitas a *chambres-de-bonne* e a *studios* — servia para induzir *performances* que revelavam o uso do espaço dos apartamentos.

Certamente eu me sentiria constrangida, ao conversar com alguém, de pedir-lhe para me *mostrar como se faz*. Com o álibi da câmera, nem precisava sugerir, pois os próprios entrevistados tomavam a iniciativa e se prestavam ao jogo da *mise-en-scène*. Em vez de simplesmente dizer que a cama se elevava com um mecanismo elétrico, minha entrevistada fazia questão de que eu filmasse o mecanismo; do mesmo modo, outro entrevistado não hesitou em dar a descarga do banheiro para que eu registrasse os movimentos hídricos que este gesto provocava no encanamento da pia.

Além disto, a câmera serviu para abrir algumas portas inesperadas. Foi graças a ela — que me acompanhava na observação dos trabalhadores que transferiam móveis pela janela para uma plataforma-elevador — que recebi o convite de subir até o apartamento de onde saíam os móveis para filmá-lo e entrevistar o proprietário. Dificilmente o dono do caminhão teria me sugerido a visita se eu não estivesse filmando, mas apenas observando a mudança.

Em alguns lugares, permanecer sem uma câmera é tornar-se mais visível do que com ela — como pude observar, por exemplo, no Trocadero, quando os guardas escolheram pedir os documentos justamente de um grupo de jovens que, além de parecerem árabes, não portavam câmera, distinguido-se, assim, dos turistas que se aglomeram diante da Torre Eiffel. A câmera compõe o habitus do turista. Em cidades como Paris, a capital mais visitada do mundo, portá-la é ganhar uma nova identidade, que insere determinados atos de pesquisa em um universo compreensível para os outros transeuntes. Assim, ela teve um papel semelhante ao do questionário nos fast-foods.

Por outro lado, se o questionário e a câmera legitimavam ou disfarçavam a pesquisa em determinados espaços — o que um turista filma não tem valor comercial —, em outros, ao contrário, sua presença teria significado expulsão sumária. Penso especialmente na cozinha do fast-food, lugar protegido pelo segredo industrial e onde meu ingresso só foi possível como funcionária do estabelecimento — daí a necessidade da observação participante canônica. Mas penso também na *cour* do Collège de France, onde fui advertida por estar filmando.[29] "Mas filmo o exterior", ainda tentei justificar para a guardiã. "Não importa, a senhora pode filmar a fachada ou a *cour* a partir da rua, mas não de dentro". Ou na Sorbonne, onde minha simples presença com a sacola da câmera fechada levou a tais suspeitas que por pouco o guarda não acionou o plano Vigipirate. Nesses casos, a rapidez e a perseverança são aconselháveis — consegui filmar antes da guardiã intervir; voltei algumas vezes à Sorbonne até o dia em que minha visita coincidiu com a de um grupo de cinegrafistas japoneses (que devem ter obtido autorização depois de longos trâmites por escrito) e a presença discreta da minha pequena VX1000 passou despercebida ao lado das enormes câmeras colocadas sobre tripés profissionais. Como muitos dos meus colegas de antropologia visual, sempre considerei uma transgressão ética o uso da câmera oculta; porém, filmar sem autorização a sala onde lecionava Marcel Mauss não me pareceu transgredir qualquer preceito deontológico.

Pesquisar na cidade com uma câmera é também estar sujeita às oscilações da atualidade política que no espaço das metrópoles ecoam e se amplificam de modo mais sensível do que em pequenas comunidades, hoje dificilmente isoladas, por conta da globalização, mas que ainda dispõem de amortecedores (o seu *tempo* próprio) eficazes em padronizar as temporalidades alheias. Não se filma Paris com a mesma facilidade com que se filmam as pequenas cidades do interior da França. Tudo me leva a crer que não se filma Nova York, hoje, com a facilidade com que se filma Paris. Um acontecimento como o de 11 de setembro de 2001 alterou o espaço social em Paris. Se, antes, eu não me deparava com grandes dificuldades em filmar nos espaços públicos não propriamente turísticos, depois das medidas de segurança adotadas, isso tornou-se altamente suspeito. (Interessante paradoxo: o mesmo movimento que restringe a liberdade de captar imagens por parte dos indivíduos amplia a captação de imagens dos indivíduos por parte dos *proprietários* e do Estado, multiplicando a presença de câmeras nas lojas, bancos, casas particulares, empresas, metrôs, estacionamentos, corredores — de modo que já não se está jamais a sós, em certas cidades.)

Como analisei em outro artigo,[30] as câmeras de fotografia e vídeo são formidáveis propiciadoras de contatos, e a idéia de que a câmera inibe o informante (mesma acusação sofrida pelos questionários, nos anos 1970) deve ser seriamente colocada em questão. Claro que é preciso ter em conta quem está sendo pesquisado e onde — o macabro exemplo do jornalista Tim Lopes, recentemente assassinado por traficantes quando realizava uma pesquisa usando câmera oculta em um baile funk no Rio de Janeiro, deve ao menos servir como alerta. Mas o que pude constatar, perambulando em Paris com uma câmera no ombro, à la Mead, com o seu inseparável caderno-de-notas, é que, no mínimo, ela provoca reações contraditórias.

Notas

1. A pesquisa foi realizada em conjunto com Miriam Grossi. Ver o vídeo de Carmen Rial e Miriam Grossi, *Mauss segundo suas alunas.*

2. Uma resenha e um projeto completavam então os requisitos para o Diploma de Estudos Aprofundados — precondição para a tese de doutoramento. Como resenha, apresentei um texto sobre o livro de Roberto Da Matta, *Carnavais, malandros e heróis*, de 1979 —, um dos poucos trabalhos de antropologia brasileira traduzidos na França, na época. Como projeto para tese de doutorado, apresentei a proposta de estudar o estilo de vida de um grupo de ecologistas em Florianópolis, preterido depois pela análise dos fast-foods.

3. Em outros artigos, adoto o termo "loja" para designar os fast-foods, por entender que ele designa com mais propriedade o tipo de comércio ali praticado, que se distingue radicalmente dos serviços de um restaurante tradicional. Aqui, porém, usarei restaurante fast-food e restaurante tradicional para assinalar a diferença.

4. Claude Fischler, *L'homnivore.*

5. Carmen Rial, *Ça se passe comme ça chez les fast-foods.*

6. P. Pynson, *Le Four et le Snack.*

7. O admirável livro de Josué de Castro, *Geografia da fome*, era freqüentemente mencionado por eles.

8. Os trabalhos de Fonseca com velhas francesas solteiras em Paris, o de Eckert, entre mineiros na Grand-Combe, o de Peixoto, com velhos em Paris, entre outras pesquisas, iriam mudar esta relação entre as nossas antropologias. Sobre este tema ver Gilberto Velho, *Quatro viagens.*

9. Ulf Hannerz, *Cultural complexity in the social organization of meaning.*

10. Martine Segalen, *L'autre et le semblable.*

11. Margareth Mead apud Claude Lévi-Strauss, *Mythologiques III. L'origine des manières de table.*

12. Ver Benedict Anderson, *Imagined communities.*

13. No Brasil: Rio de Janeiro, Porto Alegre, Campinas, Brasília, Recife, Belo Horizonte, Curitiba e Florianópolis; na França: Rouen, Marselha, Nîmes, Toulouse, Reims, Grenoble, Avignon e Strasbourg.

14. Ver Joffre Dumazedier e Annette Suffert, "Fonctions sociales et culturelles des cafés".

15. Intervenção oral no seminário na EHESS, de 19.12. 1992.

16. Empresas de relações públicas, como a Informe, no Brasil, a Information et Entreprise, na França, ou a MacMillan Davies Advertising, na Inglaterra.

17. Ver D. Assis, "Maratona no Balcão", *Veja*, n.26, dezembro, 1990.

18. William Foote Whyte, "The social structure of the restaurant" e *Human Relations in the Restaurant Industry.*

19. William Foote Whyte, idem e *Industry and society.*

20. John Love, *McDonald's. Behind the arches.*

21. Por ocasião de uma visita à cozinha do McDonald's dos Champs-Elysées, em dezembro de 1989, anotei no caderno de campo: "A cozinha é a África. Quase todos os atendentes são negros, ao mesmo tempo que só há uma mulata entre as 16 caixas em funcionamento. Cruzo com os nomes mais estranhos na cozinha, como Gwenola".

22. Cf. Gérard Valles, "Toulouse City".

23. Cf. Henry-Melchior Langle, *Le petit monde des cafés et débits parisiens au XIXe siècle*, p.141-2.

24. Ray Kroc e Robert Anderson, *Deu certo!*, p.57-8.

25. Idem, p.124.

26. Para a distinção entre *snack* e refeição em um fast-food, ver Carmen Rial, "*Fast-foods*: a nostalgia de uma estrutura perdida".

27. "Como bem material que está exposto à percepção de todos (como as roupas), e isso de modo *durável*, essa propriedade exprime ou trai, de forma mais decisiva que outras, o ser social de seu proprietário, seus "recursos", como se diz, mas também seus gostos, o sistema de classificação que ele envolve em seus atos de apropriação simbólica pelos *outros*, postos assim em condição de situá-lo no espaço social, situando-o no espaço dos gostos", Pierre Bourdieu, "Le marché de la maison", p.3, grifos do autor.

28. "Vida de algumas linhas e de algumas páginas, inúmeras infelicidades e aventuras, reunidos em um punhado ... vidas ínfimas que jazem abatidas por algumas frases", Michel Foucault, *Vigiar e punir*, p.12.

29. Para a pesquisa sobre a história da antropologia francesa, ver Carmen Rial e Miriam Grossi, op.cit.

30. Carmen Rial, "Contato fotográfico".

Fixar o movimento nas margens do rio: duas experiências de construção de um objecto de estudo em terreno urbano em Portugal[1]

Teresa Fradique

O título do presente artigo, "Fixar o movimento nas margens do rio", surge quase como uma redundância, já que conjuga expressões utilizadas em duas publicações que resultaram da investigação que desenvolvi em torno das representações da música rap em Portugal, no âmbito do Mestrado em Antropologia do ISCTE (1996-1998).[2] O efeito de duplicacão não é de todo casual, uma vez que este texto se tornou numa síntese de duas pesquisas que desenvolvi no período da pós-graduação e que fecham um ciclo de reflexão sobre a iniciação à prática da antropologia no Portugal contemporâneo.

Os dois contextos etnográficos que gostaria de abordar são marcados por fortes contrastes, quer em termos metodológicos (tempo despendido, suportes de registo, diversidade de fontes, profundidade das questões colocadas e trabalhadas), quer em termos dos protagonistas e dos terrenos de observação. Apesar de apresentarem como que um desequilíbrio no que diz respeito à extensão da sua profundidade analítica, a identificação de assimetrias visíveis no plano dos processos da sua construção como objectos de estudo antropológico permitirão delinear algumas das questões que proponho discutir.

Os contextos de análise a que me refiro, a música rap e o Santuário do Cristo Rei, têm no entanto algo em comum: a sua territorialidade, já que ambos ocupam as margens de Lisboa, nas relações ambíguas que estabelecem com o centro da cidade.

"Vous avez des bons monuments": *o olhar turístico e o antropólogo camuflado*

Em 1996, enquanto eu freqüentava o mestrado em antropologia (onde desenvolvi a pesquisa sobre música rap), participei de um curso inédito de "Antropologia e imagem", organizado pelo Museu Nacional de Etnologia. Com a duração de seis meses, o objectivo final era a realização de um curto documentário experimental em torno de um tema previamente definido: a "borda de água". Embora soubesse que o objectivo da escolha temática não passava pela reificação da relação de Portugal com o mar, confesso que a analogia com os discursos de representação da nação como um país de "marinheiros e aventureiros" retirou-me alguma inspiração.

A sala onde nos reuníamos no seminário tinha grandes janelas que nos ofereciam uma espantosa vista sobre o rio Tejo e a zona ribeirinha, de Belém a Alcântara. Quem visitou Lisboa conhece certamente essa área da cidade, já que ali se concentram alguns dos mais (senão *os* mais) importantes monumentos de objectificação da identidade nacional oficial: o Mosteiro dos Jerónimos, a Torre de Belém, o Padrão dos Descobrimentos e ainda alguns museus importantes (o Museu dos Coches, o próprio Museu de Etnologia, o Museu da Marinha, e o controverso *ex-libris* erguido nos anos 1990, o Centro Cultural de Belém). Ao fundo podíamos admirar a Ponte 25 de Abril (inicialmente baptizada como Ponte Oliveira Salazar, o presidente do Conselho de Ministros do regime ditatorial derrubado em 1974) e, do outro lado, na margem sul, solitário e imponente, de braços abertos para Lisboa, o Cristo Rei. A decisão estava tomada.

Apesar de se apresentar epistemologicamente contraproducente, foi o desconhecimento que eu tinha do lugar (tal como acontece, penso eu, com uma boa parte dos lisboetas) que se tornou propulsor do questionamento e da própria motivação para o desenvolvimento do projecto. Essa incógnita (parcial, já que a visibilidade do monumento impõe-se, quer pela sua fisicalidade, quer pela forma como integra o mapeamento simbólico da cidade turística) é, de alguma forma, aquilo que dá sentido à viagem que se empreende para visitar um local que não é mais do que um lugar de destino. Esse "ir" foi assim tomado como o ponto de partida, originando o título do documentário "Fui ao Cristo Rei", que reproduz simultaneamente o deslocamento de cada um dos personagens encontrados, os "observados", e o posicionamento de quem está por detrás da câmera, ou seja, do observador-antropólogo. Essa circunstância produz um efeito de aparente diluição entre os protagonistas do encontro que gostaria de discutir mais adiante. Aliás, os observados são, neste caso, também eles observadores. O objecto de observação comum é a cidade enquadrada pelos discursos que lhe dão sentido, ao mesmo tempo que a inserem numa narrativa de construção da identidade nacional.

O Santuário do Cristo Rei é um monumento de natureza religiosa que se ergue num monte isolado à beira rio (a 133 m da linha de água), junto à cidade de Almada, um dos principais centros do subúrbio lisboeta. Sob um pedestal com 82 m de altura, onde se situa o ascensor que nos transporta até ao miradouro, ergue-se a estátua de 28 m que reproduz o seu congénere brasileiro. A esse propósito, narra a história do monumento que: "Em 1934, o Cardeal Patriarca de Lisboa visitava o Brasil. Sobe à montanha do Corcovado, onde se ergue a estátua do Cristo Salvador. No coração do Cardeal nasce a idéia de *uma estátua semelhante vir a dominar, de Lisboa, Portugal inteiro*." [3] Na base do pedestal encontra-se a Igreja Paroquial que serve à comunidade religiosa local. Essa comunidade parece alheia a uma outra, bem mais populosa, que, em fluxos constantes, desce dos autocarros, encaminha-se para o ascensor, sobe até ao topo do pedestal, passa pela loja de souvenirs e dirige-se ao miradouro panorâmico, para se reencontrar com a cidade que está sob "escrutínio" turístico. Nesse reencontro, a cidade está já identificada por uma narrativa que torna o cenário urbano significativo, o olhar (potencializado pelos mecanismos de registo das câmeras fotográficas e de filmar) opera como uma síntese de validação.

Mandado construir em 1949, o Santuário do Cristo Rei foi inaugurado com pompa e circunstância dez anos mais tarde. O contexto social e político que está em sua origem é complexo, não sendo possível abarcá-lo no âmbito deste trabalho. Importa no entanto referir que ele se integra num processo mais vasto de "nacionalização da cultura"[4] levada a cabo desde o final do século XIX e prolongado durante o Estado Novo, e que Rui Ramos apelidou de "reaportuguesamento de Portugal" — um processo no qual a nação, "como território dentro das fronteiras da República portuguesa, adquiriu valor simbólico, profundidade histórica e emotiva, uma qualidade 'portuguesa'".[5] O autor procura identificar os vários processos de objectificação da "emergência da entidade chamada 'Portugal' na vida dos portugueses — na rotina quotidiana, na política, na criação artística. Portugal passou a designar uma cultura colectiva, isto é, um conjunto coordenado de referências comuns."[6] O papel da organização turística na produção da cultura colectiva, à semelhança do que acontecia na Inglaterra, na França e na Alemanha, foi fundamental. Em parte é o compartilhamento europeu desse projecto de imaginação da comunidade[7] que torna o papel de turista de fácil interpretação.[8]

Embora o carácter de espaço sagrado esteja praticamente ausente da visita turística ao monumento, este é ainda hoje legitimado pelo texto apresentado ao visitante no bilhete de entrada:

> Em 1940, os Bispos portugueses, reunidos em Fátima e confiados na protecção de Maria, fizeram voto de erigir, em frente da capital, um grandioso monumento à realeza de Cristo se Portugal fosse poupado à guerra que se alastrava pelo Mundo. ... Construído com ofertas de todo o País, inaugurado em 17 de Maio de 1959 ... surge, pois, este Monumento, como símbolo da gratidão nacional pelo dom da Paz.

A majestade e a grandeza, de um Cristo ao mesmo tempo rei e pai, autoritário e paternalista, que abre os braços sobre Lisboa e, assim, para todo o país, parece fazer sentido no contexto da política ditatorial salazarista. A mobilização do país em torno da sua construção convertem-no num exemplo particularmente significativo dos processos de objectificação que permitem criar as "comunidades imaginadas" que são as nações.[9]

O conceito de "comunidade imaginada" (*imagined communities*), da autoria de Benedict Anderson, tornou-se um dos mais optimizantes e profícuos conceitos para uma parte da produção antropológica da última década. Apesar de ser utilizado pelo autor no contexto da problematização do nacionalismo/nacionalidade (*nation-ness*) como artefacto cultural com determinadas especificidades, a ideia de comunidade imaginada tem sido aplicada a uma série de outros fenómenos culturais das sociedades contemporâneas.[10] Mas o sentido específico que lhe é conferido por Anderson relaciona-se à definição que o autor dá de nação como:

> Uma comunidade política imaginada — e imaginada simultaneamente como limitada e soberana. É imaginada na medida em que os membros, mesmo os da mais pequena nação, nunca conhecerão a maioria dos seus compatriotas, nunca os encontrarão, nem sequer ouvirão falar deles, no entanto na mente de cada uma encontra-se a imagem da sua comunhão.[11]

É esse processo de imaginação — repetido por todos os turistas que visitam o Cristo Rei — que fazem dele um espaço de peregrinação e de sacralização, mas não no sentido original da sua criação religiosa. Aliás, a transformação do significado original da veneração — é a cidade que se apresenta agora no lugar do altar —, instaura uma ambigüidade que me despertou a atenção. O miradouro torna-se o local central do monumento, constituindo-se como mais um palco da prática da performance turística.

A ambigüidade a que me refiro é visível sobretudo na loja de souvenirs, que se encontra na passagem do elevador para o miradouro. Aí podemos encontrar toda uma parafernália de objectos que remetem simultaneamente para o culto religioso (com uma forte presença de imagens de Nossa Senhora de Fátima) e para o consumo da nacionalidade portuguesa na qualidade de produto turístico — porta-chaves, *t-shirts*, miniaturas de embarcações e de galos de Barcelos, cerâmica pseudotradicional — estes são apenas alguns dos objectos disponíveis.

A ligação do Cristo Rei com um outro destino de peregrinação (também esta turística, mas desta vez marcadamente religiosa), o Santuário de Fátima, faz parte do discurso mítico de origem do monumento: "Portugal, também chamado desde o seu alvorecer de 'Terra de Santa Maria', proclamou, oficialmente, em 1646, a Mãe de Cristo sua Rainha e Padroeira. Em 13 de Maio de 1917, aparecendo em Fátima, Maria estabelece ali seu Trono e Altar. Este Monumento é, no dizer do Cardeal Cerejeira, complemento do Seu Santuário em Fátima."

Depois das primeiras visitas, e quando as filmagens se encontravam ainda no início, a minha idéia era dar conta, ou melhor, contar algo sobre esses dois fenómenos: o do turismo que se desenrola de forma imediata, frontal e superficial (o turista chega, surpreende-se, tem uma experiência intensa e parte com pressa para outro lugar devidamente assinalado no seu roteiro); e o da construção simbólica da imagem oficial do país, processo lento, subtil e profundo. Tendo como referência os conceitos de monumento e património, interessava-me dar a entender em que medida este fenómeno (a peregrinação turística) desencadeava um processo de construção da identidade nacional — instaurada pelas instituições envolvidas (Igreja e Estado), reinventadas e actualizadas todos os dias pelos visitantes.

A reflexão teórica tinha mais ou menos essa configuração. No entanto o processo de análise, a recolha e o tratamento de informação — que viriam aprofundar ou rejeitar estas considerações — apresentava-se de um modo radicalmente diferente daquele que eu conhecia. Tudo passava por um visor, pela decisão do que filmar ou não filmar e de como o filmar. Mais tarde, ainda seria preciso proceder a uma nova selecção das imagens registadas e ordená-las de modo a criar uma forma narrativa pertinente, por meio da montagem.

Com o prosseguimento das filmagens foi necessário identificar a perspectiva de abordagem a ser adotada, por um lado, e as intenções subjacentes ao filme, por outro. O elemento que surgiu como intrinsecamente significativo — ou seja, que atribuiu sentido àquele local e às pessoas que o visitam — foi o *olhar*. É para olhar, ou melhor, para definir um olhar — *um certo olhar* sobre Lisboa e Portugal — que os visitantes, e sobretudo os turistas, cruzam a ponte sobre o Tejo, atravessam Almada e sobem até ao Cristo Rei.

É no cruzamento dos vários olhares e das diferentes intenções que os motivam que o filme tentou se mover. Trata-se não apenas do olhar do turista, mas também do meu olhar sobre o olhar deles.

Misturada aos outros visitantes, minha câmera e eu mesma passávamos despercebidas. Que partido tirar dessa situação? Em que éramos de facto distintos? E em que minhas imagens eram diferentes das deles? O que nos motiva a olhar para o real através de um dispositivo mecânico ou electrónico? De onde vem a imperiosidade de registar fenómenos ou/e de criar novos significados com esses registos? O carácter particular que teve a escolha desse tema me fez pensar nessas questões e criou uma espécie de efeito de diluição das diferenças entre observador e observado que contradizem o posicionamento clássico do trabalho de campo antropológico. De alguma forma esse é um aspecto recorrente na pesquisa efectuada em meio urbano.

Embora as questões de partida pudessem ser elaboradas e desenvolvidas dentro dos níveis de complexidade impostos pela teoria antropológica (níveis que eram reduzidos, dada a natureza dos fins dessa pesquisa), existia uma quase desconfortável facilidade metodológica que pouco tem que ver com as práticas tradicionais da disciplina. Os papéis de observador e observado eram desempenhados de forma natural e fluída. Se, em determinado momento, havia uma situação de sobreposição entre observador e observado (ou seria antes de camuflagem do primeiro?), já que ambos se encontravam no miradouro apetrechados de câmera de filmar a registar a vista sobre a cidade de Lisboa, por outro lado, quando a câmera incidia sobre os turistas, invertendo o objecto de registo, eles continuavam a desempenhar o seu papel sem constrangimentos. Esse aspecto foi mais intensificado pelo material utilizado. Durante uma parte das filmagens recorri a uma *handycam* Sony (com uma qualidade acima da média, mas ainda assim amadora) e não levava ninguém para dar apoio no som. Deparei com vários turistas que utilizavam o mesmo tipo de aparelho. Nesse momento a diferença entre observador e observado estava reduzida à intencionalidade. Para os turistas parecia natural que alguém lhes fizesse perguntas sobre o país que estavam a visitar e que fossem filmados enquanto respondiam.

Tal como o antropólogo que desempenha o seu papel de "cientista", também o turista tem um papel a desempenhar (diante da câmera): mostrar que aprendeu bem a lição do encontro com a representação simbólica que "embrulha" o produto cultural de consumo, que é a cidade de Lisboa e o país que esta ajuda a imaginar.

Territorialização e desterritorialização na perseguição da prática de música rap

É também nas margens que nos situamos quando falamos de música rap. Margens num duplo sentido: geográfico e metafórico. Desde a década de 1990 a música rap produzida em Portugal tem sido utilizada por vários discursos públicos para representar as novas configurações da sociedade portuguesa. Nesse sentido, o estilo musical tem estado ao serviço, quer da construção da identidade nacional — na sua condição pós-colonial, multicultural e cosmopolita —, por um lado; quer da construção das novas geografias da cidade, pelo outro.[12] A representação da música rap como a voz daqueles que se situam nas franjas da sociedade portuguesa, integrando as chamadas minorias étnicas — representadas como socialmente desfavorecidas e culturalmente diferentes, ocupando zonas específicas do espaço urbano (o subúrbio ou o bairro de lata) muitas vezes racializado —, coloca o estilo musical e os seus protagonistas duplamente à margem.

Mas é nas relações ambíguas que esses dois fenómenos estabelecem com o centro (também ele metafórico) como afirmei anteriormente, que se desenham os seus contornos mais interessantes.[13] Essa foi, aliás, a questão central de minha investigação: procurar perceber os diferentes discursos que participaram na visibilidade pública de que a música rap foi alvo a partir de 1994 e que a colocaram no *mainstream* cultural português. Torna-se importante realçar que essa visibilidade social da música rap ocorreu num contexto político marcado por uma forte polarização e luta pelo poder. Depois de dez anos de cavaquismo (nome pelo qual ficou conhecido o período de governação liderada pelo primeiro-ministro Aníbal Cavaco Silva), a contestação ao governo emergia de diversos sectores da sociedade civil, e a música rap surgiu como mais uma das expressões dessa contestação.

A música rap faz parte de um movimento mais vasto conhecido como cultura hip hop, surgido no Bronx, Nova York, na década de 1970. Num ambiente de rivalidade e degradação urbana, vários DJs transportam para a rua os seus *soundsystems*, organizando festas de bairro. Essa cultura integra ainda uma expressão plástica, o grafitti, e uma expressão coreográfica a break dance.

Essa trilogia simbiótica, incansavelmente mencionada pelos rappers, tem fortes implicações na construção de meu objecto de estudo. Já não é o antropólogo que deverá sistematizar os elementos que coerentemente formam um sistema cultural, mas são os próprios protagonistas do fenómeno que o apresentam enquanto tal. Mais do que isso, apresentam-no pronto para ser consumido e exportado. No caso da música rap, são vários os elementos que constroem a sua autonomia como movimento cultural original: a emergência de um conjunto de técnicas de composição e criação de sons que permitem reconhecer um novo estilo — complexificação das técnicas de *deejaying* (*scratsh*, *backspin* etc.) e de *mc'eing*; a emergência de uma ideologia — como a figura de Afrika Bambaata — que tem como principal objectivo a criação de um conjunto de directrizes para um modo de vida (de rua) que se oponha à violência e que permita criar uma alternativa à rivalidade entre gangs; a emergência de um estilo ou de uma "cultura" — modo de vida que se reflecte nas roupas, na performance do corpo e que se apresenta como uma ética, ou seja, um conjunto de normas e valores que orientam um programa de vida a ser aplicado quotidianamente e que permite ordenar e dotar de sentido o dia-a-dia (urbano, *life in the street*) — um estilo de vida urbano e multicultural; a emergência de uma narrativa/mito que o legitima como um produto cultural objectificado e consumível (na Europa, na Ásia, na Oceania), alvo de um processo de racialização que o apresenta como uma das mais recentes vertentes da música negra norte-americana.

Assim, o rap que surge em Portugal (como no Brasil) resulta, antes de mais nada, do consumo de um produto globalizado que é localmente apropriado a partir dos diversos contextos juvenis urbanos nacionais.

Ao contrário de grande parte dos trabalhos sobre a cultura hip hop, mesmo os de carácter académico, o meu objectivo nunca foi sistematizar as origens ou a essência do estilo musical e da cultura em que ele se integra. A sua apropriação como produto de consumo em torno do qual é possível criar um estilo (de vida) que orienta e dá sentido à prática quotidiana torna escorregadia a tentativa de encontrar uma genealogia para o surgimento do fenómeno. O tipo de preocupação que conduziu a pesquisa era de outra natureza e assumia, antes de mais nada, que a análise não poderia ficar reduzida aos seus protagonistas centrais, os rappers. Aquilo que procurei perceber foi o papel que eles foram chamados a desempenhar num momento em que a sociedade portuguesa sofria uma reconfiguração dos seus contornos, na condição de sociedade pós-colonial.

Deste modo, a investigação centrou-se em questões como: qual o papel dos discursos que procuram definir uma identidade prática (ideológica e experimentada) a partir do consumo de um estilo musical; se os discursos públicos (politicamente correctos) de reificação da tolerância (o neo-luso-tropicalismo que tem estado na base das últimas investigações do antropólogo português Miguel Vale de Almeida) contribuem para uma retórica essencialista com base na diferença cultural.

Em que medida o fenómeno da prática de música rap não se circunscreve apenas aos seus protagonistas, mas é um produto musical produzido por vários agentes: os rappers, os críticos de música, os editores discográficos, as instituições que definem as políticas culturais e as que representam retratos da sociedade (portuguesa, no caso, e que incluem os jornalistas, os políticos e os cientistas sociais).

Sendo o rap um estilo musical incorporado na cultura *mainstream* portuguesa (expressão pública que inclui a publicidade, os concertos, os protagonistas como figuras públicas etc.), como se desenvolveu o seu processo de transformação em mercadoria e quais os contornos de um discurso em torno da idéia de um estilo nacional.

Eu estava ainda interessada em perceber o lugar que o rap ocupa nas relações entre um discurso politicamente correcto (inserido na redefinição da sociedade portuguesa pós-colonial, ou pós-luso-tropical, para utilizar mais uma expressão de Miguel Vale de Almeida) de luta contra o racismo e as estratégias políticas e sociais de enquadramento da "multiculturalidade". E, por fim, de que forma a construção do rap como expressão de "diferença cultural" (racializada) influenciou em seu processo de mercadorização.

As questões que orientaram a pesquisa e que sistematizaram a construção do objecto de estudo puseram à parte a possibilidade de uma abordagem clássica, territorializada, confinada a um bairro, por exemplo. Rapidamente o mapeamento do terreno "inundou" várias áreas que me pareceram fundamentais para perceber o rap como um produto cultural (nos múltiplos e ambíguos sentidos da palavra) de consumo dependente de relações (de poder) mais vastas (e conflituosas).

Assim, a pesquisa no terreno estruturou-se em três campos radicalmente diferentes e que envolviam posturas e metodologias específicas a cada um deles. Um primeiro campo que correspondeu àquilo que poderíamos chamar de *prática de música rap* e englobou sua produção e seu consumo, com uma forte componente mediática, associada a festas e espaços públicos. A abordagem do terreno foi feita sobretudo nesses últimos espaços, onde o rap ganha visibilidade como produto cultural: bares, concertos, lançamento de discos, festas de hip hop. Seguindo o itinerário desses eventos, acabei por percorrer toda a área metropolitana de Lisboa, num vaivém constante entre o centro da cidade (reservado para ocasiões especiais) e o subúrbio (onde a prática do estilo musical encontra-se imbricada na experiência quotidiana).

Ao longo de vários meses assisti semanalmente à gravação de um programa de rádio inteiramente dedicado ao rap (Ataque Verbal, na FM Radical); durante dois meses (dois dias por semana) percorri o país acompanhando as Oficinas de Rap que consistiam em workshops organizados por uma ONG e pelo Instituto Português da Juventude, orientados por dois importantes rappers portugueses.

Para além desse tipo de observação, foram realizadas várias entrevistas e marcaram-se alguns encontros com rappers em suas áreas de residência. A legitimidade e a aceitação no meio (sempre relativas e provisórias) foram obtidas com a freqüência sistemática a esses espaços, onde minha permanência e assiduidade constituiriam factores fundamentais na construção de relações e na recolha de um conjunto coerente e consistente de informações.

No que diz respeito aos outros elementos de análise — os agentes ligados à imprensa e à indústria discográfica —, o trabalho de terreno constituiu-se de forma quase oposta. Aqui reinou a formalidade, e a informação foi recolhida por meio de entrevistas marcadas com antecedência.

O terceiro campo referiu-se sobretudo ao presente etnográfico e à investigação de fontes. Estas constituíram-se de diferentes suportes e partilharam o facto de serem meios de difusão cultural e de informação nos quais, de alguma forma, se conferia visibilidade ao rap ou a questões a ele ligadas: programas de televisão (debates, reportagens etc.), revistas (na sua maioria estrangeiras e "especializadas"), programas de rádio, colóquios e jornais de circulação nacional (diários e especializados).

Um dos aspectos fundamentais que a investigação permitiu realçar refere-se a uma descontinuidade entre a representação pública da música rap, considerada como a expressão da segunda geração de luso-africanos, da "suburbanidade", do gueto e de todos os perigos que esse posicionamento na margem encerra; e a heterogeneidade das experiências vividas em torno de sua prática. Mais do que uma manifestação social e etnicamente delimitada, o rap é um "novo espaço de criatividade cultural juvenil" (uma conceptualização de Rui Cidra), ser rapper nunca é fruto de um acaso, mas também não é fruto de um determinismo sociológico e essencialista. Nesse sentido, os conceitos de "raça" e "classe" parecem ter perdido parte de sua operacionalidade no que diz respeito à caracterização social dos jovens que integram o movimento hip hop.

Assim, os sinais de continuidade essenciais à delimitação do rap como fenómeno cultural passam por outras categorias — e sobretudo por uma reformulação conceptual. Para aprofundar o conhecimento em torno das formas contemporâneas de prática cultural e formação de identidade em contextos metropolitanos, devem-se encontrar novas dimensões que permitam aceder às *negociações interculturais* e às *sociabilidades transraciais*[14] que caracterizam o grupo social do qual os rappers fazem parte. É na experiência quotidiana e nas opções pessoais que podemos buscar os elementos fundamentais de organização das idéias e concepções sobre o mundo e sobre si próprio. Essa experiência encontra-se ancorada num movimento cíclico que desenha e apaga constantemente as fronteiras da sua prática, que apela para a territorialização e a desterritorialização, na medida da construção do estilo musical como um projecto de evasão.[15]

A ambigüidade no mapeamento do espaço da performance da música rap encontra-se bem visível na forma como os seus locais de celebração são conquistados e ocupados. Foi interessante perceber, por exemplo, como um lugar de prática de música rock/pop como o Bar Johnny Guitar,[16] onde a observação participante se revelou mais intensiva, se transforma num espaço de hip hop (ou de festa hip hop) através de códigos e sinais subtis mas persistentes.

O rap deve ser encarado como é: um estilo/style[17] que permite, não apenas potenciar aquilo que denominei de identidade black — negritude como uma cor política, como uma construção cultural que pode assumir diferentes expressões —, mas uma enorme diversidade de projectos individuais[18] que têm como objectivo dotar de sentido o quotidiano e a experiência juvenil urbana (seja ela vivida no Porto, no Miratejo, na linha de Sintra, na Covilhã, em Aveiro ou Faro).

Para além da dimensão da sua prática quotidiana, marcada pela heterogeneidade da experiência e pela consensualidade dos valores (da cultura), em Portugal o rap foi utilizado para protagonizar uma mensagem de tolerância racial, por um lado, e de denúncia de injustiças sociais, por outro. A sua legitimação, não só como estilo musical, mas também como discurso — politicamente correcto, de preferência — foi ela própria contemporânea da (re)descoberta da multiculturalidade pela classe política; e com ela, da mediatização de espaços culturais à margem das formas de expressão institucionalizadas. A expressão "politicamente correcto" (com origem nos Estados Unidos) é vaga e talvez mesmo pouco rigorosa. Na falta de um termo melhor, ela é aqui utilizada para se referir especificamente a um certo tipo de agendamento político de esquerda, surgido em Portugal nos finais dos anos 1980 e início dos anos 1990, focado sobretudo na defesa da igualdade de direitos — especialmente no que diz respeito aos direitos das mulheres, das 'minorias étnicas' e dos homossexuais (entre outros). A utilização política e a discussão pública desses tipos de tema — por serem recentes e talvez por isso mesmo não serem acompanhadas por uma reflexão crítica e uma coerência de base — têm sido marcadas por uma forte propensão para o desenvolvimento de discursos de carácter retórico e por vezes contraditório. Essa orientação, imposta pela hegemonia do pensamento de esquerda, e o tipo de agendamento político que ela fomenta foi, em minha opinião, uma das principais "armas de combate" ao chamado cavaquismo. Nesse contexto, o rap ocupou um lugar ambíguo, mas foi sem dúvida uma das peças importantes nesse jogo político.

Esse processo contribuiu de forma bastante significativa para a racialização do fenómeno "rap português", implicando, em certa medida, a sua própria formatação e a sua limitação a esse universo do discurso de intervenção, levada a cabo pelas instituições e entidades que gerem a "diferença cultural". Essa nacionalização do produto musical e a sua institucionalização têm criado uma série de desencontros e desilusões, não só nos meios exteriores ao fenómeno, mas também entre os próprios rappers.

Ao contrário do que se verificou em outros países, em Portugal o rap foi encarado como um dos instrumentos privilegiados na tarefa de assegurar a tolerância entre "negros" e "brancos", utilizando-se o seu discurso como um instrumento (ainda que ilusório) preventivo de potenciais conflitos. Mas, de mediadores das retóricas da tolerância, os rappers passaram também a ser representados por um discurso que assume um carácter paradoxal com relação ao anterior, no qual o cosmopolitismo multicultural se torna um cosmopolitismo da violência urbana (mostrando o graffiti como cenário, o rap como banda sonora e as gangs de jovens negros como protagonistas). Essas representações contraditórias levadas a cabo pelos discursos públicos não estão a falar verdadeiramente do rap, mas antes da própria sociedade portuguesa e da sua identidade (pós-colonial).

Tal como no Cristo Rei, a narrativa apóia-se num exercício sintético que procura equilibrar as dimensões específicas e universalistas dessa identidade. A identidade nacional é aqui reforçada pelas suas características internacionais. A título de exemplo ficam as palavras do crítico de música Pedro Gonçalves a propósito do álbum *Geração Rasca* do grupo rap Black Company:

> É, precisamente, por falarmos em variantes de cada vez que discutimos um disco de rap português que somos levados, pela primeira vez, a constatar que já vai sendo possível saber o que é o rap português e como é que ele se define. No fundo, o que todos nós já sabíamos fazer em relação ao rap francês, ao rap inglês ou ao rap americano, east-coast ou west-coast que seja. Então é assim: o rap português tem como característica fundamental o facto de ser um rap fusionista, que no mesmo tacho em que já são corriqueiras as pitadas de funk e soul, fazem cozinhar referências como a importante música africana ou os sons característicos da história da Jamaica. World-rap, é isso que se faz em Portugal.[19]

Conclusão: escalas e perspectivas na construção do(s) objecto(s) de estudo

Defendi que minha posição de observador no contexto de pesquisa no Cristo Rei se caracterizou por uma espécie de aparente diluição da clivagem entre observador e observado. Um dos contrastes que marcam esses dois terrenos de análise passa pelo facto dessa clivagem ser, no âmbito da pesquisa sobre música rap, diametralmente oposta, já que se tratava de um terreno racializado, negro e eminentemente masculino. Os factores que, à partida, poderiam parecer desvantagens — o facto de ser mulher, em geral mais velha do que os rappers e branca —, apresentaram-se, no entanto como uma possibilidade de construir uma posição de alteridade que, mais do que afastamento, criou curiosidade. Acredito que foi por ser considerada uma "estranha" que me foi permitido entrar em terrenos que, de outra forma, me teriam sido vedados. Por outro lado, minha condição fechou naturalmente algumas portas que deixarão incógnitas por resolver.

Reflectindo posteriormente sobre a forma como o rap esteve sob escrutínio dos discursos públicos e das políticas de identidade, percebi que havia algo que aproximava os rappers dos turistas do

Cristo Rei: o à-vontade relativamente à idéia de serem observados e registados, à medida que eles também são detentores de uma parte da narrativa que conta a "história" do país, ocupando nela o lugar da diferença, do desconhecido e, portanto, do exótico. Foi sobre essas contradições e ambigüidades na prática antropológica na contemporaneidade que assentou minha reflexão para o seminário que se encontra na génese da presente obra.

O trabalho de campo em antropologia tem sofrido importantes transformações e tem estado sob escrutínio depois de um processo de digestão, incorporação e relativização das propostas pósmodernistas, por um lado; e da radicalização dos fluxos de bens, pessoas e idéias, criando paisagens desterritorializadas[20] e convidando à prática de uma etnografia multissituada, por outro.[21]

Embora algumas das questões levantadas não sejam novas no âmbito de pesquisas no espaço urbano, elas adquirem aí uma maior visibilidade. Carlos Fortuna chama a atenção para a necessidade de reconceptualização da cidade como espaço fragmentado e disputado, acessível apenas através de uma perspectiva interdisciplinar: "Nunca estivemos tão próximos de reconhecer que só no cruzamento de diferentes campos discursivos e tradições intelectuais pode a cidade reencontrar-se na plenitude da sua multivocalidade e polivalência."[22] Afirmando a "vertente interna e externa" da "redinamização globalizante da cidade", Fortuna refere-se ainda ao facto das cidades contemporâneas, apesar de marcadas pelo contexto de desterritorialização dos fluxos, produzirem um efeito de reterritorialização.[23] Tanto a prática e representação da música rap, como a peregrinação turística ao miradouro do Cristo Rei inscrevem-se nesse movimento contraditório.

Estas transformações nas configurações da pesquisa antropológica e o questionamento da própria figura do *terreno* e do *trabalho de campo*, tal como foram tradicionalmente definidos pela disciplina (mitificados nos trabalhos de Malinowski e Mead e na sua posterior institucionalização) têm sido já alvo de exaustiva reflexão.[24] Num artigo sugestivamente intitulado "'You can't take the subway to the field!': 'Village' Epistemologies in the global village", Joanne Passaro discute as dificuldades encontradas na tentativa de legitimação do "seu terreno", os mendigos na cidade de Nova York, como "terreno" antropológico.[25] As questões levantadas por Passaro prendem-se em grande parte à idéia defendida por Marcus da emergência de um novo paradigma metodológico — a etnografia multissituada — que consiste na adaptação de modos de prática etnográfica enraizados a objectos de estudo mais complexos. Nesse sentido a antropologia estaria a deslocar-se de um paradigma assente num local único de investigação para um território com múltiplos ancoramentos. Dessa forma estaríamos perante uma *etnografia móvel* que assume *trajectórias inesperadas* na tentativa de delinear os contornos dos seus objectos de estudo. Essa mobilidade entre locais de expressão cultural diversificados faz com que o antropólogo, segundo Marcus, assuma um papel de activista, tendo como base das políticas de abordagem do(s) terreno(s) a *cumplicidade*, que permitiria quebrar a *mise-en-scène* tradicional do trabalho de campo.

Esta proposta de Marcus foi extremamente útil na legitimação do processo de construção do objecto de estudo relativamente à pesquisa em torno da música rap. A forma como tive permanentemente de me deslocar e situar em diferentes ambientes sociais (do escritório da editora multinacional à colectividade de bairro) e o estatuto de mediador entre esses diferentes universos — que me foi várias vezes conferido — permitiram-me dar um sentido denso à noção de cumplicidade proposta por Marcus. Mas quando revisitei a experiência no miradouro do Cristo Rei e relembrei a forma empenhada como os turistas falavam do seu papel de consumidores da identidade nacional e o à-vontade que me faziam sentir em meu papel de observadora, o conceito de cumplicidade adquiriu nova textura. O mesmo aconteceu com a própria idéia de desterritorialização das práticas culturais: não será o efeito territorializante da sacralização do olhar sobre a cidade um instrumento para a sua portabilidade, isto é, desterritorialização simbólica?

Notas

1. Neste artigo, optou-se por manter grafia de palavras e expressões usadas em Portugal. [N.E.]

2. *Fixar o movimento: representações da música rap em Portugal* é o título de minha dissertação de mestrado publicada em livro. "Nas margens... do rio: retóricas e performances do rap em Portugal" é o título de um artigo meu publicado na colectânea *Antropologia urbana*, organizada por Gilberto Velho.

3. As narrativas institucionalizadas do monumento foram retiradas de duas fontes: *A Cristo Rei a pátria portuguesa agradecida*; e *Portugal, Cristo Rei monumento nacional.*

4. Orvar Löfgren, "The nationalization of culture".

5. Rui Ramos, "A segunda fundação (1890-1926)", p.585.

6. Ibid, p.567.

7. Benedict Anderson, *Imagined communities.*

8. Sobre o papel da antropologia portuguesa no processo de reaportuguesamento de Portugal ver João Leal, *Etnografias portuguesas, (1870-1970).*

9. Benedict Anderson, op.cit.

10. Por exemplo, Arjun Appadurai, "Disjuncture and difference in the global economy" e "Global ethnoscapes: notes and queries for a transnational anthropology"; e Tony Mitchell, *Populàr music and local identity.*

11. Benedict Anderson, op.cit., p.6.

12. Ver Teresa Fradique, "Nas margens... do rio: retóricas e performances do rap em Portugal", para uma abordagem mais pormenorizada sobre a forma como as performances públicas de música rap servem para marcar diferentes níveis de territorialidade geográfico-identitária, dividindo a área metropolitana de Lisboa na margem Norte e Sul, polarização que em determinadas condições é aplicada em escala nacional, colocando os rappers do Porto em oposição aos de Lisboa.

13. No caso do Cristo Rei, o turista em visita Lisboa atravessa o rio, sobe ao alto de um pedestal, para melhor sistematizar, pelo olhar, a imagem da cidade monumentalizada. Ou seja, a viagem ao subúrbio tem como objectivo o reencontro com o centro da cidade.

14. Les Back, *New ethnicities and urban culture.*

15. Para a noção de *fugitive cultures*, ver Henry Giroux, *Fugitive cultures.*

16. Teresa Fradique, "Nas margens... do rio: retóricas e performances do rap em Portugal".

17. Dick Hebdige, *Subculture.*

18. Gilberto Velho, *Projeto e metamorfose.*

19. Revista *Blitz*, 14.11.1995.

20. Arjun Appadurai, op. cit.

21. George E. Marcus, "Ethnography in/of the world system: the emergence of multi-sited ethnography".

22. Carlos Fortuna, *Cidade, cultura e globalização*, p.4.

23. "Perante o actual processo de desterritorialização dos fluxos económico-financeiros, tecnológicos e culturais-informativos, o desafio está na capacidade das diferentes cidades para procederem à sua reterritorialização,

o que independe da dimensão das cidades, para se referir antes à intensidade, grau e espessura com que sejam capazes de se dotarem de segmentos desses fluxos", Carlos Fortuna, op.cit., p.15. Também Arjun Appadurai chama a atenção para a produção de localidade na vida urbana contemporânea (op.cit.).

24. Ver, por exemplo, George E. Marcus, "Ethnography in/of the world system: the emergence of multi-sited ethnography" e "Critical anthropology now: an introduction"; Akhil Gupta e James Fergunson, "Discipline and Practice: 'The field' as site, method, and location in anthropology"; e James Clifford, "Spatial Practices: fieldwork, travel, and the disciplining of anthropology".

25. Joanne Passaro, "'You can't take the subway to the field!': 'Village' epistemologies in the global village", p.148-61.

Conhecer desconhecendo:
a etnografia do espiritismo e do Carnaval carioca

Maria Laura Viveiros de Castro Cavalcanti

> *A etnologia não é uma especialidade definida por um objeto particular — as sociedades "primitivas" —, é a maneira de pensar que se impõe quando o objeto é "outro" e que exige nossa própria transformação.*
>
> Maurice Merleau-Ponty[1]

A pesquisa de campo ocupa na antropologia lugar análogo ao dos ritos na sociedade. Os ritos buscam de modo inconsciente e mediatizado por muitas formas expressivas aquilo que a pesquisa de campo explicita como objetivo científico: a aquisição de um conhecimento novo sobre a sociedade, o que vem acompanhado pela obtenção de um conhecimento novo do pesquisador sobre si mesmo.

O trabalho de campo constitui, assim, um dileto e sempre refeito rito de passagem disciplinar, um ir-e-vir constante que, associando experiência subjetiva à reflexão teórica e expressando-se no modo etnográfico de narrar, está no âmago do ofício.[2] Como se a produção do conhecimento antropológico se amparasse num tripé cheio de inter-relações e interdependências. Numa das bases, a natureza existencial e subjetiva do "campo" que, por isso mesmo, não é nem geográfico nem temático. É antes um modo de abordar uma realidade-a-ser-conhecida que, misturando humildade e empatia, produz um "deixar-se levar" pelo encontro com uma determinada situação ou assunto, seja ele qual for. Em outra base está o vasto arsenal de conceitos da disciplina.[3] Em outra base, ainda, está a escrita etnográfica que — nesse início de século, bem mais consciente dos recursos ficcionais de que lança mão — parece emergir renovada das críticas "pós-modernas".[4]

Detenho-me em uma dessas bases, o "campo", cuja experiência abriga um dos mais sutis segredos disciplinares. Como ocorre com a escuta psicanalítica, esse "deixar-se levar", aparente abandono de si a uma certa situação, é uma técnica profissional cujo domínio requer amplo treinamento e exercício. Muito embora o aprendizado e a transmissão dessa técnica tenham também seus imponderáveis,[5] ela requer indubitavelmente o estranhamento (de si e do outro) como condição de conhecimento. Na antropologia praticada no país, uma dupla de artigos, ambos escritos na década de 1970 — Roberto Da Matta e Gilberto Velho —[6] têm guiado, creio, minha geração nesse aprendizado e no exercício constante de reflexão sobre ele que tanto nos mobiliza.[7]

As reflexões aqui propostas dialogam com esses artigos e amparam-se em minhas mais intensas e prolongadas experiências de campo, vividas ambas na cidade do Rio de Janeiro: a pesquisa sobre o espiritismo kardecista, que resultou no *Mundo invisível: cosmologia, sistema ritual e noção da pessoa no Espiritismo*, de 1983; e a pesquisa sobre o desfile das escolas de samba, que resultou em *Carnaval carioca: dos bastidores ao desfile*, de 1994. Ao compará-las, busco um plano adequado para o desenvolvimento dessa discussão.

O mundo invisível

Busquei velhos cadernos de campo e no primeiro deles (obviamente muito mais organizado e sistemático do que qualquer outro existente ou por vir) encontrei em folhas nele grampeadas o seguinte começo, datado de 8 de janeiro de 1980:

Na falta de um caderno de campo a ser adquirido vão aqui mesmo algumas reflexões. Fui até lá, no Lar de Tereza, Visconde de Pirajá 23. É o lugar onde antigamente funcionava o supermercado Mar e Terra. Adorava ir lá domingo à noite, com papai, mamãe e minha irmã, e ver as latas e os pacotes empilhados no chão, fora das estantes, formando figuras diversas. Aquilo me divertia demais. As latas coloridas arrumadas no chão, no mercado vazio, fechado e iluminado. Tenho a sensação de que ficava um tempão olhando através das grades. Pensando nesse fascínio percebo agora que o que me atraía era passear num lugar do meu cotidiano e vê-lo fora dele. Tudo fora do lugar, usado de um jeito diferente do previsto. As latas coloridas no chão amarelo. Depois aquele lugar virou um bazar de caridade, sujo, desarrumado e pobre ele me parecia. Nunca mais me aproximei dali. Livros espíritas numa pequena vitrine de vidro. Aquilo me assustava, não fazia parte do meu mundo. Hoje voltei lá para entrar, indagar e começar a minha pesquisa. Primeiro passei de longe, observando. Depois fui ver os livros na pequena vitrine. Fui num e noutro bazar, perguntando pela pessoa a quem procurava. Me pareceram de novo sujos, pobres e feios. Tudo o que está exposto parece usado, gasto e amarrotado. Ninguém conhecia X. *"Se for* Y, *aqui tem uma!". "Não, obrigada, é* X*". Finalmente soube que o Lar de Tereza fica no segundo andar do pequeno prédio "Fale com a secretária". Subi as escadas. As paredes são azul forte, e o chão, de cerâmica vermelha. Tudo muito simples, lembrou-me meu colégio, sem o seu luxo. Todas as portas estavam fechadas. Tem também um terceiro andar que é uma creche. Minha timidez e sem-gracice me impediram de subir as escadas. Mas, mesmo com as portas fechadas, o segundo andar era expressivo. Vários cartazes pendurados. Na porta: "Passes das 14 às 16h. Pede-se encarecidamente não se tocar a campainha após começada a sessão". Fiquei quieta imaginando o que estaria se passando lá dentro. "Horário da Evangelização das crianças. Sábado às 9:30". Um outro cartaz marcava entrevistas para as quartas-feiras à tarde. Outro convidava curiosos ou interessados que lá fossem a dividir com eles a própria cruz: "O espiritismo é consolo e esperança". Subiu uma mulher com dois filhos para a creche. Algumas crianças choravam. Vozes de mulheres lá em cima. Fiquei mais um pouquinho e desci. À medida que ia andando, aquele comecinho de Ipanema ia se tornando novamente familiar para mim. No final das contas, estava aliviada de não ter encontrado* X.

Esse começo fala de uma condição subjetiva básica para o movimento de conhecimento nessa pesquisa: a aproximação de um "familiar" — aquele comecinho de Ipanema — que me era "estranho" — os bazares sujos, desarrumados e espíritas! A aproximação exigia que eu desfizesse essa estranheza, des-conhecesse — não no sentido de ignorar e recusar o que sabia, mas de desfazer conhecimentos pertencentes à esfera do senso comum que, como eu ia simultaneamente realizando, inundavam não só minhas idéias como em especial meus sentimentos a respeito do tema.

Revelações têm seu instante fulgurante e límpido e associam-se a conversões, isto é, ao momento em que alguém, sintetizando intelectual e emocionalmente muitas experiências acumuladas, percebe-se a partir de uma nova maneira ou de uma perspectiva que tudo transforma, mesmo aquilo que ainda não foi por ela tocado, desvelando o mundo em densidade e novidade. Se assim é, creio ter tido meu momento de revelação antropológica. Foi quando, em 1978, ao ler "Oráculos, bruxaria e feitiçaria entre os Azande", de Evans-Pritchard, realizei, de modo talvez especialmente integrado, que era possível estranhar tudo, inclusive e sobretudo o próprio mundo em que eu habitava.[8] Numa pesquisa realizada sobre os quebra-quebras ocorridos na rede ferroviária urbana no final de 1973 eu já havia experimentado a tangibilidade dos limites de meu próprio e pequeno mundo.[9] Mas agora, com Evans-Pritchard, os Azande e seus bruxos — que, sem existirem, eram tão reais —, dava-me conta com muito mais força de que esse meu próprio mundo era, também ele, muito estranho. A sensação vinha acompanhada de imenso conforto e mesmo alívio, uma vez que, até então, sentimentos agudos de inadaptação, experimentados nas mais diversas idades e contextos, sempre me haviam feito suspeitar da propensão para alguma forma de loucura. Eram os anos 1970, e eu já tinha lido Laing, Cooper e a turma da "antipsiquiatria" — que dizia que era normal sentir-se louco, mas que valia a pena fazê-lo discretamente, para não terminarmos internados num hospício. Ora, Evans-Pritchard, os Azande e seus bruxos eram um enorme passo adiante nessa conversa íntima.

Foi assim, imbuída dessa coragem antropológica — que dizia que estranhar era uma boa maneira de conhecer e que me atraía para a investigação da dimensão simbólica da realidade —, que resolvi estudar o espiritismo kardecista.

Nasci católica e, tendo estudado 13 anos em colégio de freiras, ao entrar para o cursinho pré-vestibular, em 1972, experimentei o horror de ver ruir minhas crenças, abaladas pela fúria do materialismo histórico de certos professores e dissolvidas pela leitura ingênua de Leo Huberman. A fé católica foi logo substituída pela marxista, com o ingresso na universidade, com Marta Hanneker no bolso e intermináveis reuniões e discussões nos diretórios sobre muitos modos de produção, táticas e estratégias da luta de classes.

O afastamento do marxismo logo me tornaria imune à adesão exclusiva e dogmática a qualquer sistema de crenças. Curiosamente, contudo, quando, já no mestrado, comecei a pensar em que religião estudar, ao cogitar no espiritismo, um indesejado temor de demônios me acometia. Sem serem convidados, surgiam na cena mental objetos que se mexiam, correntes que rangiam, mortos que falavam. Essas figuras retóricas, muito freqüentes nas aulas de religião de meu curso primário, haviam aterrorizado minha imaginação infantil e reapareciam então, com vívidos resquícios de sua forte carga emocional.[10] E o nome da emoção era medo. Estudar o espiritismo era desafiar esse medo secreto. Seria possível desfazê-lo? Seria possível compreendê-lo? E esse medo, profundo e subjetivo, de certo modo inconfessável e mesmo informulável para uma iniciante, foi assim o grande interlocutor oculto de minha dissertação.

À proporção que eu compreendia o sistema simbólico e seus múltiplos códigos, esse medo foi pouco a pouco cedendo lugar à confiança. Confiança humana nos espíritas com quem compartilhei muitas conversas, muitos aprendizados, atividades e sessões. A riqueza da cosmologia espírita, em contraste com a sobriedade e mesmo a contenção ritual — tudo isso me fascinava cada vez mais. Aprendi a dar passes, porque afinal todos nós, humanos, somos médiuns. À medida que o tempo passava, indo e vindo entre o Lar de Tereza, o Instituto Brasileiro de Cultura Espírita e locais integrantes de suas redes de relações, os espíritas tornavam-se meus companheiros mentais. Comecei a surpreender-me no meu dia-a-dia pensando como eles, interpretando diversas situações de vida, e mesmo sonhando, como eles.[11] Fatos que, por sinal, me deixavam então um tanto só, pois na minha rede de relações cotidianas — amigos, parentes, colegas e familiares — este não era exatamente o idioma corrente.

Mas os espíritas eram também meus companheiros reais. E o mais interessante era perceber a reciprocidade dessa confiança adquirida aos poucos. Engravidei de minha segunda filha durante a pesquisa de campo e, lá para meados de agosto de 1980, seguindo meus cronogramas zelosamente organizados, fui pedir à diretora do centro autorização para iniciar a freqüência às sessões de desobsessão. Pela modalidade mediúnica da psicofonia, as sessões lidavam com a incorporação de espíritos classificados como inferiores e obsessores de humanos da rede de relações do centro. Elas compunham a parte mais reclusa do sistema ritual, e justamente aquela a que eu mais almejava assistir. Ora, a gravidez adiantada tornava essas sessões nada recomendáveis e mesmo proibidas para mim. Nem tanto para mim, sobretudo para o espírito que vinha se reencarnando em meu ventre. Essas fases de transição entre os estados de encarnado e desencarnado — e vice-versa — são vistas pelos espíritas como especialmente turbulentas e perigosas. Em suma, a tênue individualidade do pequeno "eu menor" em formação podia ser seriamente abalada. Adeus cronograma.

Assim, apenas três meses depois do nascimento de minha filha pude freqüentar as almejadas sessões, das quais saía sempre com uma terrível dor de cabeça. Em idioma espírita, a dor resultava do contato experimentado com os espíritos inferiores manifestantes; em idioma laico, do tremendo esforço de concentração realizado tanto para reter na memória todos os detalhes do comportamento observado e das falas pronunciadas[12] como para manter a atitude de atenção que permitia a observação, em meio à novidade total de manifestações exaltadas para os parâmetros espíritas e sempre surpreendentes para mim. Ambos os idiomas faziam sentido.

As idas e vindas então terminaram. Vi-me então — confesso que já cansada de tanta culpa e de tanto carma — de volta ao meu próprio mundo para enfrentar uma nova angústia: a da folha de papel em branco que me ensinou o exercício do possível.

Quando terminei de escrever a dissertação, num processo que me fez acreditar na existência efetiva de sistemas simbólicos — pois ali estava um, articulado, coerente e altamente eficaz — veio-me a forte sensação de que alguma coisa importante, que não chegava a ter nome nem forma, não tinha podido ser dita, era só incômodo. Nada relativo a "dados", aproveitados ao máximo, mas talvez um pouco desse outro plano tão humano da experiência de que falo agora.

No ano seguinte levei o livro publicado a meus principais interlocutores espíritas. Eu estava triste com o término ainda recente de meu casamento e foi bom revê-los. Jacira era uma grande amiga de minha mãe e devia-lhe a indicação do Lar de Tereza para a pesquisa. Muito carinhosa, ela encorajou-me dizendo que na vida, como num livro, era preciso virar páginas e ir adiante. Yone era uma médium com especial interesse no aspecto de "estudo" do sistema ritual espírita. Seu acentuado respeito ao livre-arbítrio sempre me deixara particularmente à vontade nas diversas atividades que compartilhei no Lar de Tereza. Ela assegurava-me de que, tendo construído tanto (ela referia-se ao livro), eu teria logo condições de me sentir bem. O professor Deolindo Amorim era um renomado intelectual e autor espírita a quem eu devia o contato com o Instituto Brasileiro de Cultura Espírita. Ele e sua esposa, dona Delta, ficaram contentes com minha visita. Ele enviou-me pouco tempo depois uma carta que ainda conservo e tem o tom da troca de comentários entre pares: em meio a diversas críticas e sugestões, ele me indicava muito respeitosa e amigavelmente um acordo e um desacordo fundamentais. O acordo era sobre a especificidade do espiritismo e sua grande diferença das demais religiões mediúnicas afro-brasileiras. O desacordo era sobre o meu uso recorrente e importante da noção de ritual, pois, como eu devia saber, "O espiritismo não tem ritual".

O Carnaval carioca

Em 1984, logo que entrei para o então Instituto Nacional do Folclore, deparei de improviso com o "barracão de escola de samba". A breve pesquisa que realizei então foi um arrebatamento.[13] Porém se passaram alguns anos até que eu me deixasse levar pelo Carnaval. Entrementes, tive que desistir a duras penas de uma investigação sobre a umbanda na região de Quissamã, Rio de Janeiro.[14] Para minha total surpresa, contudo, remexendo agora meus velhos cadernos, encontrei a seguinte anotação, datada de fevereiro de 1985:

O jornal da Globo saiu do ar dizendo: "Até o ano que vem!", após um agradecimento a alguns dos artífices da vitória da Mocidade — a chefe da ala das baianas, o diretor de bateria, o puxador do samba, os autores do samba-enredo, o mestre-sala e a porta-bandeira. Não se referiram evidente-

mente ao principal artífice — Castor de Andrade, que, após a contagem dos pontos, dava diante das câmeras dois enormes beijos carinhosos nas bochechas de seu filho Paulinho de Andrade, presidente da escola. A vitória da Mocidade ostenta o poderio de Castor. E é significativo o fato de que, em segundo lugar, venha a Beija-Flor, com o talento exuberante de Joãosinho. Castor em primeiro, Anísio em segundo. São os dois maiores bicheiros do Rio? A vitória da Mocidade foi merecida. Samba lindo, alegorias belíssimas, idem para as fantasias. Fica de qualquer modo muito clara a consolidação de uma tendência no Carnaval das escolas do Rio — o luxo. E todo o dinheiro que pode arcar com tanta beleza. Mas é bom não confundir, creio eu. O poderio dos banqueiros de bicho é uma coisa, as escolas de samba, outra. O jornalista da Globo falou : "Até o ano que vem!" O momento em que as luzes se acendem para o fenômeno escolas de samba passou. O ritual acabou, mas suas razões, seus sujeitos continuam aí, e dentro de 15 dias, provavelmente, quando o sabor da derrota ou da vitória estiver digerido, já começarão a se mexer. "Carnaval é coisa séria", dizia Joãosinho Trinta num de seus carros que curiosamente vinha pouco depois do carro com o quadro do Jô Soares: "Aqui tudo acaba em samba", junto com um boneco representando o general Figueiredo à esquerda, trazendo os dizeres "Quem parte leva saudades, menos eu!". É Carnaval, tudo é brincadeira e nada mais sério do que o Carnaval. E lá no meio disso, vendo o desfile, que é de fato lindo — uma história contada em movimento, música e cores (o desfile é uma narração) — dá estranhamento. Se você for perguntar por que: ou melhor, Descartes passa a 5.000 léguas A lógica é outra, é desrazão, potlach, *emoção, nenhuma causalidade óbvia entre meios e fins. Há alguma, é verdade. Afinal é um torneio. Mas a finalidade de ganhar é apenas a explícita, a primeira. As escolas não desfilam por causa do prêmio. O prêmio é que existe por causa das escolas. Qual o sentido desse prêmio que passa anualmente de mão em mão?*

Minha surpresa deve-se ao fato de que, lido com os olhos de hoje, tudo o que eu viria a pensar e escrever sobre o Carnaval carioca está contido nesse começo que ainda não era reconhecido como tal. Como resisti a esse apelo! Queria a umbanda em Quissamã, o distante e o desconhecido. Creio que essa resistência em parte podia ser imputada ao fato de que nada mais bem-sucedido, visível, falado, comentado e familiar do que as escolas de samba no Carnaval carioca. Impossível ser carioca e desconhecer o Carnaval — que sempre estivera ali. E, é bom dizê-lo, ali estava também bem próximo o enorme sucesso do livro e o talento de Roberto da

Matta.[15] Mas o Carnaval insistia em relacionar-se comigo. Em 1988, quando fui convidada para ser jurada do quesito enredo no desfile das grandes escolas, comecei a me perguntar mais seriamente por que tamanha teimosia.

Ora, a complexidade do universo do Carnaval era de natureza radicalmente diversa daquela do espiritismo. Mundo do visível por excelência, foco de prestígio, conflito e poder, as redes de relações carnavalescas espraiavam-se pela cidade. Zona Oeste, Bangu, Padre Miguel, Zona Norte, Penha, Vila da Penha, Méier, Centro, Praça XI, Senhor dos Passos, Zona Sul, Copacabana, Botafogo etc. Desdobravam-se também em ampla heterogeneidade, abraçando em suas teias "brincantes" populares e das camadas médias a mídia e seus profissionais, poderes públicos, artistas muito diferenciados, intelectuais os mais diversos, o mecenato e com ele a máfia e a obscura bandidagem do jogo do bicho. Não era mesmo muito simples descobrir como chegar lá.[16]

O ethos espírita sóbrio e respeitoso facilitava meu acolhimento. Os valores "estudo" e "livre-arbítrio" permitiam, sem maiores problemas, minha posição diferenciada entre os espíritas. Embora o significado dessas categorias fosse muito próprio, abrigando valores do universo espírita, e não exatamente os meus, sua simples existência transformava-as num comutador de passagem confortável entre um universo e outro. Os espíritas identificavam-se com o "meu" estudo.[17] Sociologicamente, eu movimentava-me dentro de um universo de camadas médias urbanas. Como ensinou Gilberto Velho,[18] entretanto, fronteiras sociológicas e simbólicas não coincidem necessariamente — e pode-se dizer que mesmo raramente coincidem. Eu havia observado um "familiar" totalmente "estranho". Poder conhecê-lo de modo efetivo exigia certas percepções subjetivas e emocionais. Isso posto, a distância a ser superada era sobretudo de base cognitiva. Com o espiritismo eu conheci a lógica e a eficácia de um sistema simbólico muito coerente e complexo, que — com engenho e persistência —, buscava desfazer a oposição entre vida e morte, em sua fabulosa construção cosmológica e ritual.

Com o Carnaval — esse reino do aqui e do agora — eu estava diante de questões de natureza radicalmente diversa. Em seu vasto leque, o Carnaval reunia posições de extrema heterogeneidade sociológica. Sua complexidade ritual assumia elementos em si contraditórios da vida social. O Carnaval trazia, de modo muito vívido as lições fundamentais de Marcel Mauss e Georg Simmel: a natureza ambivalente e tensa de toda troca social, sempre a um só tempo, embora em graus muitos diversos, permeada de acordo e conflito.[19] Com isso, o Carnaval revelava também com especial clareza a importância dos mediadores (meus interlocutores de pesquisa e personagens-chave da narrativa etnográfica, as próprias escolas, os bicheiros, os carnavalescos e tantos mais). Esses operadores de articulações entre tantos contrastes que, com abertura e criatividade no agenciamento de múltiplos códigos, articulavam o conjunto vivo do "meu" Carnaval. Dentro dele existiam certamente muitos "carnavais", e um deles era especialmente problemático. O contato intermitente, mas sempre decisivo com os bicheiros e seus elos mais diretos (afinal eu movimentava-me sob suas vistas e com sua autorização) foi todo o tempo pura e mesmo dolorosa tensão. Tensão que reaparece quando me ponho, como agora, a pensar no assunto.

Esse aspecto do trabalho de campo (sobre o qual parece que me recusei então a refletir e para o qual Pierre Sanchis, com sensível lucidez, me chamou a atenção na argüição do doutoramento) significava contato com um perigo muito real e sobretudo uma ambivalência experimentada no limite do suportável.

No universo do espiritismo, o perigo desenhava-se, *à la* Mary Douglas,[20] no contexto do movimento constante dos sistemas classificatórios entre centros e margens, com suas áreas de perturbadora ambigüidade simbólica: obsessão. Com o Carnaval, o perigo — sem obviamente deixar de ser simbólico — ultrapassava essa dimensão, tocando não apenas em problemas de integridade física como em questões éticas e morais importantes: os assassinatos. Em suma, eu estava bem próximo do universo de questões problematizado em "*Good people and dirty work*", de Everett Hughes:[21]

> Qualquer que seja o esforço despendido na reconstrução das linhas que dividem os grupos "de dentro" e "de fora", a eterna questão de nosso tratamento, direto ou delegado, de quaisquer grupos conside-

> rados em alguma medida "de fora" permanece. E é nesse ponto que todo o problema dos nossos desejos confessos e possivelmente profundamente inconfessos emerge para consideração; bem como o problema relacionado do que sabemos, podemos saber e queremos saber sobre isso.[22]

Eu lidava com bandidos, fora do contexto — digamos — de sua bandidagem. Uma ambivalência radical surgia do simples fato de eu poder estar pacificamente na companhia deles.

Castor de Andrade foi um dos principais articuladores da Liga Independente das Escolas de Samba, a Liesa. Essa associação, fundada em 1984, reúne as chamadas grandes escolas e foi muito bem-sucedida na administração do desfile. Atualmente a Liga gerencia todos os aspectos relativos à natureza artística, cultural e comercial do evento. A Prefeitura da cidade do Rio de Janeiro e a Riotur entram apenas com o apoio de infra-estrutura . A presença de Castor nessa articulação era imensa, "*Il capo di tutti i capi*". Em 1991, quando iniciei o acompanhamento do ciclo ritual do desfile, assisti da arquibancada à memorável vitória da Mocidade com o enredo "Chuê, Chuá, as águas vão rolar", de Renato Laje e Lilian Rabelo. Aos gritos de "já ganhou!" e "é bicampeã!", o público saudou de pé toda a passagem da escola pela avenida. Castor de Andrade vinha no carro Abre-alas. Depois que a escola passara, aproveitando a calorosa despedida, ele retornou sozinho até o setor 4, sendo ovacionado pela platéia. Da pista já vazia ele cumprimentava o povo, acenava, fazia elegantes mesuras e saudações, *à la* Juscelino Kubitschek. Pensei comigo: "Que bicheiro simpático!", e lembrei-me do desfile de 1989, quando Castor tinha sido preso exatamente na saída do desfile de sua escola.

Paulinho de Andrade, filho de Castor — presidente da Comissão de Carnaval e "homem forte" da Mocidade até seu assassinato, em 1998 — e sua esposa Beth de Andrade eram meus anfitriões. Ela, por sinal, crescera no mesmo clube de Ipanema que eu sempre freqüentei. Certa feita, na quadra da escola, Beth comentou comigo a dificuldade de seus pais em aceitar seu casamento. Paulinho havia autorizado minha livre circulação. O casal sempre foi cordial e mesmo, à sua maneira, gentil comigo. Devia-lhes esse reconhecimento. A natureza profissional de meu contato com os bicheiros impunha-se, e eu me acalmava com a idéia de que o envolvimento deles com o Carnaval era a face, senão a mais positiva, certamente a mais branda de suas atividades na cidade.

Na base desse envolvimento estavam, não apenas um processo de dominação e de cooptação popular,[23] como também, creio eu, um desejo quase pueril de integração social e cultural por parte de um *out-group*. Como se, com o Carnaval, também os bicheiros se fantasiassem (no sentido mais profundo da idéia de fantasia), ostentando então diante da cidade a condição de homens de bem. Era com imenso prazer e orgulho de si que o faziam. Isso entretanto só fazia aumentar o desconforto e a latência de muitas ambivalências reunidas: a deles mesmos; a da polícia e das autoridades públicas com relação a eles; a minha e de meu próprio *in-group* com relação aos assuntos relativos a quem faz e como se faz o "trabalho sujo" necessário ao funcionamento de qualquer sociedade. E, em especial, o que queremos e podemos saber sobre o que pesquisamos?

A violência insinuava-se nesse meio como penhor latente e forma de conduta rotineira e tida como "razoável", pois era disso que se tratava. Havia comentários ditos aqui e acolá que eu preferia não ouvir. Em janeiro de 1992, o cofre da quadra da escola foi arrombado numa madrugada de segunda-feira, e um valor equivalente a 32 mil dólares roubado. Todo mundo desconversava quando se mencionava o assunto. Passado o Carnaval, o principal suspeito — Pulguinha, ritmista da escola e gerente de um ponto de venda de drogas na favela do Vintém (bem próxima à quadra) — foi encontrado morto, assassinado.[24]

No escritório do barracão, quando conversava comigo, Paulinho tirava sua pistola da maleta e pousava-a sobre a mesa, ficando afastado dela enquanto falávamos. (O que desejaria ele me dizer com esse gesto? Sinal de confiança, ameaça velada, tudo isso ao mesmo tempo?) Chiquinho, o encarregado geral do barracão, depois de um teste de luz do carro Abre-alas, já bem perto da data do desfile de 1992, comemorou sua alegria com uma salva de tiros para o ar.

O Carnaval era apenas um dos aspectos das atividades do mecenas. A tesouraria do barracão, portanto, subordinava-se ao chefe dos tesoureiros de Castor de Andrade. Volta e meia vinha ao barracão, o tesoureiro-mor do bicheiro ("homem da mala" ou "o homem da grana do homem" como era chamado) com uma maleta preta e gorda. Algumas vezes o vi na quadra e no barracão, cumprimentava-o e sabia naturalmente seu nome. Ora, em maio de 1993, logo depois da defesa de minha tese, a juíza Denise Frossard obteve a inédita prisão de parte importante da cúpula do jogo do bicho, sob a acusação de formação de quadrilha. Entre eles estavam Castor e Paulinho de Andrade.[25] O nome do tesoureiro passou imediatamente a interessar à imprensa e à televisão. Um repórter da revista *Veja* entrevistou-me então sobre "o Carnaval". Durante a conversa ficou muito claro para mim que ele queria simplesmente saber o nome. Eu era uma antropóloga, tudo o que sabia sobre os bicheiros devia-se a essa condição negociada e amparada todo o tempo por eles. Não era nem jornalista, nem detetive. "Não, eu não me recordo o nome" — disse eu ao repórter. Como era de se esperar, no curso das investigações policiais, o nome do homem foi logo desvendado.

Mas voltemos à pesquisa. Um belo dia, no barracão, quando eu passeava entre as alegorias já quase prontas, aguardando uma entrevista combinada com o tesoureiro do barracão, Castor de Andrade chegou.[26] Um dos jovens da equipe de aderecistas passou por mim brincando: "Doutor Castor, todo mundo de continência!". O tesoureiro chamou-me para a entrevista. No meio dela, Castor de Andrade entrou na sala. Fiz menção de me retirar, mas ambos insistiram para que eu permanecesse. Lá fiquei eu, totalmente pasma com a deferência do tesoureiro, da naturalidade do mecenas e com a soma (100 mil dólares) que deveria, conforme foi acertado na conversa, aparecer sob a forma de dinheiro vivo no barracão para o pagamento da turma, no sábado de Carnaval.

O período de prisão de Castor foi atribulado. Em 1993 mesmo ele foi liberado por habeas corpus. Preso novamente, fugiu e foi recapturado no Salão de Automóveis, feira montada em São Paulo, em 1994. Foi libertado em 1996, mas já estava com a saúde bastante debilitada e veio a falecer em abril de 1997.

O próprio presidente da escola na época foi assassinado a tiros, uma manhã, na porta de sua casa em Bangu.[27] Em 21 de outubro de 1998, foi a vez de Paulinho Andrade, assassinado a tiros no carro em que saía de seu escritório na Barra da Tijuca. O matador foi preso e enquanto escrevo os jornais de 20 de maio de 2002 informam que o principal suspeito de ser o mandante do crime, o primo de Paulinho, Rogério Andrade foi condenado a 19 anos de prisão.

E Chiquinho, personagem crítico de todo o enredo de meu livro? O encarregado geral do barracão, membro da comissão de Carnaval, "o homem daqui de dentro", de absoluta confiança do "homem de lá de fora", cujo trânsito entre as alas e seus chefes era admirável? Chiquinho salvou-se. Saiu da Mocidade no meio da confusão de 1993 e não se soube mais dele. Até que, em 17 de junho de 1996, no exato dia de minha chegada a Parintins, no Amazonas, para dar início à pesquisa de campo sobre o Boi-Bumbá,[28] encontrei-o num ensaio noturno no curral do Boi Garantido. Fugi dele como de uma visagem. Alguns dias depois, encontrei-o novamente, acompanhado do afilhado de outro bicheiro do Rio de Janeiro, no restaurante de uma pousada local. Ele convidou então — e a Lóris Machado —[29] para almoçar. Falou com respeito sobre a seriedade de meu trabalho "para o Museu de Folclore" e contou-me que abrira uma loja de material de Carnaval na rua Senhor dos Passos, no Centro da cidade do Rio de Janeiro. Deu-me seu cartão — que eu aparecesse por lá para tomarmos uma cerveja! Ele havia ganho a concorrência para fornecimento de material para as tribos e o QG do Garantido. E lá estava Chiquinho em Parintins.

Durante a pesquisa sobre o Carnaval, Chiquinho olhava sempre de muito má vontade minhas andanças pelo barracão e pela quadra. Não fazia a menor questão de ser simpático — digamos assim. Logo que cheguei, ele comentou com um certo rancor antecipado: "Quero só ver se vou ver esse livro no final!".[30] Em 1999, quando o encontrei mais uma vez no QG central do Boi Garantido, entreguei-lhe finalmente o exemplar. E lá se foi ele, grato, na garupa de uma moto, pelas ruas empoeiradas de Parintins. Creio que selamos então algum vínculo de natureza amistosa cujo nome certo não me ocorre.

Renato Laje, o carnavalesco, só agora se afastou da Mocidade, transferindo-se para o Salgueiro nesse Carnaval que já pertence a 2003.[31] Mantenho contato eventual e bastante amistoso com ele. Cerca de dois anos depois da pesquisa, Renato disse-me que pretendia, ele sim, escrever um livro sobre o Carnaval. "Pois você, ora, você não sabe da missa a metade!". Disse-lhe que, de minha parte, achava bom que fosse assim.

Lembrando-me de tudo isso, sinto imenso alívio de que já tenha passado. Nesse ano de 2002, quando fui à sede da Liga, no Centro da cidade do Rio de Janeiro, para conversar sobre os enredos e as mudanças nas normas do Carnaval, um pesquisador que trabalha lá comentou comigo que não entende por que a imprensa tratava tão mal os bicheiros, que tanto bem fazem à festa. Dei-me conta, então, com grande conforto, de que uma etapa de minha relação com o Carnaval estava cumprida. Eu estava integralmente de volta ao meu próprio mundo.

Em casa

Estamos sempre procurando margens entre o que vivemos, o que dizemos — e essa busca incessante de como dizê-lo — e o que não vale a pena ser dito. Tocamos sempre nos limites.

Em sua busca do comparável e do universal, no exame da relação dos alemães com o nazismo, sem se evadir do horror inerente ao assunto, Everett Hughes faz com que nos sintamos todos, de certo modo, alemães. Ou seja, ele permite um tipo de aproximação do tema que nos torna mais capazes de compreender (e de agir, no sentido de evitar) aquele tipo de violência, ao formular com muita clareza perguntas críticas sobre a vida social. Assim, não foi sem susto que percebi que uma consideração tecida a propósito dos SS. valia para nós, antropólogos, entre tantos outros grupos profissionais: "Quase todo grupo que desempenha uma função social especializada é em alguma medida uma sociedade secreta, com um corpo de regras desenvolvidas e aplicadas pelos membros e com algum poder para salvá-los da punição externa."[32]

Gilberto Velho já chamou a atenção para o fato de que, sobretudo quando o antropólogo pesquisa sua própria sociedade, a interpretação proposta está sempre exposta a questionamentos; e os pesquisadores podem surpreender-se muitas vezes no centro de acirradas polêmicas.[33] No nosso mundo pós-colonial, a antropologia chega mesmo, por vezes, "ao banco dos réus".[34]

Essas discussões são importantes para um balizamento dos limites éticos de nossas ambivalências. Entretanto, se o que nos une é a busca de um certo tipo de conhecimento, Clifford Geertz tem razão ao enfatizar a questão epistemológica como central na discussão relativa à pesquisa de campo.[35] Como é possível o conhecimento antropológico, que depende da apreensão de como os nativos "pensam, sentem e percebem"? O etnógrafo, diz ele, "não percebe — e em minha opinião não consegue perceber — o que seus informantes percebem. O que ele percebe — e com muito pouca certeza — é o que eles percebem 'com' ou 'por meio de', ou 'através de', ou qualquer outra expressão semelhante". Ou seja, o que buscamos no campo junto às pessoas que pesquisamos são códigos simbólicos que organizam e estruturam a experiência (com os quais adentramos o vasto reino das percepções e das emoções). Nos termos da tradição sociológica francesa, diríamos que essa consciência outra que se deseja acessar é sempre mediatizada "pelas coisas". Por isso, o "campo" (aqui entendido como a adoção dessa atitude de conhecimento com relação a qualquer assunto) está ligado à possibilidade da compreensão "a partir de dentro", que só pode ser aproximativa. A empatia, em suma, não é mágica psicológica, mas trabalho analítico de códigos simbólicos sempre trocados entre pesquisadores e pesquisados. De minha parte, substituo de bom grado o termo informantes pelo de interlocutores.

Mas dou-me conta também de que, na pesquisa de campo, nem sempre se trata, como no caso do espiritismo kardecista, de des-conhecer — no sentido de desfazer um conhecimento do senso comum, isto é, relativizar a familiaridade — para poder então conhecer antropologicamente. À medida que a investigação de um processo social se aprofunda, muitas vezes é preciso efetivamente desconhecer aspectos importantes desse processo para poder conhecê-lo antropologicamente. Não se trata de ignorar, no sentido de desprezar a relevância ou a importância de alguma coisa, mas sim no sentido de abster-se de considerar certa área da realidade experimentada para propósitos de conhecimento; uma espécie de recalque, operação inconsciente ou, quando muito, apenas parcialmente consciente, semelhante aos mecanismos de defesa analisados por Freud.[36] Só a distância no tempo e a reflexão podem clarear o que foi desconhecido, ou seja, a posteriori, com uma pesquisa concluída, quando o que foi possível conhecer traçou os seus contornos. No caso do Carnaval, o significado do mecenato do jogo do bicho na festa era uma das dimensões importantes do processo ritual que eu me propunha examinar. Dentro de limites de diversas naturezas — entre eles, indubitavelmente, o desconhecimento de aspectos relevantes desse significado na situação de campo —, creio que pude avançar alguma luz sobre o assunto em meu livro sobre o Carnaval carioca.

No desenvolvimento de seu argumento, Clifford Geertz faz a análise do conceito de pessoa, "um excelente veículo para examinar toda a questão de como investigar a mente de outro povo", uma vez que algum conceito desse tipo existe aparentemente entre todos os grupos sociais.[37] Ele nos conta ao final sua forma de proceder para descobri-lo, movendo-se "para frente e para trás, perguntando a si mesmo: 'Qual é a forma geral de sua vida?' e 'Quais são exatamente os veículos em que essa forma de vida se corporifica?'".[38]

Consideremos então a nós mesmos como um bando de nativos, um grupo social cuja vida profissional ganha forma entre o campo, a etnografia e a academia. Se a etnografia é, como quer Claude Lévi-Strauss,[39] uma certa experiência de objetivação da subjetividade, creio que quem a exercita desenvolve também gradualmente uma noção de pessoa peculiar. Um eu ambivalente e diverso que, com o ir-e-vir refletido e sistemático entre múltiplas realidades e sistemas classificatórios, cruza zonas de perigo que o ameaçam por vezes de dissolução. O exercício profissional de um certo tipo de mediação, a mediação entre sistemas cognitivos e morais, visando à produção de conhecimento novo, deixa o sujeito/antropólogo potencialmente muito perto da metamorfose.[40] A noção de metamorfose enfatiza a produção de "identidades multifacetadas e de estabilidade relativa" nas sociedades contemporâneas.[41] A noção seria mais apta para dar conta do caráter processual e dinâmico das trajetórias individuais do que uma teoria mais convencional de papéis sociais. Importa justamente perceber que o repertório de papéis individuais não se situa num único plano de realidade, mas é ele também perpassado por "diferentes províncias de significado".[42]

Aproximando-se de um vasto rol histórico de personagens da mediação,[43] o antropólogo constitui um verdadeiro tipo social instituído pela modernidade ocidental. Criatura peculiar, pois parte de sua legitimidade profissional provém da experiência dessa forma de liminaridade que sempre repõe o risco da transformação subjetiva e reitera a inevitável incompletude do conhecimento objetivado em suas pesquisas.

Indagar pelo "campo" é, nesse sentido, indagar por nossa identidade profissional — sua natureza, função e modo de operação. A pesquisa de campo é rito de passagem renovado, com suas áreas familiares, desconhecidas ou obscuras, sempre a nos propor, nos termos de Merleau-Ponty,[44] a experiência de um certo desvio de si, a aproximação da "região selvagem de si mesmo", por meio da qual culturas diferentes se comunicam. Nessa região sempre há também muito de inexplicável.

Notas

1. Maurice Merleau-Ponty, "De Mauss a Claude Lévi-Strauss, p.199.

2. Para a noção de rito de passagem, ver Arnold Van Gennep, *Os ritos de passagem*; e Roberto Da Matta, "Individualidade e liminaridade".

3. Conceitos produzidos a partir dos conceitos nativos, o que torna o trabalho de campo e o relato etnográfico muito mais do que "métodos". Ver Clifford Geertz, *A interpretação das culturas* e "'From the native's point of view': on the nature of anthropological understanding".

4. James Clifford, *A experiência etnográfica*.

5. Louis Dumont comenta que os ensinamentos elementares de Marcel Mauss dedicavam-se simplesmente a tornar seus alunos capazes de observar

e registrar coisas corretamente e prossegue: "Tudo somado, muito fácil e muito difícil. E era tudo? Absolutamente não: um estudante que cursava etnologia como disciplina facultativa disse-me um dia que, viajando na plataforma de um ônibus, descobrira que a relação que sentia entre ele e seus vizinhos se transformara graças às lições de Mauss. Talvez se diga que nada de científico existe nisso. Pode ser. Em todo caso, graças a Mauss, tudo, mesmo o gesto mais insignificante, adquiria um sentido para nós." Louis Dumont, "Marcel Mauss, uma ciência em devenir", p.181.

6. Roberto Da Matta, "O ofício de etnólogo, ou com ter *anthropological blues*"; e Gilberto Velho, "Observando o familiar".

7. São artigos aos quais retornamos sempre e, quanto mais experiência e leituras, mais ricos se tornam.

8. Algumas leituras importantes já haviam certamente aberto esse caminho. Em especial o texto "On multiple realities", de Alfred Schutz, adotado junto com bibliografia sobre desvio, divergência e antropologia urbana num curso de Gilberto Velho. Também ainda na graduação, por meio de Ricardo Benzaquen Araújo, a leitura dos historiadores da Escola dos Anais e da bibliografia sobre Inquisição e feitiçaria na Idade Média européia haviam definido minha escolha pelo mestrado em antropologia.

9. "Os malabaristas da Central", *Opinião*, 1974.

10. Uma história em especial, tirada sei lá de onde, de que se um demônio me tocasse eu nunca mais cresceria e caberia para sempre dentro de uma caixa de sapatos...

11. Até hoje tenho sonhos espíritas, isto é, sonhos sonhados em idioma espírita: vôos alçados em torno de um terreno ou casa, vôos que se distanciam assustadoramente da terra rumo a outros cosmos; e certamente converso com muito mais naturalidade com os mortos.

12. Não usei em nenhum momento o gravador, cujo rendimento me parece até hoje muito questionável para certos contextos e finalidades de pesquisa; eu recorria apenas a um bloquinho de notas.

13. Ver Maria Laura Cavalcanti, *O rito e o tempo*.

14. Escrevi nessa época três artigos sobre o assunto: Maria Laura Cavalcanti, "Repensando Bastide: algumas questões em *As religiões africanas no Brasil*"; "Origens, para que as quero? Questões para uma investigação sobre a umbanda"; "O jongo e a umbanda em Quissamã".

15. Roberto Da Matta, *Carnavais, malandros e heróis*. Ver, a esse respeito, Maria Laura Cavalcanti, "Roberto Da Matta: o Carnaval e a interpretação do Brasil".

16. O trabalho de campo dessa pesquisa certamente só se tornou exeqüível graças ao imenso apoio pessoal e institucional com que pude contar. Meu então namorado e atual marido acompanhou-me em diversas idas ao sambódromo e a Bangu; como pesquisadora do então Instituto Nacional de Folclore, contei em especial com a colaboração do fotógrafo Décio Daniel,

companhia que se revelou fundamental para a minha permanência e circulação em certos meios carnavalescos.

17. Roberto Da Matta por sinal chama a atenção para esse aspecto geralmente pouco explorado nas discussões sobre o assunto: "a identificação dos nativos com o sistema que o pesquisador carrega com ele" ("O ofício de etnólogo, ou com ter *anthropological blues*", p.34).

18. Gilberto Velho, *A utopia urbana*, "Observando o familiar", *Individualismo e cultura*, e *Nobres e anjos*.

19. Marcel Mauss, "Uma categoria do espírito humano: A noção de pessoa"; Georg Simmel, *On individuality and social forms*.

20. Mary Douglas, *Pureza e perigo*.

21. Numa conferência datada de 1948, Everett Hughes discute especificamente a relação dos alemães comuns com os crimes perpetrados pelos nazistas, em especial o terrível grupo da SS. A sociologia do autor baseia-se entretanto na convicção de que a compreensão de um fato ou situação depende sempre da perspectiva comparativa, e, portanto, da apreensão das qualidades universais dos fatos e das situações. O ensaio demonstra com maestria esse princípio metodológico. Ver Everett Hughes, "Good people and dirty work".

22. Ibid, p.188.

23. Processo que depende, como argumentou Maria Isaura Pereira de Queiroz, em *Carnaval brasileiro*, da ocupação de imensos vazios de serviços básicos e de administração deixados pelo poder público.

24. *O Dia*, 13.03.1992; ver Maria Laura Cavalcanti, *Carnaval carioca*, p.97.

25. Publiquei nessa época o artigo "Bicho e Carnaval no Rio", *Jornal do Brasil*, 14.06.1993, "Opinião".

26. Relatei o episódio no livro *Carnaval carioca*, p.131, nota 7.

27. *Jornal do Brasil*, 06.10.1995.

28. Maria Laura Cavalcanti, "O Boi-Bumbá de Parintins: breve história e etnografia da festa".

29. Conheci a fotógrafa Lóris Machado por causa do Carnaval. Compartilhávamos o fascínio pela beleza visual do espetáculo. Sob os auspícios do Centro Nacional de Folclore e Cultura Popular (Funarte), Lóris me acompanhou nessa primeira ida a Parintins. Tendo se apaixonado por essa outra beleza festiva, para lá voltou em 1997 e 1998. Lóris faleceu em 22 de fevereiro de 2002. Deixou vasta obra fotográfica que incluía belíssimas fotos sobre as duas festas.

30. Por ocasião da publicação do livro, enviei-o à Liga, à Mocidade e ao carnavalesco responsável, entre outros. Mas na época não consegui saber por onde andava Chiquinho.

31. Lilian Rabello separou-se, ainda em 1993, de Renato Laje. Afastou-se então do meio carnavalesco.

32. Everett Hughes, op.cit, p.190.

33. Gilberto Velho, "Observando o familiar", p.44.

34. "A antropologia no banco dos réus", com o subtítulo "Jornalista americano revela que o consagrado Napoleon Chagnon provocou guerras e doenças entre índios ianomâmis", é o título de resenha extremamente tendenciosa publicada no "Caderno Idéias" do *Jornal do Brasil* de 04.05.2002 sobre a tradução do livro de Patrick Tierny, que faz graves acusações ao antropólogo. Tanto a associação norte-americana quanto a brasileira de antropologia posicionaram-se a respeito com a criação de comissões de ética para o assunto. Por sinal, no mesmo "Caderno Idéias" do *Jornal do Brasil* de 01.06.2002, um filósofo relativizava algumas dessas acusações. O debate prosseguiu e no "Caderno Prosa e Verso", de *O Globo* de 22.06.2002, Ricardo-Ventura dos Santos publicou uma excelente resenha do mesmo livro.

35. O contexto da discussão é o da polêmica levantada no meio antropológico pela publicação póstuma do diário de campo de Malinowski. Ver Clifford Geertz, "'From the native's point of view': on the nature of anthropological understanding".

36. Sigmund Freud, "Os instintos e suas vicissitudes"e "Repressão".

37. Clifford Geertz, "'From the native's point of view': on the nature of anthropological understanding", p.59.

38. Ibid, p.70.

39. Claude Lévi-Strauss, "Introduction a l'oeuvre de Marcel Mauss".

40. Gilberto Velho, *Projeto e metamorfose.*

41. Ibid, p.79.

42. No artigo "Mediação e metamorfose" (p.29), Gilberto Velho e Karina Kuschnir indicaram a possibilidade de relação entre os dois conceitos.

43. Michel Volvelle, *Ideologias e mentalidades.*

44. Maurice Merleau-Ponty, op.cit, p.200.

Uma experiência com autoridades:
pequena etnografia de contato com o hip hop e a polícia num morro carioca[1]

Sandra Regina Soares da Costa

No biênio 2000-2001 desenvolvi a pesquisa que deu origem à minha dissertação de mestrado.[2] O objeto de análise foi a construção de carreiras dentro do movimento social juvenil conhecido como hip hop. O hip hop foi criado nos Estados Unidos, por jovens afro-americanos e hispânicos (principalmente) durante a década de 1970, e chegou ao Brasil na década seguinte. Ele é formado pela união de três práticas artísticas: a dança break, a música rap e a grafitagem.[3] O locus de minha pesquisa foi a cidade do Rio de Janeiro, os municípios da Baixada Fluminense e de São Gonçalo.

A antropologia prioriza a pesquisa qualitativa, o que significa (não só) a observação participante pelo trabalho de campo. E foi essa a orientação que segui para desenvolver meu trabalho. Descobri, de início, que o hip hop se realizava em muitos pontos da região metropolitana, mas que poderia ser pensando a partir de três grupos de referência que, embora com indivíduos militantes do movimento, possuíam muitas distinções quanto às visões de mundo que apresentavam. Ao eleger como interesse principal os seus criadores-orientadores,[4] a melhor opção seria observá-los no maior número de lugares distintos possíveis. Buscava, não só compreender os três grupos "ensimesmados", mas, acima de tudo, a dinâmica desenvolvida quando se dava o encontro entre eles.

Foi assim que fui a festas em boates caras da Zona Sul e em morros cariocas, freqüentei favelas e áreas antes desconhecidas. Essa discussão não aparece em destaque na minha dissertação, mas foi fundamental para subsidiá-la no tocante à questão da carreira — onde optei por centrar esforços em histórias de vida, reconstruindo a trajetória de três indivíduos ligados moral e profissionalmente ao hip hop, pertencentes aos três grupos de referência. Procurava, dessa forma, não ficar confinada a apenas uma "versão" do movimento hip hop (gerada por um dos três grupos de criadores-orientadores) e descortinar-lhe os vários estilos e visões, já que minha principal hipótese de trabalho (que, para mim, se confirmou) era da não-guetificação desse grupo e do trânsito complexo entre mundos que ele realizava.

Minha intenção, no presente artigo, é apresentar uma situação vivida em campo que considero ilustrativa de muitas questões que, não só atravessaram meu trabalho em particular, mas dizem respeito à própria prática antropológica do trabalho etnográfico e da observação participante.

Do lugar do pesquisador

Quando decidi estudar a cultura hip hop, fiz isso motivada, em grande parte, pela profunda empatia que tinha com o movimento. Meu interesse antropológico era e é a cultura e a estética popular juvenil. Quando vi que era possível recortar e enquadrar o hip hop dentro de um quadro de preocupações socioantropológicas relevantes, fiquei bastante satisfeita.

Entrei em contato com o hip hop pela sua vertente musical, o rap. Foi em 1985 que ouvi pela primeira vez esse estilo. Apenas no início da década de 1990 é que conheci sua vertente brasileira. Uma amiga trouxe uma fita cassete pirata dos Racionais MC's[5] para eu ouvir. Depois convidou-me para ir a um festival de rap na Cidade de Deus, Zona Oeste da cidade. Assim, iniciei uma profícua simpatia por esse movimento juvenil (embora nunca tenha participado dele como membro) e criei laços de amizade que se desdobraram para além dos momentos de shows e festivais.

Tamanha afinidade e abertura, à primeira vista, poderiam facilitar o processo de pesquisa, no qual um dos principais problemas da observação participante é o acesso ao grupo focado. Por outro lado, o excesso de familiaridade poderia comprometer o rigor científico, caracterizando um certo tipo de *bias*, a que todos nós, pesquisadores, estamos propensos. A "naturalização" do objeto ou sua extrema "exotização" são riscos que corremos e nos esforçamos por controlar. Embora me encontrasse "teoricamente" ciente dessas dificuldades, ao desenvolver a pesquisa, caí várias vezes nessa esparrela, atentando para meu erro apenas quando meu orientador e meus colegas apontavam-no. Foi preciso desenvolver uma série de estratégias para gerar em mim — e conseguir transmiti-lo aos meus ouvintes e leitores — o estranhamento e o afastamento tão caros à etnografia e ao trabalho de campo.[6] Dois passos foram importantes nesse meu esforço. O primeiro, foi realizar viagens à cidade de São Paulo, que é o templo do hip hop brasileiro. Observando os "manos" (expressão de tratamento comum entre os hip hoppers) de lá, pude notar as singularidades da experiência fluminense, desconstruindo algumas "obviedades" (que não eram nada óbvias) que insistiam em se fixar nas minhas análises.

O segundo passo, mais difícil e elaborado, não trata apenas de um deslocamento físico e territorial como o primeiro, mas é de ordem psicossocial. Leitora de Erving Goffman, trago em mente, como uma espécie de sinal de alerta o conceito de *presentation of the self*,[7] não só no que diz respeito à análise dos grupos sociais que examino, quanto ao meu próprio "proceder" como pesquisadora. O conceito sinaliza para :

> ... a maneira pela qual o indivíduo apresenta, em situações comuns de trabalho, a si mesmo e a suas atividades às outras pessoas, os meios pelos quais dirige e regula a impressão que formam a seu respeito e as coisas que pode ou não fazer, enquanto realiza seu desempenho diante delas. ... o papel que um indivíduo desempenha é talhado de acordo com os papéis desempenhados pelos outros presentes e, ainda, esses outros também constituem a platéia.[8]

Eu tinha duas dificuldades. A primeira é que eu estava desenvolvendo uma pesquisa dentro de um grupo de conhecidos e até de amigos meus, no qual minhas observações poderiam ser "contaminadas" pelas dos informantes; ou, então, ao ser antagônicas a eles, gerar problemas pessoais. A segunda dificuldade era lidar também com três grupos distintos que lutam pela hegemonia dentro do hip hop, que disputam uma audiência, utilizando-se de "ideologias" bastante divergentes. Eu não podia correr o risco de ficar marcada como "aliada" de nenhum dos três grupos, o que comprometeria meu acesso aos outros dois. Foi assim que decidi concentrar meus esforços junto a pessoas do movimento com as quais não tinha amizade, construindo uma nova rede, utilizando meus conhecidos como "informantes secundários" que me avisavam sobre os eventos e me traziam informações que, depois, poderiam ser confrontadas com as dos "informantes primários". Os "primários" diriam para mim o que se diz a uma pesquisadora, e os "secundários", o que se diz a uma colega (embora eles estivessem cientes do meu projeto). Fui então tentando concatenar impressões dos dois grupos e transformá-las em dados de pesquisa. Acima de tudo, tive que construir a imagem, ou, na linguagem de Goffman, a *máscara* de pesquisadora.

Se o esforço de muitos antropólogos reside em ser aceito pelos grupos que pesquisam, dada a grande distância social e cultural que geralmente caracterizam esse tipo de interação, o meu era o de não me confundir (e me confundirem) com o universo pesquisado. Tenho muitas identificações com os membros do hip hop: a mesma faixa etária, a origem social comum à maioria dos investigados, o domínio das mesmas categorias (principalmente as mais complicadas de serem apreendidas e importantes para a compreensão do discurso: as gírias e as expressões não-verbais, sobretudo gestuais e partilho com eles algumas visões de mundo.

Mas havia um diferenciador crucial nas nossas relações: eu sou branca, mulher e universitária, ao contrário dos meus pesquisados, na sua maioria homens negros com baixo grau de escolaridade, iniciando uma carreira artística. Isso não significa que não existam pessoas de nível superior dentro do movimento hip hop brasileiro. Pelo contrário, eles existem e pode-se pensá-los como "intelectuais orgânicos" do grupo. Também existe uma parcela considerável de pessoas de cor branca e algumas poucas mulheres.

Apesar de visivelmente gritante a diferença entre mim e o universo pesquisado, durante um bom tempo não a percebi. Só depois que consegui vislumbrá-la e tratá-la como parte da minha técnica de pesquisa é que tive o que poderia chamar de "salto qualitativo". Só a partir desse momento pude construir uma posição confortável (do ponto de vista profissional, ético e pessoal), dentro de certos limites, em minha presença no universo estudado. Isso significou "inventar" o lugar da antropóloga (que era uma mulher branca e jovem), não só nos ambientes da pesquisa, mas no meu próprio ser. Meus informantes, quase todos, sabem o que é um antropólogo, ou pelo menos têm alguma noção do tipo de trabalho que desenvolvem, o que me auxiliou muito, poupando-me da entediante (e confusa) missão de explicar-lhes minha atividade.

Pelo meu lado, tratei de reificar alguns estereótipos quanto ao pesquisador. Não foi nenhuma missão absurda ou paranóica de autocontrole ou dissimulação, apenas me preocupava com a roupa que vestiria, com o modo de falar e de gesticular (demonstrando um interesse exagerado em entender coisas que eu já supunha sabidas por mim), de forma a reforçar a imagem de pesquisadora, dando um tom mais formal às minhas idas aos eventos. Claro, também escolhi dias (e noites) para apenas me misturar com a platéia e curtir o evento, experimentando emocional e fisicamente as sensações que as festas, com sua música e dança poderiam me provocar. Esses dois papéis, de pesquisadora e de platéia, foram, ao mesmo tempo, armas e armadilhas que ora facilitaram, ora dificultaram minha relação com o campo. Acredito que a situação que descrevo abaixo pode informar melhor a respeito dessas imbricações.

Um evento exemplar

No dia 24 de junho de 2001, fui convidada por um membro do movimento hip hop a acompanhá-lo até um show que se realizaria no Morro dos Prazeres, situado no bairro de Santa Teresa, na cidade do Rio de Janeiro. Era um domingo, e, segundo meu acompanhante, que vou chamar de Kapenga, o evento começaria cedo, por volta das 18 horas, como pude confirmar ao ganhar uma filipeta.[9] Eu nunca havia ido a tal lugar, embora conhecesse outras partes do bairro. Por isso, eu e Kapenga nos encontramos no Curvelo, uma área de bares e restaurantes que estava lotada de transeuntes. Afinal, o show que assistiríamos estaria fechando o projeto "Arte de Portas Abertas".[10] Subimos de bondinho o resto do caminho e fomos até o ponto final da linha. Já ali, na entrada da favela, os grandes muros caiados começavam a adquirir cores e formas expressivas, habilmente usados por grafiteiros como painéis ao ar livre. Mais ou menos umas 20 pessoas se revezavam entre pincéis e sprays, pintando e grafitando o enorme muro que serpenteia na subida da favela até nosso destino, a quadra esportiva onde os shows aconteceriam.

Lá chegando, fiquei impressionada com a vista do local: dava para ver boa parte da área metropolitana da cidade, não só a região central, na qual a favela se inscreve, mas uma enorme parcela do subúrbio carioca, toda a Baía de Guanabara, o centro da cidade de Niterói, partes da Zona Sul, com o Pão de Açúcar em destaque. Era um final de tarde um tanto bucólico para mim, havia chovido um pouco, ainda havia alguma luz natural, com ventos fortes, o que dificultava a tarefa que eu gostaria de desempenhar: tirar fotografias. O início da noite, com o aparecimento das primeiras luzes artificiais, só aumentavam uma certa indisposição de trabalhar num domingo. Mas tudo bem. Naquele dia, eu saíra de casa com o "espírito" de antropóloga, até para superar minha própria má vontade de abrir mão do convívio com a minha família e com meus amigos em nome da pesquisa. Coloquei meu casaquinho cáqui, que tem dois bolsos frontais. No da direita carregava meu registro geral de identificação (a popular carteira de identidade) junto com a carteira de mestranda do Museu Nacional. No bolso da esquerda havia algum dinheiro para transporte e alimentação, o bloco de anotações e duas canetas. Na pequena mochila, a máquina fotográfica e filmes. Evitava carregar comigo outros documentos e objetos pessoais — caso algo saísse errado, manteria junto ao meu corpo apenas o necessário para uma identificação e um deslocamento rápidos. Mas nada nunca saíra errado. No máximo, a carteirinha do Museu Nacional tinha sido usada para me apresentar a membros mais desconfiados do movimento.

O show começou com algum atraso (nada anormal). Os grafiteiros continuavam em atividade, e, conforme as horas se passavam, mais pessoas chegavam ao local. Não só os típicos participantes, mas também aqueles que tinham ido a Santa Teresa para ver os artistas plásticos locais e aproveitaram para conhecer o hip hop. Alguns turistas, jovens das classes médias, pais com suas crianças — enfim um público heterogêneo — estiveram presentes, movidos pela curiosidade. Não sei se ficou claro, mas é bom ressaltar que a quadra esportiva fica bem no início da favela, é uma das primeiras construções. Ao lado fica um pequeno boteco e, depois, o emaranhado de caminhos e becos, barracos de madeira e pequenas casas de alvenaria que classicamente constituem as favelas. O que separa a "favela" e a quadra onde eu estava do "asfalto" (Santa Tereza, que é um morro) são apenas uns 300 metros de asfalto em aclive, algo que garante, a qualquer desconhecido, como era o meu caso, uma certa segurança quanto à tão divulgada violência carioca. Não só o medo dos traficantes de drogas, mas também das ações de repressão policial faziam parte dos constantes alertas que me eram feitos por todos.

Com o avançar da noite, na quadra, a predominância era de indivíduos ligados ao hip hop. As bandas se revezavam nas apresentações, os DJs animavam o público entre os intervalos, e foram se formando rodas de break. Notei que muitas pessoas bebiam no boteco, numa espécie de pracinha com vista para o mar, e para lá me dirigi. Conversei com um grafiteiro. Morador de Copacabana, havia saído de casa na segunda-feira, para realizar uma oficina de grafite com os jovens daquela comunidade, implementada pela associação de moradores. Mas, pela acolhida que recebera, tinha permanecido até aquele dia (domingo). Perguntei onde ele estava comendo, dormindo, enfim, vivendo. Ele riu e disse que "as pessoas da comunidade eram muito amigas" e tinham lhe provido do que necessitava. Contou-me que a oficina de grafite tivera boa repercussão, e que os traficantes locais de drogas quiseram conhecê-lo para parabenizá-lo, dando-lhe liberdade para circular por ali sem inconvenientes. Anotei no caderno de campo uma frase que ele disse enquanto abria os braços, referindo-se ao local em que estávamos sentados: "Aqui, tá tranqüilo. A polícia não sobe. Nem os traficantes descem". Naquela espécie de "zona neutra", eu travava meus contatos, fazia pequenas entrevistas informais, tirava algumas fotos, imersa ao máximo em meu objeto e seu contexto.

À meia-noite decidi encerrar meu trabalho e ir embora. Convidei Kapenga para jantar e conversar sobre nossas impressões do evento. O restaurante ficava no "asfalto" de Santa Tereza, um lugar que eu freqüentava com certa assiduidade. Como não poderíamos mais dispor do bondinho para nos transportar, a única opção era descer numa lotada.[11] Entramos numa Kombi, eu e mais uns oito rapazes, e descemos o primeiro lance do Prazeres, seguindo o muro grafitado até o final (que desemboca na rua Almirante Alexandrino, ou seja no "asfalto"), onde, exatamente nos primeiros (últimos no nosso caso) metros da região simbólica da favela, uma revista policial nos fez descer do veículo. Eu nunca havia passado por uma "dura"[12] e confesso que fiquei bastante curiosa, secretamente entusiasmada com a possibilidade de "vê-la". É claro que eu também seria protagonista da cena, mas tinha adotado naquele dia uma atitude mental de total afastamento, e nem me enxergava fazendo parte do contexto, numa atitude típica de "observadora neutra". Também sentia-me seguríssima. Acreditava que aquela blitz era só algum tipo de operação rotineira e rápida, já que o evento a que havíamos assistido era patrocinado pela Prefeitura do Rio de Janeiro. Julgava que aquele destacamento policial estava apenas garantindo a segurança dos participantes do "Arte de Portas Abertas", quer dizer, a nossa segurança.

Desci da Kombi com meu jeito manso e curioso de sempre, sem me preocupar em nenhum momento comigo ou com os demais ocupantes do veículo. Nós éramos o primeiro grupo a ser averiguado pelos policiais, que vestiam os uniformes do Batalhão de Operações Especiais (Bope), a temida elite da Polícia Militar carioca.

A primeira coisa que os policiais fizeram foi me separar do restante do grupo: "Mulheres pra direita, homens à esquerda!". Assim, a polícia ficou no meio da rua, com duas viaturas fechando o trânsito, as "mulheres", no caso, eu, sozinha, ao lado do muro grafitado, e os "homens", perfilados do outro lado. Neste momento bateu-me uma certa insegurança, até porque não avistei policiais femininos (só elas podem revistar outras mulheres). Mas respirei fundo e levei em consideração as justificativas de calma que já expus acima. Abri um sorriso e disse: "Boa noite...", para os dois policiais que se aproximavam de mim, procurando ler os nomes na tarjeta dos uniformes, para completar a frase, que ficou inacabada. Não havia tarjeta, não havia identificação. Lembrei-me rapidamente de um amigo que me contou que a polícia costuma retirar suas plaquetas de identificação em missões em favelas, para que a população não possa identificá-los depois, caso haja algum incidente de abuso de poder.

Engoli seco, mantive o sorriso e estendi minha mochila, para revista. "Ainda não", foi o que ouvi como resposta, num tom duro. "O que você está fazendo aqui? Você está vindo de onde? Onde você mora?". As frases foram ditas de uma forma altiva e rápida, as palavras saíam da boca de um jovem de no máximo 22 anos, com algumas espinhas no rosto imberbe e sem vincos (assim como o companheiro, só que este era branco, enquanto meu interlocutor, negro). Segurei ao máximo um riso idiota que teimava em nascer. Não sei se o medo me provocava um certo nervosismo, não sei se fruto do ridículo que eu achava da situação de responder a perguntas tão tolas feitas por um "moleque" (eu tinha 27 anos). Mantive um certo ar *blasé*, sustentei meu olhar no dele e "calmamente" abri o bolsinho do casaco, estendendo-lhe minha carteira de estudante do Museu Nacional. Ele leu e mostrou ao colega: "Uma antropóloga", disse, desconfiado. O outro policial ficou curioso: "Deixe eu ver", e pegou minha identidade. "Caramba, uma antropóloga, de verdade!", e olhava para mim e ria. "Chefe, chefe!!!", começou a berrar e a gesticular, chamando o responsável pela operação. "Vem cá, tem uma antropóloga aqui!", e apontava para mim.

Nesse momento não agüentei e ri, embora com um riso nervoso e inibido, que tentei disfarçar ao máximo. Ele gritou umas três vezes, até que o chefe abandonasse o que estava fazendo — revistando os rapazes — e viesse ao nosso encontro, ver "a antropóloga". Ele também pegou minha carteirinha, deu um sorriso baixo e repetiu as mesmas perguntas que já me tinham sido feitas. "Sou uma pesquisadora. Uma antropóloga. E estou estudando o movimento", e apontei em direção aos grafites recém-feitos. "Que movimento?", perguntou o chefe, um sargento aparentando uns 40 anos. "Ai, meu Deus, que mancada", pensei. Eu, em minha intimidade com o hip hop, referia-me a ele como "o movimento" nas conversas que travava em geral, com meu orientador, meus colegas de pesquisa e meus informantes. "Movimento" também é como o tráfico de drogas é conhecido no Rio de Janeiro, e eu não havia atentado para isso. "Movimento hip hop. Olhe só, foram eles que pintaram esse muro. E estou vindo da festa que organizaram. É música rap. Foi a Prefeitura que organizou". "Ah, quer dizer que você está vindo do baile, né?", ele inquiriu, frio, de sobrancelhas arqueadas. "Não, não é baile funk. É outra coisa...", tentei explicar. "E o que você estava fazendo lá?", ele insistiu. "Pronto, estou perdida. Quase uma hora da manhã de segunda-feira, e eu, na entrada de uma favela, tendo que explicar para três policiais, o que é uma pesquisa antropológica e o que é movimento hip hop", pensei, numa fração de segundo. "Desenvolvo uma pesquisa sobre novas formas de expressão artística", tentei ser sucinta, ainda apontando para os grafites, num tom de autoridade. "Bom, foi um prazer, dona antropóloga", disse ele, entre divertido e sarcástico. Devolveu minha carteira para o jovem soldado e voltou à revista dos rapazes.

O jovem soldado negro retornou à mesma cantilena inicial: "Onde você mora? Para onde você vai?". Vi que não tinha jeito, a curiosidade deles era tão grande quanto a minha. "Moro em Niterói. Estou vindo de um show organizado pela Prefeitura, um evento de hip hop. Estava indo embora." E ele continuou: "Você está longe de casa, hein? Não tem medo de andar por aí, pela favela, com essa gente?", e virava o rosto na direção dos rapazes. "Ah, não. Durante minha pesquisa nunca houve nenhum incidente", e mantive o tom despreocupado e distante, embora muito atenta para a distinção que o policial fez entre mim e "essa gente". "Menina, você não deve andar com esse pessoal. É tudo barra pesada, tudo maconheiro. Você deve procurar outro baile para se divertir. Você é uma garota legal, tem boa aparência, estudada. Tem que procurar gente do seu nível". Ele agora tinha abandonado a postura ofensiva, relaxara o corpo sobre a viatura policial estacionada, e me olhava com uma certa ternura.

Disse que já tinha acabado minha revista (que não passou de um olhar furtivo na escuridão interior da mochila). Só que a dura aos meus colegas de Kombi ainda não acabara, e eu não podia ir embora. Minuciosamente, os policiais vasculhavam as mochilas dos rapazes, cheiravam suas mãos (para ver se tinham cheiro de maconha), mandavam que tirassem os sapatos, as meias, levantassem as camisas, apalpavam-nos da cintura para baixo. Não havia o mínimo sinal de que a ação estivesse próxima do fim. Embora mantivessem uma certa calma, os policiais eram rigorosos e, em alguns momentos, não pouparam os gritos. Quanto a mim, continuei do lado oposto da rua, agora escorada também, junto à viatura, entrevistando informal e cuidadosamente meu antigo interpelador: "As batidas são sempre assim?". E ele respondeu: "Mais ou menos, depende. Aqui está calmo, tomara que continue assim. Quero ir embora, estou cansado". "Você estuda?", eu quis saber. "Não, só terminei o segundo grau e parei". Continuei com outras perguntas a respeito da sua vida particular e profissional, até que Kapenga foi liberado pelos policiais que o revistavam. Só aí me dei conta de que já se passara meia hora.

Fomos embora. Apesar de esfomeados, decidimos cada um seguir o seu caminho e deixar o jantar para outro dia. Durante o trajeto de volta, não tocamos no assunto. Dias depois, na quarta-feira, dia 27, ao ler o jornal, pela manhã, deparei com um artigo intitulado "Amargo regresso em Santa Teresa".[13] O primeiro parágrafo dizia:

> Policiais militares enfiavam os coturnos entre as pernas das mulheres. Nas camisas e calças dos homens, ficou a sujeira também provocada pelas botinas. Com chutes, socos, gritos e ofensas verbais, soldados de uma tropa de elite, ... barraram o caminho de artistas, visitantes e moradores de Santa Teresa que voltavam ... da festa de encerramento, no Morro dos Prazeres, do evento cultural...

E continuava a reportagem:

> Dez delas [pessoas], inclusive um menino de 13 anos, foram obrigadas aos gritos a descer de uma Kombi de lotada, abrir as pernas e "segurar paredes para não cair", durante cerca de 20 minutos de tortura física e psicológica. Para cada passageiro, os PMs apontavam as armas e gritavam: "desce, desce, f.d p.". As meninas, integrantes

> de uma banda de hip hop que se apresentou no fim do evento, foram chamadas de prostitutas, e os homens, tratados como criminosos. ... "Eles foram brutais e a maioria dos agredidos era de cor negra" ... Marcelo Barbosa, 25 anos, foi espancado por três PMs armados, até ficar com hematomas nos olhos e sangue escorrendo pelo rosto... "Escolheram, sem qualquer motivo um rapaz para surrar", lamentou a coordenadora do Arte de Portas Abertas. ... contou a cantora de hip hop Flávia Uva... "Eles nos chamavam de vagabundas, e aos homens, de marginais. São homens sem preparo emocional algum. Se eu dissesse naquela hora que sou uma cidadã e lutasse pelos meus direitos, tenho certeza, levando em conta o estado deles, que me matariam com um tiro", desabafou a artista.
>
> Da mesma banda de Flávia, a cantora Luciana chegou a dizer aos PMs que era cantora. "Eles então botaram uma arma na cabeça da minha amiga e mandaram ela cantar para provar que era artista. Além disso, pediram para ela abrir o casaco e, com tom de sarcasmo, perguntaram se ela estava de sutiã", lembrou Flávia...

Assustada com o que lia, tratei de fazer contato com meus informantes, que confirmaram o ocorrido. Pelo que pudemos constatar, o evento narrado acima se deu minutos (talvez 40, no máximo) depois de nossa partida, na saída da segunda Kombi de lotada.

Fomos (eu e os integrantes da primeira Kombi) beneficiados pelo "bom humor" dos policiais em início de missão. Com o passar do tempo — segundo meus informantes —, a frustração por não prenderem ninguém nem apreenderem drogas levou-os a um estado emocional de descontrole: "Eles pareciam que tinham cheirado cocaína, de tão alucinados", disse-me um membro do grupo que estava na segunda Kombi. Eu, em especial, tinha sido poupada de qualquer contato físico. Nem nos meus pertences haviam tocado. Eu abrira a mochila e a oferecera para a revista. Como já disse, o policial apenas esticou o pescoço e olhou lá dentro de soslaio. Se os ânimos entre os policiais se exaltaram, e isso levou-os a adotar atitudes agressivas e abusivas, não sei. Mas tenho certeza de que, num primeiro momento, enquanto havia uma pequena dose de tensão e uma certa calma, estavam preocupados — ou pelo menos demonstravam uma certa atenção — em separar o que acreditavam que fosse joio do trigo.

A empreitada antropológica não nos permite, tal como num laboratório fechado, que repitamos um evento com todas as variáveis possíveis (ainda bem). Porém, acredito ter passado ilesa pela blitz também por causa de minha condição de mulher branca universitária. Como não havia outras mulheres no nosso veículo, acho que minha figura feminina logo se destacou. Se houvesse outras mulheres na Kombi, talvez o tratamento dado a mim fosse diferente. Ou não. Nunca saberei. Talvez se as cantoras do Anfetaminas (o grupo feminino citado na reportagem) estivessem ao meu lado — com seus cabelos compridos de trancinhas, no estilo afro, suas roupas justas e coloridas, os saltos altos de botas de bico fino e principalmente com as peles escuras[14] e sua postura de confronto (que é comunicada não só verbalmente, mas também por uma série de códigos não-verbais) —[15] eu continuaria a ser, com meu jeito pálido, contido, discreto e meus óculos de grau, tratada como alguém especial, não pertencente "àquele mundo". Talvez.

Durante minha pesquisa, pude constatar que em alguns segmentos da nossa sociedade, a música rap, ou o movimento hip hop não gozam de boa reputação. Quer seja por preconceito social, ou étnico, criaram-se *social frameworks*[16] que associam essa forma artística ao banditismo.[17] Os policiais não titubearam em fazer essas associações. Para eles, havia uma clara discrepância de status entre mim e os jovens do hip hop. Se não sabiam direito o que era uma antropóloga, sabiam, pelo menos, que se tratava de alguém com curso superior, que é "estudioso" e que "lê muito" (costumam ser essas as primeiras impressões que a população tem sobre cientistas sociais). Por outro lado, os integrantes do hip hop são estigmatizados como usuários de drogas, traficantes, ladrões etc. Embora eu nunca tenha presenciado nenhuma transgressão da lei por parte deles — e durante o evento narrado acima não houvesse nenhum tipo de conduta legalmente perigosa (não havia, visivelmente, consumo de drogas ilícitas ou porte de armas, por exemplo) — a polícia enquadra-os numa *província de significado*[18] que estabelece uma gramaticalidade entre esses jovens e a criminalidade.

Erving Goffman, nesse sentido, nos fala que: "discrepâncias entre as identidades virtual e real sempre ocorrerão e sempre criarão a necessidade de manipulação de tensão (em relação ao desacreditado) e controle de informação (em relação ao desacreditável)".[19] Howard S. Becker destaca que o *outsider* não se caracteriza apenas por apresentar um comportamento desviante, mas é aquele que assim é chamado e reconhecido como tal.[20] Logo, *outsider* é um rótulo, e sua eficácia depende da capacidade do grupo que rotula, e não apenas da conduta do rotulado:

> O desvio não é uma qualidade do ato que a pessoa comete, mas a conseqüência da aplicação de regras e sanções por parte de outros àquele que as ofende. O desviante é aquele cuja atribuição desse rótulo foi bem-sucedida; o comportamento desviante é o comportamento que as pessoas rotulam como desviante.[21]

Considerações finais

As relações que travamos não acontecem no vazio. Estamos todos submetidos a um jogo de classificações. Essas classificações são construídas a partir de idéias, situações, experiências, comparações e analogias. Estamos, sempre, tentando controlar a imagem que o outro faz de nós. O conceito de *presentation of self* que Erving Goffman nos apresenta diz respeito a essas "reações estruturadas" que se formam a partir de relações que um determinado grupo ou pessoa experimentam em relação a uma determinada situação ou pessoa. Diz respeito a imagens e categorias. E também carrega um sentido teatral — que implica na representação de um papel. São noções que estão interligadas. Faz-se uma determinada imagem de algo/alguém e passa-se a apresentar/representar um determinado papel construído para aquela dada situação. E esses papéis levam à formação de novas categorias.

Explicando de outra forma: se um grupo passa por uma experiência negativa junto a um advogado, pode criar expectativas negativas quanto a todos os outros advogados (nada contra os advogados, é só um exemplo). A experiência particular é generalizada para todas as experiências que possam vir a existir com qualquer outro advogado. Porque o grupo criou uma classificação que associa "advogado" a uma experiência anterior. Essa classificação se deu a partir de uma avaliação que se realiza o tempo todo: o que você comunica, como comunica, como se veste, como se porta, o que faz etc.

As classificações socialmente dadas geram expectativas de comportamento. O peso dessas expectativas, no trabalho de campo, merece ser observado por dois lados: a expectativa do observador e a do observado. Num trabalho de Alba Zaluar,[22] ela descreve o ambiente que esperava encontrar enquanto se dirigia ao locus de sua pesquisa, a comunidade da Cidade de Deus: de criminalidade e miséria. As informações que tinha a respeito do campo e da sua população (ou seja, do seu objeto) já se conformavam numa pré-noção. O que a levava a ter determinadas expectativas quanto a sua (do objeto) ação. Esse tipo de "preconceito" (leia-se como "conceito antecipado") pode comprometer todo o trabalho de pesquisa, se não for superado pelo pesquisador, como bem demonstra Zaluar. Tanto no momento inicial da pesquisa, quando o pesquisador tem que se aproximar do seu objeto (talvez o momento mais crucial, o mais delicado e o que desperta maiores desconfianças de ambos os lados), quanto no momento de interpretar os seus códigos. É claro que o pesquisador deve ter algum tipo de idéia sobre o objeto, mas pode entender essa idéia como pequenas indicações, supondo coisas e montando pequenas classificações que devem ser entendidas como inferências iniciais apenas. Esse "conhecimento prévio", se não for bem administrado, irá direcionar o pesquisador, não para a realidade do grupo, mas para a construção de expectativas quanto a este último, suas ações e reações, e para um tipo de interação determinada por esses pressupostos.

O indivíduo, preocupado em controlar as imagens que os outros têm dele, buscará causar um efeito específico no interlocutor, exercendo um *papel* criado para isso a partir de uma *definição de situação*.[23] Ao pesquisador cabe o esforço de controlar os códigos e símbolos, seus e do grupo pesquisado. Tentar ler o que o outro diz a partir de algo que ele não controle. Somos tão observados quanto observadores. No trabalho de campo é preciso ter clareza desse jogo de classificações. As pessoas terão imagens construídas sobre você e darão sinais do que pensam a seu respeito.

As classificações se apresentam constantemente — elas são nossa forma de andar no mundo. É com elas que criamos o nosso mapa, que, ao mesmo tempo, nos serve e nos aprisiona.

Notas

1. Agradeço aos professores Gilberto Velho e Júlio Tavares e aos pesquisadores Anna Paula Mattos Silva, Renata Sá e Nilton Santos pelos comentários. Também à Capes, que financia minha atividade de pesquisa.

2. Sandra Regina Soares da Costa, *Bricoleur de rua.*

3. Sobre as origens norte-americanas do hip hop ver Trícia Rose, *Black noise*; sobre seu desenvolvimento no Brasil ver Sandra Regina Soares da Costa, op.cit.; Spency Pimentel, *O livro vermelho do hip hop*; e José Carlos Gomes da Silva, *Rap na cidade de São Paulo.*

4. Sobre este conceito, ver Herbert Gans, *Popular culture and high culture.*

5. Grupo paulistano. A fita cassete continha a coletânea "Raio X do Brasil", de 1993, lançada pela Zimbabwe.

6. Esse distanciamento é aqui pensado como "objetividade relativa, mais ou menos ideológica e sempre interpretativa", como define Gilberto Velho em "Observando o familiar". Outros trabalhos foram utilizados para a construção dessas idéias sobre o afastamento e o papel do etnógrafo, dos quais posso citar, na bibliografia nacional, os de Edson de Oliveira Nunes, *A aventura sociológica*; Alba Zaluar, *Desvendando máscaras sociais*; e na internacional: de Clifford Geertz, *A interpretação das culturas* e *O saber local. Novos ensaios em antropologia interpretativa*; James Clifford e George Marcus, *Writing Culture*; e George Stocking Jr., *Observers observed.*

7. Erving Goffman, *A representação do eu na vida cotidiana.*

8. Idem, p.7.

9. A filipeta é um tipo de convite feito de papel comum ou couché que serve para divulgar eventos, sendo distribuída nos lugares freqüentados pela clientela que se deseja atingir.

10. Santa Teresa é um bairro artístico-boêmio-intelectual e realiza periodicamente esse evento, no qual artistas plásticos, entre outros, abrem seus ateliês e comercializam suas obras.

11. As lotadas são um tipo de transporte que oscila entre o legal e o ilegal. São Kombis ou vans que circulam principalmente à noite, nas áreas de difícil acesso.

12. Gíria que significa batida policial.
13. *Jornal do Brasil*, quarta-feira, 27.06.2001, "Cidade", p.18.
14. O grupo é formado por quatro mulheres negras e uma branca.
15. Erving Goffman, op.cit.
16. Erving Goffman, *Frame analysis*, p.22.
17. Sandra Regina Soares da Costa, op.cit.
18. Alfred Schutz, *Fenomenologia e relações sociais.*
19. Erving Goffman, *Estigma*, p.149.
20. Howard S. Becker, *Outsiders*, p.9.
21. Outro trabalho que investiga formas de controle a partir da construção de estigmas sociais é o de Nobert Elias e John Scotson, *Os estabelecidos e os* outsiders.
22. Alba Zaluar, *A máquina e a revolta.*
23. Alfred Schutz, op.cit.

Velhos e jovens no Rio de Janeiro: processos de construção da realidade

Myriam Moraes Lins de Barros

Este artigo tem o tom das narrativas de memória. Como acontece com as pessoas que entrevisto, parto das experiências atuais que acabam desenhando um certo caminho para as lembranças. Esse traçado das recordações não é necessariamente linear, mas segue num vaivém, como uma conversa, retomando sempre o tema central: a interpretação antropológica de outras interpretações construídas pelos indivíduos em sua vida cotidiana. Motivada pela atividade de pesquisa, procuro apresentar reflexões sobre esta prática e sobre o ensino de antropologia, que se realizam no mesmo ambiente em que vivo e em que trabalho. A proximidade e a distância entre pesquisadora e pesquisados são, assim, os outros pontos de reflexão.[1]

A história da pesquisa: a curiosidade e a necessidade de conhecer

Às 7:30h os alunos — sobretudo alunas, pois elas são a maioria esmagadora — devem estar presentes em sala de aula, na Escola de Serviço Social, no campus da Universidade Federal do Rio de Janeiro (UFRJ), Praia Vermelha. Às 22 horas termina o horário de aulas do curso noturno da mesma escola. Chegar no horário estipulado, pela manhã, assim como voltar para casa, à noite, significa uma estratégia de locomoção na cidade sem a qual seria impossível freqüentar a universidade. A maioria dos alunos do curso de graduação mora muito longe do campus. A Zona Norte, a Baixada Fluminense, a Zona Oeste da cidade e Niterói são os locais de moradia desses estudantes. A Escola de Serviço Social localiza-se no campus da Praia Vermelha, entre os bairros de Botafogo e da Urca, e sua sede fica perto do prédio da antiga reitoria da universidade; a alguns metros do campus está um dos shopping centers mais freqüentados do Rio de Janeiro, o Rio Sul; à frente da universidade está o Iate Clube; seguindo em direção à Praia Vermelha, ergue-se o Pão de Açúcar, ponto turístico fundamental da cidade.

Não se pode negar o esforço desses jovens que, como vários trabalhadores urbanos e moradores nos subúrbios cariocas, madrugam cinco dias por semana para chegar em sala de aula mais ou menos no horário estabelecido. E também o daqueles que estudam à noite e que bem tarde iniciam seu caminho de volta para casa.

A experiência como professora de graduação na Escola de Serviço Social tem me despertado o interesse em entender a vida dos estudantes que vêm de famílias com baixo capital cultural e econômico e que optaram pelo ingresso em um curso universitário. Uma série de perguntas se desdobra a partir daí. Qual a forma adequada de transmissão de conhecimentos? Como é a vida desses estudantes? Como são em família? O que conhecem da cidade e como conhecem? Estas e outras indagações — e as diferentes experiências no contato diário com os estudantes — tentam-me a tratar meu ofício no magistério como uma forma de *anthropological blues*, como o faz Roberto Da Matta ao falar do processo de pesquisa.[2] Aqui, como na experiência do antropólogo em campo, a emoção e as constantes surpresas interferem nos relacionamentos e na busca de maneiras mais adequadas de apresentar a contribuição da antropologia para estudantes de serviço social.

Situações vividas em sala de aula colocam-me frente às dificuldades do ensino da antropologia, com suas clássicas discussões acadêmicas e letradas sobre a diversidade cultural e a relação entre nós e o outro. Parece-me que, ao levantar questões como estas, estou, ao mesmo tempo, procurando me fazer entender e procurando entendê-los, e isto me dá a sensação constante do estado de alerta quando estamos com uma pesquisa em andamento. Certamente a discussão sobre a didática, os programas das disciplinas, o currículo do curso de graduação e o perfil dos alunos não são preocupações exclusivamente minhas. O conjunto de professores está constantemente deparando com problemas que vão desde a transmissão mais adequada do conhecimento dos clássicos da teoria social e política, de Maquiavel a Weber e Durkheim, passando por Rousseau e Marx, até a solução de problemas emocionais e econômicos.

Mas minha experiência no ensino de antropologia, desde o primeiro semestre, apresentou-se como um bom exercício de diálogo entre duas esferas de culturas distintas com momentos e zonas de interseção. Como professora, percebi que minha tarefa se distinguia do curto período em que lecionei num curso de educação numa faculdade particular na Zona Sul do Rio de Janeiro, cujos estudantes, a maioria de mulheres, eram das camadas médias altas, e algumas, da elite carioca. Mas não foi só com essa breve permanência na faculdade particular que comecei a fazer comparações. Vem ainda compor este quadro de comparações minha própria vivência como aluna de graduação na PUC-Rio no início da década de 1970, e como estudante de pós-graduação no Museu Nacional da UFRJ. A isso soma-se o fato de ser filha, irmã e mulher de professores universitários, ser branca e pertencer a camadas médias da Zona Sul do Rio de Janeiro.

Mais uma vez, gostaria de apontar a ausência de ineditismo nessa comparação entre a minha vivência como estudante e a de meus alunos. Regina Novaes[3] parte também da percepção das diferenças entre seu período como estudante e o universo atual de seus alunos para tratar das relações entre religião e política. Também entre os assistentes sociais há a constatação de diferenças marcantes entre gerações, apesar da história e da memória coletiva terem construído uma identidade comum a todos.

Os pioneiros, termo pelo qual é chamada a primeira geração de assistentes sociais, vinham das camadas médias altas, com clara valorização de seu capital cultural e social. No trabalho de Yara Maria Frizzera Santos[4] encontra-se, nos discursos de assistentes sociais entrevistadas e na própria história de vida da autora, ainda uma outra distinção geracional que diferencia a geração proveniente das camadas médias que, como eu, estava na universidade na década de 1960 e 1970 e que empreendeu mudanças conceituais importantes na profissão, e a geração dos atuais estudantes que são aqui objeto de reflexão. Na análise histórica da profissão, esse período é conhecido como "reconceituação". Há vários trabalhos no serviço social que tratam dessa história, mas, neste momento, minha intenção é marcar a diferença entre visões de mundo que podemos associar a gerações específicas e a seu perfil socioeconômico e cultural.

O relato de uma de minhas primeiras aulas, em 1989, pode ser interessante para situar, com maior clareza, os impactos entre duas formas de interpretação da realidade e de experiência de vida. A disciplina procurava discutir as questões da infância e da família e as políticas sociais para estes setores. A bibliografia era basicamente antropológica. Em dado momento do curso fui interrompida por uma aluna, quando eu trabalhava com o texto de Tania Salem[5] sobre mulheres faveladas na Rocinha. A aluna, moradora da mesma favela, contestava minha interpretação e a da própria autora sobre a realidade da vida das mulheres, baseada em sua própria vivência. Descrevia sua vida e me apresentava dados que, segundo sua percepção, podiam pôr abaixo a análise antropológica.

O texto, baseado em pesquisa sobre um universo conhecido, despertou na aluna seu próprio ponto de vista, com conceitos da experiência próxima formulados com um conhecimento prático e com teorias nativas bem arrumadas.[6] A partir desse batismo — que denunciava minha própria imaturidade no magistério junto a segmentos sociais distintos do que considerava um padrão de estudantes universitários, de camadas médias, mais próximos à minha realidade e a meus valores —, passei a desenvolver, ainda que não sistematicamente, mas de uma maneira informal, uma pesquisa que tinha uma dupla finalidade. Primeiro, entender quem eram esses alunos; segundo, como ensinar antropologia e discutir questões fundamentais da disciplina com esse universo de estudantes.

Os debates levantados a partir dos resultados da pesquisa na área urbana, dentro e fora do mundo acadêmico, fazem parte da experiência do trabalho antropológico. As disputas de interpretação da realidade e dos conflitos em torno de determinadas questões foram temas devidamente analisadas por Gilberto Velho em "Observando o familiar".[7] A heterogeneidade e a complexidade cultural, características da sociedade contemporânea, apresentam-se, assim, ao mesmo tempo, como objeto de investigação e como elemento de constituição desses debates e disputas. Na experiência docente, a questão-chave a ser trabalhada durante os cursos é, ao mesmo tempo, a substância da própria interação: a constituição da noção do "outro" e a interpretação de sua visão de mundo e de seu modo de vida em seus próprios termos. Poder-se-ia entrar numa discussão presente entre especialistas em educação sobre o papel do professor e sobre o significado da educação, mas não vou por esse caminho. As questões que gostaria de tratar são as que se referem às compreensões distintas da realidade e ao constante exercício interpretativo, com a inevitável presença da subjetividade no trato diário com os estudantes.

O aprendizado mútuo das diversidades

Há um caminho entre esse primeiro contato e o momento presente. Durante esses anos ministrei cursos na graduação sobre família, políticas urbanas e antropologia. A necessidade de compreensão desse universo de estudantes está sempre presente, e experimento várias maneiras de ensinar e de lidar com as diversidades. A disciplina sobre políticas urbanas tornou-se um bom laboratório para essas experiências. Escolho a cidade do Rio de Janeiro para ir, aos poucos, trabalhando os diferentes temas da disciplina, que inicia com uma visão histórica da virada do século XIX para o século XX e da famosa reforma Pereira Passos. Trabalhamos textos de historiadores, sociólogos, antropólogos, geógrafos, urbanistas e cronistas. Procuro passar a idéia de que precisamos ver a cidade com outros olhos e de que precisamos percorrê-la, mesmo nos cantos conhecidos, com uma atenção que deve "estranhar o familiar". Proponho várias tarefas: descrever o percurso diário; conhecer outros caminhos e espaços e identificá-los segundo algumas categorias aprendidas como o pedaço, o circuito, o pórtico, a mancha, o trajeto;[8] apresentar seus próprios espaços de sociabilidade; levantar os equipamentos urbanos em seus bairros e fazer a história deles, utilizando documentos e entrevistas com os velhos moradores; por último, realizar passeios a pé. Para um deles aproveitei o passeio guiado da Praça Quinze à igreja da Candelária, oferecido pela Prefeitura, em um dos fins-de-semana de cada mês; o outro foi feito por mim e algumas alunas, quando atleticamente percorremos em ziguezague as ruas de Copacabana, da altura da rua Prado Júnior até a rua Visconde de Pirajá, em Ipanema. Se, para os estudantes, esses exercícios renderam um outro conhecimento do espaço da cidade e de sua vizinhança, para mim, os resultados dos trabalhos acabaram transformando-se em dados interessantes para compreender a percepção que os estudantes têm do espaço urbano e das relações sociais que aí se desenvolvem. Eles foram meus guias em situações sociais que não havia trabalhado até então.

Poucos alunos conhecem o Centro da cidade do Rio. Entre eles há alguns que aí trabalharam antes do ingresso na universidade. Mas esse espaço é percorrido nos cinco dias da semana pela maioria, que sai de sua casa na Zona Norte do Rio de Janeiro, o que representa 77% do total de alunos moradores na cidade; pelos 17% que moram na Baixada Fluminense; e pelos 6% que moram em Niterói e em outros municípios do estado.[9] Eles passam, de ônibus, pelas ruas do Centro. Conhecem de longe, pela janela dos ônibus, lugares que no início do curso aprenderam ser o núcleo da reforma Pereira Passos: a avenida Rio Branco. A mesma experiência de um reconhecimento distante e rápido se dá na avenida Presidente Vargas. Aproveito, em sala de aula, o trajeto que eles conhecem dessa forma (para usar um dos conceitos de José Guilherme Magnani, trabalhado no curso) para que identifiquem mudanças e políticas urbanas. O Centro do Rio é apresentado na disciplina com referências históricas e através de conceitos como capitalidade,[10] mas ele é vivido de outro modo.

A visão do Centro da cidade que uma aluna moradora na Zona Norte tem dá a idéia das referências espaciais e temporais da imagem desse espaço urbano. Depois de pegar, na Central do Brasil, o segundo ônibus para chegar à universidade, há ainda um percurso na própria avenida Presidente Vargas, o que, com o trânsito intenso dessa hora da manhã, demanda um tempo considerável. A imensa igreja de Nossa Senhora da Candelária, no início da avenida, representa o final de um longo caminho que está quase terminado. A descrição desse percurso, com a igreja ao fundo, é quase cinematográfica. A imagem da igreja vai crescendo à medida que ela se aproxima. Antes é uma coisa bem pequena, vista ao longe. A sensação é de alívio quando a igreja fica bem grande à sua frente. O restante do caminho da Candelária para o campus da UFRJ é considerado pequeno frente ao penoso transcurso de casa até a igreja.

O passeio guiado ao Centro da cidade faz com que a paisagem urbana conhecida diariamente no vaivém cansativo dentro dos ônibus seja vista de outra forma. Anda-se a pé, o guia conta as histórias dos lugares, reconhecem-se algumas coisas aprendidas em sala de aula. A perspectiva é outra ao olhar os prédios e as ruas, não só fisicamente mas simbolicamente. É sábado, o próprio ambiente do Centro está modificado: menos pessoas, menos carros e menos pressa. Para eles, estudantes, que se dispuseram a acordar cedo num sábado, também não há pressa. A igreja da Candelária, último lugar de visitação, é agora vista por dentro e deixa de ser uma paisagem, um ponto de referência diário que marca espaços próximos e distantes e tempos longos e curtos. Acabamos, nós todos, como turistas na própria cidade.

Somos entretanto turistas diferenciados. Há nessa diferenciação um fato fundamental: a geração a que pertencemos. Para mim, que nasci em 1950, o Centro da cidade era um espaço que se freqüentava para ir a médicos e dentistas. Quando pude optar por médicos e dentistas com consultórios na Zona Sul, mais próximos à minha casa, passei a ir muito raramente ao Centro. (Não incluo neste espaço o Museu de Arte Moderna, considerando-o como uma zona limite e sem a conotação da infância.) Só voltei a freqüentá-lo recentemente, com os projetos de revitalização de espaços culturais. Mas, naquela época, havia uma roupa especial para se ir à "cidade". Homens de terno, mulheres de camadas médias arrumadas com sobriedade, mas elegantes. Copacabana, Madureira e mais recentemente a Barra da Tijuca não eram os grandes pólos de serviço que vieram a se tornar depois, em momentos próprios e de formas diferentes.

Esse espaço da cidade pode também ser visto de outros ângulos. Se me remeto às pesquisas que fiz com os velhos moradores do

Rio de Janeiro, vejo que o Centro da cidade ganha ainda outras significações: lugar de trabalho, de lazer e de poder político da cidade e do país. A descrição desse espaço surge com as lembranças de uma outra época de suas vidas, quando trabalhavam no Centro da cidade e percorriam-no diariamente. O Rio ainda era a capital. As lembranças que são construídas pelos entrevistados são também muito ricas visualmente, como a imagem crescente da Candelária da estudante. Numa posição intermediária, sinto que estabeleço com as duas gerações uma relação de ensino-aprendizagem, só que ocupo, para cada uma, um lugar diferente, mestre para os mais jovens e aprendiz para os mais velhos. Esta última posição é quase inevitável quando se entrevistam os idosos, sobretudo se pedimos que eles falem de suas lembranças.[11] Retorno a uma citação de Ecléa Bosi, que, em algum momento de seu livro *Memória de velhos*, refere-se à memória como conselho. "As idéias de memória e conselho são afins: *memini* e *moneo*, 'eu me lembro' e 'eu advirto', são verbos parentes próximos".[12]

O testemunho de vida,[13] categoria que sintetizou para mim a idéia de memória e de importância da transmissão de conhecimento para as gerações mais jovens, está presente, também, na forma com que os mais velhos recordam seu passado durante as entrevistas de história de vida. Nessas ocasiões, eu e as eventuais entrevistadoras, bolsistas de iniciação científica, obedecemos ao fluxo da memória com a emoção que as lembranças sempre carregam, mas obedecemos, também, a um princípio para a interação que é ditada pelos mais velhos ao nos atribuir o lugar de discípulas. Passa-se quase sempre a idéia de que eles têm um conhecimento que adquiriram ao longo da vida e que é disso que importa falar. "O Rio era menos violento". "O carnaval daquele tempo é que era bom". "Vivia-se melhor, as pessoas sabiam seu lugar na sociedade". "Nossa presença é fundamental para que a família como um valor não desapareça". "Eu vi a Revolução de 1930, estava no Centro da cidade". Essas frases, que poderiam ter sido ditas durante as várias entrevistas, são faladas no mesmo tom de conselho de que fala Ecléa Bosi. Os entrevistados nos guiam, e descobrem esse papel de narrador[14] quando têm um bom ouvinte para suas lembranças. Parece haver a necessidade, porém, de uma compreensão mínima do que seja pesquisa e do porquê da nossa presença, para que esta relação mestre-discípula e/ou narrador-ouvinte se estabeleça.

Para os indivíduos de camadas médias com quem entrei em contato através de minha rede de relações, essa idéia era mais bem organizada. As narrativas se desenvolviam na busca de um entendimento comum. Eles queriam ser claros, como os professores em sua função. Mas, mesmo aqueles que foram contatados através das bolsistas, em espaços sociais bem distintos do meu, compareciam para as entrevistas munidos e preparados, como se fossem para a exposição de um trabalho num seminário. Esse é o caso de uma professora primária aposentada que buscou seus livros e conversou com um vizinho da mesma idade para se certificar de que suas lembranças seriam úteis para um estudo de universitárias.

Mas a própria publicação dos trabalhos sofre ainda a intervenção professoral de alguns entrevistados. Foi o que aconteceu com uma das mulheres que entrevistei para a dissertação de mestrado e que era professora da Escola de Serviço Social, onde, coincidentemente, passei a trabalhar em 1989. Quando leu o texto publicado, sua reação foi procurar-me para que corrigisse algumas interpretações com as quais ela não concordava. Por motivos diversos, inclusive pela saúde precária, esse encontro nunca se deu. O exemplo leva a outras questões relativas à parcialidade de nossas preciosas entrevistas e observações e de nossas interpretações. A publicação da pesquisa sobre família de camadas médias também rendeu algumas considerações sobre minhas interpretações por parte de filhos, de amigos e dos avós entrevistados, que me alertaram para a omissão de fatos relevantes da vida familiar não relatados pelos avós, como a depressão de um dos filhos, e para a recepção pela família do resultado do trabalho, com a descoberta, através da transcrição das entrevistas, de que os pais, por exemplo, têm uma visão sobre os filhos e netos que estes desconheciam. Fora o tom ora jocoso ora orgulhoso de serem personagens de uma tese publicada. Em reuniões sociais onde nos encontramos (porque fazemos parte de uma mesma rede social), algumas pessoas entrevistadas ou seus filhos me apresentam a terceiros como a autora do livro do qual eles participaram como atores fundamentais. E, quem sabe, não se sentem também um pouco co-autores?

Mas voltemos aos estudantes. O outro lado da relação professor-aluno.

Os significados atribuídos ao Centro da cidade por esses alunos e pelos velhos moradores foram apreendidos por caminhos distintos. As entrevistas formais foram o meio de coleta de dados junto aos mais velhos. A observação constante, que chamei de pesquisa informal, foi a forma de entrar em contato com as interpretações da geração mais jovem de estudantes universitários sobre sua experiência urbana.

Para os estudantes, o aprendizado das diferenças culturais e sociais é feito com a própria experiência de vida universitária. No caso dos estudantes de serviço social, esse aprendizado se faz também através de um novo código de interpretação da realidade que se dá no contato com a literatura sociológica e que acaba se mesclando às experiências e interpretações anteriores, basicamente provenientes da família e da visão de mundo religiosa. Como para a maior parte dos estudantes da UFRJ — que congrega alunos de estratos sociais diferenciados e residentes em diferentes regiões da cidade e nas cidades vizinhas —, a ida para o campus universitário representa, muitas vezes, o primeiro movimento para fora do círculo imediato da vizinhança, dos bairros próximos onde se localizava a escola secundária, os amigos e as igrejas freqüentadas.

Aproveitei, mais uma vez, minha condição de professora para perceber como são construídas as compreensões das diferenças sociais e culturais depois que os jovens entram para a universidade. É claro que as diferenças sociais e as heterogeneidades culturais não passaram despercebidas ao longo de suas vidas, mas cria-se uma nova linguagem para dar conta dessa realidade. Na pesquisa que realizo hoje percebo um "cálculo" para a escolha do curso de serviço social, no qual entra o conhecimento da proporção entre o número de candidatos e vagas e a consciência de que não têm condições de ingressar nos cursos mais disputados, como medicina, direito, comunicação e psicologia.

A idéia de uma cidade partida, construída pela superposição de diversidades e diferenças socioculturais às regiões geográficas, se reproduz nas maneiras de interpretar as diferenças sociais e culturais. "As meninas da Zona Sul são 'patricinhas',[15] vestem-se com roupas de marca". Ou "Encontramos maior solidariedade na Zona Norte e no subúrbio do que na Zona Sul". Essas são afirmações exemplares de como a cidade é representada por duas partes moralmente distintas. A rejeição pelo modo de vida "Zona Sul" compromete as interações sociais, e algumas alunas de camadas médias que moram nessa região sentem-se discriminadas pelas colegas, que enxergam nelas representantes de um modo de vida associado ao consumo indiscriminado, à falta de consciência da realidade brasileira de injustiça social. Num outro nível, agora entre os cursos de graduação existentes na Praia Vermelha, a comparação é retomada com a mesma idéia de distinção entre modos de vida Zona Norte e modos de vida Zona Sul, ou, o que dá no mesmo, entre classe média alta e classe média baixa, ou mesmo entre a primeira e a classe baixa.[16]

A descrição das interações sociais que se dão no lugar no campus em que elas fazem as refeições, o "Sujinho", produzida por quatro alunas para um trabalho do curso de políticas urbanas, exemplifica a percepção das diferenças e o uso de uma linguagem aprendida na graduação, utilizando conceitos e misturando-os à visão do senso comum.

> Atribuímos relevância a este espaço, pois, ao longo da nossa inserção no meio acadêmico percebemos que se constitui num espaço de sociabilidade, uma vez que abarca estudantes, professores e funcionários, possibilitando uma quebra provisória da hierarquia à qual estão subordinados. Ademais, permite a proximidade entre pessoas dos diferentes cursos existentes no campus nos quais se percebe uma forte diferenciação de inserção social das mesmas. A título de exemplo, cabe mencionar que as faculdades de Economia e de Comunicação abrangem, em sua maioria, alunos provenientes da classe média da sociedade, prioritariamente carioca".[17]

A percepção da distinção entre alunos dos vários cursos se dá para todos que freqüentam a área. A comparação entre alunos é mútua, e estereótipos definem o pertencimento a tal ou qual curso de graduação. No serviço social, a maioria é de mulheres, muitas negras e mulatas, com maneiras de vestir e de se apresentar com distinções nem sempre sutis, quando comparadas a outras moças dos demais cursos de graduação. Utilizo a princípio esse critério classificatório inicial que homogeneíza os estudantes de serviço social segundo esse perfil. Volto à comparação que fiz no início do artigo entre o universo estudantil em que me inseria e o de minhas alunas e de meus raros alunos de servico social. O estranhamento é a primeira sensação e o primeiro movimento de curiosidade para entendê-los. Tão próximos e também muito distantes. Mas mediadores importantes nos trabalhos de pesquisas.

Pesquisando com estudantes: mediadoras e pesquisadoras

Durante 11 anos os projetos de pesquisa que desenvolvi na Escola de Serviço Social tiveram os velhos como universo privilegiado de investigação. Entre outras razões, foi por ter os estudantes como mediadores que acabei alargando meu campo de investigação, não só em direção a outros segmentos sociais, mas também aos mais jovens. As experiências de pesquisa anteriores à minha entrada na Escola de Serviço Social concentraram-se em estudos nas camadas médias urbanas. Nessas ocasiões, não havia limites entre a minha rede social e a dos universos pesquisados. No primeiro caso, as mulheres entrevistadas eram amigas de uma de minhas tias e era nessa qualidade, de sobrinha de uma amiga, que me recebiam de bom grado em suas casas. Algumas me conheciam desde pequena e tinham uma imagem já construída a meu respeito. A mesma coisa se dava comigo. A minha idéia original estava contaminada pela vida em família: solteironas, católicas, quase carolas. Não era uma imagem positiva. A observação sistemática da forma como me recebiam em suas casas e como me apresentavam às suas vidas transformou as imagens preexistentes, sobretudo após a entrevista com uma das mulheres, que me identificou, não como a sobrinha da amiga, mas como uma mulher que trabalhava, assim como ela. Essa situação de entrevista deu-me a chave para a compreensão do projeto de vida na velhice, associado à exacerbação do mundo público e à consciência de si como indivíduo capaz de empreender um último trabalho.

O rompimento com imagens já estabelecidas, embora esperado, só se deu no momento em que a relação entre pesquisadora e pesquisada se estabeleceu. A empatia foi fundamental para que o "estranhamento" acontecesse. Conhecer exigiu uma mudança das referências de distância e de proximidade. E acabo me sentindo um tanto como o estrangeiro analisado por Georg Simmel,[18] que diz que ser estrangeiro é uma interação específica em que cabem a distância e a proximidade, a indiferença e o envolvimento. Interação que Simmel aproxima da objetividade, também encontrada na "observação teórica", que "não se refere à mente como uma tábula rasa passiva, onde as coisas inscrevem suas qualidades, mas, ao contrário, refere-se à sua atividade total que opera segundo suas próprias leis, e à eliminação, através disso, de ênfases e deslocamentos acidentais, por meio dos quais as diferenças individuais e subjetivas produziriam retratos diferentes do mesmo objeto".[19]

A idéia de interação é assim essencial na realização da pesquisa. A interpretação de segundo grau, ou "construtos de construtos feitos pelos atores no cenário social"[20] é possível porque foram estabelecidas interações sociais nas quais se deu a observação e a apreensão da própria matéria de estudo: a realidade social que "tem um significado específico e uma estrutura de relevâncias para os seres humanos que vivem, agem e pensam dentro dele".[21]

A decisão de transformar a pesquisa informal num projeto com delimitações claras de tema, com questões teóricas e metodológicas e com um cronograma definido em etapas de pesquisa estabeleceu uma nova maneira de lidar com o universo de pesquisa. Até então os alunos haviam colocado à minha disposição os trabalhos escritos, quando eu pedia para guardá-los e utilizá-los em minhas pesquisas. A observação das interações sociais no campus foi feita como uma atividade incorporada no meu contato diário com os estudantes. Não houve, como não há, um momento em que se está em trabalho de campo, e outro, não. Por isso falei, no início deste artigo, num estado de alerta constante que se instaurou há anos atrás e que agora é incorporado como uma postura metodológica.

Há uma continuidade entre esses dois momentos e, ao mesmo tempo, uma nítida separação com a atual sistematização e formalização da investigação que pretende estudar as trajetórias de vida, os projetos, as relações de gênero nesse espaço fundamentalmente feminino, e a adequação ou os conflitos entre projetos individuais e familiares.

Assim como em todos os projetos anteriores, bolsistas de iniciação científica participam das diferentes etapas da pesquisa. A simples idéia de inseri-las na pesquisa para trabalhos secundários não faz muito sentido para mim. Espero não só ensinar o que é pesquisa, mas fazer isso através da prática. Mas também considero o conhecimento das questões relativas a essas práticas essencial para que as entrevistas e outras formas de coleta de dados sejam confiáveis. Os critérios de confiabilidade, por sua vez, são definidos em função de uma melhor compreensão do trabalho antropológico.

As experiências das quatro bolsistas com as primeiras entrevistas são trabalhadas na equipe a partir das discussões sobre a "observação do familiar". Elas se dão conta que estão lidando com o próprio universo social ao qual pertencem e que precisam redefinir seu lugar, lembrar situações vividas com outra perspectiva e procurar encontrar no cotidiano algumas indicações para as nossas perguntas.

Nesse processo, as próprias bolsistas são aprendizes de pesquisadoras e fonte de dados. Essa dupla inserção se inicia com a leitura dos trabalhos que fundamentam o projeto. Nos textos mais etnográficos, elas se identificam e passam, nas reuniões, a fazer tentativas de interpretação da realidade em que vivem. O texto é um estímulo para a revisão de vários momentos e experiências na família e na universidade. Mesclam-se, num processo de hibridismo, como no trabalho citado acima, a compreensão da realidade ditada pelos conceitos (habitus, projeto de vida etc.) e valores e significados construídos em etapas anteriores de vida e em outros espaços sociais.

A formulação do roteiro para as entrevistas é outro momento importante, que faz emergir uma série de questões latentes e que acabam ganhando um contexto para aparecer. Quem vamos entrevistar? Os calouros, os formandos ou os que estão em algum momento do curso? Por que uns, e não outros? Parece haver um consenso em entrevistar os que começam e os que finalizam o curso. A idéia de que os anos de graduação mudam a forma de pensar e de agir está na base da argumentação, elas sentem isso na pele. Mas como definir o estágio intermediário? A entrada nos estágios onde aprendem a ser profissionais é tida como uma etapa decisiva durante o curso. As supervisoras dos estágios nem sempre correspondem ao modelo de assistente social apreendido, nem o trabalho é exatamente o que se preparou para enfrentar. As frustrações, mas também os ganhos que vêem com a introdução na vida profissional, são significativos. Então, este deve ser um bom momento para fazer as entrevistas.

Mas surge outro dado no grupo que não havia sido pensado. Uma das bolsistas sugere que a escolha dos entrevistados deve obedecer a outro critério: ter feito a disciplina sobre relações de gênero. Todas concordam que passaram a encarar as relações entre homens e mulheres de outra forma depois do curso, inclusive as relações com os próprios namorados. Esta não é a primeira vez que ouço sobre a importância do curso para as estudantes. A idéia de que se ganha maior consciência da situação social de desigualdade, e que isso é a condição para uma posição política mais consistente, estende-se também para essa discussão de relações de gênero, que, dizem, nem tinha sido pensada. Elas me reforçam a indicação desse tema para o universo investigado. A mesma coisa refere-se à raça.

O debate público em torno das cotas para negros na universidade tem gerado uma série de conversas nas reuniões. As bolsistas apresentam suas posições, e a questão da discriminação é colocada. Uma das bolsistas que é negra foi indagada pela colega se ela se sente discriminada em função da cor. Outra bolsista, a propósito de como tratar nas entrevistas a questão racial, me pergunta como, afinal, posso classificá-la, se a avó é negra e ela é considerada branca.[22]

Aos poucos, vai se delineando um modo próprio de fazer pesquisa. Não há limites claros de tempo (posso afinal delimitar um início?) nem de espaço, porque se trata de trabalho de campo, e o campo não é preciso (é a vantagem de se trabalhar na sua cidade e no seu espaço, pois tudo o que aparece na mídia, nos debates políticos e acadêmicos sobre o tema da pesquisa é atraente e atraído para o projeto). O universo de pesquisa, por sua vez, está dividido em dois níveis, o do conjunto dos estudantes e o das bolsistas. Concluindo, as interpretações desse segundo nível são vistas por mim como dados e como interpretação de segunda ordem. A contaminação entre os níveis acaba me dando a dimensão de um trabalho interpretativo de múltiplos graus que se misturam e não de dois níveis separados de interpretação da realidade apresentados por Alfred Schutz.

Se conversar com os indivíduos que pesquisamos é o modo como conseguimos compreendê-los segundo seu ponto de vista, as inúmeras conversas no meu cotidiano podem se inserir no processo de pesquisa que vai mudando de rumo em função dos temas do momento. As velhas, os avós, os velhos moradores do Rio de Janeiro, os jovens universitários foram e são interlocutores, e com eles convivo. Já fui estudante, envelheço, acredito que serei avó um dia, tenho lembranças da cidade de minha infância e construo imagens sobre as mudanças e os lugares. Esse entrosamento e essa mistura com os objetos de estudo não impede que a pergunta inicial seja feita, movida por uma curiosidade nada inocente. Ela já vem sustentada em dúvidas e inquietações que ultrapassam as da experiência cotidiana e que nascem do treinamento, ao longo dos anos, de uma visão que desconfia das respostas imediatas e esquemáticas. Se a curiosidade inicia um caminho de investigação que passa pela empatia mútua entre entrevistados e entrevistadora, está, entretanto, na capacidade interpretativa desenvolvida nas discussões teóricas e na prática de pesquisa, a possibilidade de olhar meu próprio mundo social como uma questão importante e interessante para investigar, ela me dá a garantia de não ficar na zona da pura subjetividade.

Notas

1. A pesquisa *Universidade, família e juventude* conta com as bolsistas de iniciação científica: Fernanda Fernandes Guimarães (Pibic/CNPq), Monique

Cristina Soares de Sousa (Faperj), Rosamaria Nascimento de Souza (Faperj) e Roberta Martins dos Santos (Pibic/CNPq).

2. Roberto Da Matta, "O ofício de etnólogo ou como ter *anthropological blues*".

3. Regina Novaes, "Religião e política: sincretismos entre alunos de ciências sociais".

4. Yara Maria Frizzera Santos, "Serviço Social: afinal do que se trata?".

5. Tania Salem, "Mulheres faveladas: 'Com a venda nos olhos'".

6. Ver Clifford Geertz, *O saber local.*

7. Gilberto Velho, "Observando o familiar".

8. José Guilherme Magnani e Lílian de Lucca Torres, *Na metrópole.*

9. Quanto ao restante dos alunos moradores no Rio de Janeiro, 33% moram na Zona Oeste e 10% na Zona Sul, dados da mesma pesquisa. Há ainda alunos que moram nos alojamentos da universidade, na Ilha do Fundão. Os dados referem-se ao ano de 1998 e foram resultado de pesquisa realizada pela professora Leilah Landim e posteriormente sistematizado pelos professor Pedro Simões, ambos da Escola de Serviço Social. Ver Pedro Simões "O perfil discente: o caso da UFRJ".

10. O conceito é trabalhado por Margarida de Souza Neves.

11. Em *Autoridade e afeto* refiro-me ao trecho citado para tratar da relação entre os avós e os netos.

12. Ecléa Bosi, *Memória e sociedade*, p.399.

13. Refiro-me aqui a: Myriam Lins de Barros, *Testemunho de vida.*

14. Encontro no texto de Walter Benjamin, *O narrador*, a idéia básica desta relação narrador-ouvinte e deste personagem que, segundo Benjamin, estava em vias de extinção, com as modernas tecnologias de comunicação de massa.

15. "As patricinhas" é o título de um dos trabalhos realizado por alunas para a disciplina de políticas urbanas. Nele elas descrevem o comportamento de moças que freqüentam um shopping center da Zona Sul. A transformação do substantivo próprio para um substantivo comum é feita, usualmente, para classificar um determinado estilo de vida de adolescentes, associando a sua imagem a um consumo supérfluo, entre outros fatores. É importante aqui apontar para as classificações que operam distinções entre os jovens.

16. Estou utilizando essas categorias sem qualquer rigor conceitual, mas tentando me aproximar dos termos que são empregados cotidianamente para designar as diferenças sociais.

17. Alessandra Oliveira et alii, "Redes de sociabilidade no 'Sujinho'".

18. Georg Simmel, "O estrangeiro".

19. Ibid, p.184.

20. Alfred Schutz, *Fenomenologia e relações sociais*, p.268-9.

21. Ibid, p.268.

22. O tema do preconceito de raça tratado aqui como uma questão de origem biológica é analisado por Oracy Nogueira (*Preconceito de marca*) como um preconceito de marca, definido dentro de um conjunto mais amplo de formas de classificar socialmente os indivíduos, como classe, profissão etc. Roberto Da Matta (*Relativizando*), argumentando no mesmo sentido, refere-se à nossa questão racial como uma fábula que pretende responder aos dilemas da sociedade brasileira, onde a ideologia hierárquica e as conseqüentes gradações sociais entre negros, índios e brancos constroem classificações sociais englobando outras desigualdades da vida social.

Fazendo antropologia no baile:
uma discussão sobre observação participante

Andréa Moraes Alves

Embora sejam vistas como etapas distintas, os trabalhos de construção de um objeto de pesquisa e de sua observação e registro são processos que se articulam, exigindo um exercício de reflexão por parte do pesquisador. Apresento a seguir minhas considerações sobre esses processos, a partir da pesquisa que venho realizando a respeito de relações de gênero e de grupos etários nos bailes de dança de salão na cidade do Rio de Janeiro.

Os bailes de dança de salão podem ser vistos como situações nas quais ocorre uma forma lúdica de interação face-a-face[1] entre homens e mulheres de diferentes faixas etárias e oriundos de camadas sociais distintas. Neles encontramos um terreno fértil para o estudo das relações de gênero em contextos de sociabilidade, porque, nesses espaços, as mulheres e os homens de gerações mais velhas interagem com segmentos mais jovens de diferentes camadas sociais, criando-se, nessa interação, padrões de percepção e de avaliação das idades em correlação com os gêneros e com a hexis corporal.[2]

Essas interações entre gêneros pela dança é também uma forma de criar e difundir essas próprias relações.[3] Através das interações podem-se investigar temas relevantes para a antropologia, tais como: as estratégias de apresentação do *self*, as técnicas de uso do corpo e de controle das emoções através da performance e a socialização em padrões de gosto estético.[4]

Para explicar minha escolha dos bailes como unidades de análise para investigação dessas questões, faço um breve relato do início de minha pesquisa de doutorado. Quando comecei o trabalho de campo para a tese, eu tinha como objetivo estudar as formas de uso e de representação da cidade construídas pelas pessoas mais velhas; como elas se locomoviam, qual era a cidade por elas vivida em seu cotidiano — os espaços de sociabilidade, de serviços e de trabalho freqüentados. Naquele momento, eu tinha um especial interesse pela representação do perigo na cidade que esse segmento da população construía.

A primeira dificuldade com que me deparei era como definir o próprio segmento estudado. Afinal, de quem estou falando? Quem são essas pessoas mais velhas? Como atribuímos a alguém o adjetivo "velho" ou "velha", e por que isso pode fazer diferença para discriminar pessoas? Será que elas formam um grupo apenas por causa da idade?

Para responder a essas perguntas recorri, em primeiro lugar, à literatura recente sobre envelhecimento e construção social do curso da vida.[5] Nessa literatura encontrei reflexões sobre a chamada "terceira idade", ou seja, uma forma contemporânea de gestão da velhice que aposta na capacidade de controle individual do processo de envelhecimento. Esse controle é orientado pelo suposto de que a velhice representa uma perda de habilidades cognitivas, físicas e mesmo sociais que deve ser compensada, seja pela adoção de novos estilos de vida e de atividades, seja pelo desligamento progressivo do sujeito do mundo social. O primeiro aspecto é tomado como sinônimo de um "envelhecimento ativo". Essa nova velhice ficou conhecida como terceira idade.

Foi informada por essa literatura que comecei a fazer o trabalho de campo. Iniciei percorrendo aleatoriamente todos os espaços na cidade classificados como "lugares de gente mais velha", locais que eu identificava por jornais e revistas e que conhecidos meus me indicavam. Alguém sempre tinha uma avó ou uma tia que participava de algum grupo ou fazia alguma atividade desportiva ou de lazer "para idosos". Dentro de minha própria família encontrei inúmeros exemplos, grande parte deles de mulheres mais velhas, fato que iria se tornar cada vez mais relevante na pesquisa. Universidades para terceira idade, cursos e palestras para idosos, atividades esportivas, grupos de oração, grupos de convivência, shows, teatro, excursões, chás e almoços, bazares; organizações formais e informais, no espaço público e privado, no Centro, na

Zona Norte e na Zona Sul da cidade do Rio de Janeiro; todos eles passaram a ser visitados por mim. Meu intuito, no início, era simplesmente observar as pessoas nesses contextos, saber quem eram, como se vestiam e se portavam, como chegavam e saíam, de que locais da cidade elas vinham.

A Universidade Aberta da Terceira da Idade da UERJ (Unati/UERJ) foi o primeiro lugar que visitei. Já havia lido algumas pesquisas sobre esse universo,[6] e sua constante presença na mídia fornecia uma série de informações sobre essa nova forma de viver a velhice nas cidades. A impressão que eu tinha cada vez que visitava um desses lugares era de que, neles, eu encontrava sempre o mesmo discurso sobre a velhice: era "a melhor fase da vida!", significava "liberdade" e "independência". Além disso, eu encontrava cada vez mais mulheres falando sobre sua velhice, e mulheres que pertenciam às camadas médias urbanas.

Em entrevistas exploratórias com alunas da Unati/UERJ eu já havia me deparado com a menção aos "bailes de terceira idade" ou à "dança de salão", mas eu os tratava como mais uma das possibilidades de sociabilidade e exercício físico aberta aos adeptos da "terceira idade", assim como a hidroginástica, a ioga e o tai-chi-chuan. Até que um dia, por sugestão de uma amiga — Myriam Moraes Lins de Barros é também estudiosa do tema e que acompanha meu trabalho —, fui a um baile realizado na Cobal do Humaitá. A partir desse dia a pesquisa tomou um novo rumo.

A Cobal reúne, num espaço amplo, entre as ruas São Clemente e Voluntários da Pátria — as principais ruas dos bairros de Botafogo e Humaitá, na Zona Sul do Rio de Janeiro —, restaurantes, lanchonetes, bares e um mercado de alimentos. Aberta da manhã até a madrugada, é um lugar freqüentado por consumidores de classe média, em sua maioria residentes em Botafogo, Laranjeiras e Humaitá. Além de compras e refeições variadas — da comida japonesa à italiana —, vários bares do local promovem shows de música ao vivo, reunindo, em diferentes dias da semana e em diversos horários, inúmeros tipos de público (com predominância de adolescentes, jovens universitários e profissionais liberais). Outros bares servem como ponto de encontro para se tomar um chope, conversar, comer pizza.

Um dia, em um pequeno espaço ao ar livre, às 17 horas, no estacionamento, deparei com a seguinte cena: casais dançavam ao som de música ao vivo. Eram poucas pessoas, mas chamaram minha atenção por uma peculiaridade: as mulheres aparentavam ser mais velhas do que os homens. Ao redor da pista de dança improvisada estavam mesas e cadeiras de plástico onde um público basicamente feminino e que aparentava ter mais de 60 anos encontrava-se sentado.

Calcular a idade de alguém é um constante exercício de avaliação. Confesso minha dificuldade em precisar a idade das mulheres com quem convivi durante a pesquisa. Minhas impressões ora se confirmavam, ora eram negadas. Os cabelos pintados, um rosto com poucas rugas e sobretudo um jeito de ser alegre, extrovertido, isso tudo bastava para eu concluir que a pessoa tinha menos idade do que na verdade tinha. As mulheres, por sua vez, também faziam seus esforços para medir minha idade, e quando eu falava que era professora universitária, casada e tinha um filho, vinha o comentário: "Mas, então, você nem é tão novinha assim...?"

As mulheres sentavam-se em pequenos grupos, comiam e bebiam, conversavam e riam. Aproximei-me de um desses grupos e iniciei uma conversa. Não me identifiquei, nem me apresentei formalmente, perguntei simplesmente quem eram os casais que dançavam. Elas me explicaram que aquilo era um "baile ficha". Eu jamais havia ouvido falar de tal coisa, e a descrição do baile que elas me fizeram aguçou ainda mais minha curiosidade. Trata-se de um baile de dança de salão no qual as mulheres pagam para dançar com um instrutor. Segundo elas, aquela "era a chance da mulher idosa e sozinha dançar". Ainda retornei a esse baile três vezes — ele acontecia uma vez por semana, às segundas-feiras — e passei a sentar-me sempre com o mesmo grupo de mulheres.

Elas não dançavam, mas sempre insistiam para que eu o fizesse. Ficavam apontando para os instrutores que achavam mais atraentes e me diziam: "Vá lá! Deixe de ser boba! Você é jovem". Eu recusava. Não me sentia nem um pouco à vontade para dançar no meio do estacionamento da Cobal, em plena luz do dia. Além disso, as poucas mulheres que "freqüentavam o salão" dominavam tão bem os passos que eu me envergonhava de sair dançando o "dois para lá, dois para cá".

As mulheres da Cobal com quem passei a conversar preferiam observar, fazer comentários sobre o desempenho dos dançarinos e falar sobre assuntos diferentes: família, amizades, o tempo de mocidade, o trabalho em casa e fora dela, moda, novela, teatro, cinema. Até o segundo encontro, elas não sabiam o que eu fazia e pareciam não estranhar minha presença. Ao contrário, foram simpáticas e acolhedoras desde o início. Hoje penso que talvez elas também estivessem tentando adivinhar quem eu era e o que queria, da mesma forma como eu fazia com elas. Depois que ficaram sabendo da pesquisa, a simpatia só cresceu, e elas passaram a querer falar desbragadamente sobre suas vidas.

Por intermédio delas, fiquei sabendo de um outro baile do mesmo tipo, em Copacabana, que passei a freqüentar depois que o baile da Cobal acabou, por falta de público. Em Copacabana, conheci uma mulher que me levou a outros bailes de diversos tipos, além dos bailes ficha, e apresentou-me a outras pessoas, homens e mulheres que freqüentavam bailes de dança de salão. Essas pessoas, por sua vez, me levaram a outros bailes e a outras pessoas. Assim, construí aos poucos uma rede fechada — onde as relações entre os indivíduos é freqüente e intensa — de lugares e de pessoas que revelaram para mim a riqueza e a diversidade desse mundo social que é a dança de salão e o lugar que as mulheres mais velhas têm nesse espaço.

É nessa discussão sobre o lugar, ou seria melhor dizer, os lugares que essas mulheres ocupam na dança de salão que se traduz um dos sentidos possíveis que a experiência do envelhecimento pode ter na sociedade contemporânea. Um sentido que escapa ao discurso ufanista da velhice, pregado em espaços socialmente homogêneos, como as Unatis, por exemplo, os quais eu vinha freqüentando até então. Por outro lado, também não é um discurso que defende uma prática de negação do envelhecimento. Os bailes foram por mim tomados, então, como espaços de representação e de produção de uma experiência contemporânea da velhice, uma forma de transformar e dar visibilidade aos corpos das mulheres velhas,[7] resgatando sua capacidade de sedução.

O trabalho de campo nos bailes

Quando comecei a ir à Cobal e aos bailes ficha de Copacabana, onde iniciei o trabalho de campo, não me identifiquei como pesquisadora. As mulheres pareciam nem me notar, era eu quem me aproximava delas e puxava conversa. Nenhuma delas chegou a me perguntar o que eu fazia ali, pois pressupunha-se que eu estava querendo aprender a dançar, e as mulheres me incentivavam a tomar aulas em academias de dança. Os dançarinos, por seu turno, tratavam-me como mais uma cliente.

Minhas primeiras investidas nos bailes provocaram alguns estranhamentos de minha parte. Todo o tempo eu me perguntava o que, afinal, fazia com que aquelas mulheres saíssem quase todos os dias de casa — arrumadas em seus vestidos rodados, saltos altos e maquiagem, perfumes e jóias — para pagar para dançar a dois com homens que, muitas vezes, tinham metade da idade delas e não pertenciam à mesma classe social. Também me perguntava o que aquilo representava para esses homens, e mais: onde estariam os homens velhos. Esses últimos encontrei mais tarde, confinados nos bailes de terceira idade, tomando cerveja, conversando em pequenos grupos e raramente arriscando uma dança, com exceção daqueles que já chegavam com parceiras.

Eu sentia-me pouco à vontade naquele universo onde não me encaixava de jeito algum: era mulher, mas não sabia dançar como as outras — os passos variados, a combinação de ritmos me pareciam muito difíceis de repetir sem tomar aulas numa academia. Eu era bem mais jovem do que elas, o que tornava minha presença notada no salão e fazia com que os dançarinos se aproximassem de mim com um misto de alegria e desconfiança. Quando percebiam que eu não sabia dançar, tratavam logo de me dar orientações sobre postura, posição da mão, a ensinar os passos e, lição número um: a obedecer aos comandos do cavalheiro. Faziam sempre uma propaganda de suas qualidades como instrutor, davam-me seu cartão para contato — se porventura eu quisesse aulas particulares, para aprender mais rápido — e alertavam-me contra os outros instrutores, "mercenários que só querem as fichas". Essas aulas rápidas de dança chegaram a me sair caro, porque cada três minutos custavam um real — essa é, em grande parte, a razão por que os homens se dirigiam a mim com tanta alegria. Uma das primeiras coisas que as mulheres me recomendaram sobre os bailes ficha era para ter cuidado com o bolso. Segundo elas, sem perceber, gasta-se muito, o que eu já havia constatado desde as primeiras vezes. No meu primeiro baile ficha, gastei 20 reais, só na primeira meia hora de baile. Depois, passei a seguir os conselhos das mulheres: comprar logo na entrada um número de fichas determinado e selecionar com quem e quais ritmos dançar. As mulheres acabam elegendo seus dançarinos preferidos e dançam somente com eles.

Minha posição nos bailes começou a mudar quando Beth, uma de minhas informantes, que conheci em um baile ficha de Copacabana, me ligou, convidando para ir com ela e um grupo de amigas a um baile num tradicional clube que fica no bairro de Botafogo. Beth me explicou que o baile não era de fichas e perguntou-me se eu não queria "rachar um cavalheiro" com ela e mais duas amigas. O objetivo era fazermos um "contrato" com ele: nos levaria ao baile e dançaria com as quatro. Isso sairia 20 reais pra cada uma, "preço justo", segundo ela. Percebi que Beth já estava habituada com esse esquema de "contrato", dizendo-me, inclusive, em tom tranqüilizador, que o rapaz que iria conosco era "de confiança" e que já havia feito outros contratos com ela. O rapaz era Cesar, que se tornaria meu informante.

Ao longo do trabalho de campo, fui percebendo que "fazer contrato com alguém confiável" é uma precaução tomada por todas as mulheres. Ser de confiança significa que a mulher espera que o cavalheiro contratado seja pontual, dance as danças que ela queira, na hora que achar conveniente e de uma forma que ela julgue boa — o desempenho na forma de conduzir a dama no salão também é avaliado — e não consuma bebida e comida além dos limites esperados pela contratante. Esse último aspecto é alvo de muitos conflitos entre contratantes e contratados.

Nas entrevistas e conversas informais que tive com as mulheres, apareceram várias acusações aos "cavalheiros de aluguel", como são pejorativamente chamados, de não serem "honestos". Muitos são vistos como ladrões e exploradores de mulheres, que tiram vantagem da solidão e da fraqueza de algumas, principalmente as mais velhas e sozinhas, para delas tomar dinheiro e outras vantagens materiais. Outros são acusados de não serem bons dançarinos e estarem enganando as clientes que não têm ainda muita experiência na dança de salão para julgar o desempenho do seu parceiro. Existe também a acusação de falta de seriedade e compromisso com o trabalho. Haveria dançarinos que na hora do baile não querem dançar certas músicas, que bebem e comem além da conta ou que dão bolo nas clientes. Diante de todas essas possíveis ameaças, as mulheres assumem para si a responsabilidade dos contratos, evitando contratar quem elas não conhecem ou a respeito de quem não têm referências de outras mulheres, acusando de "bobas" e "ingênuas" aquelas que não tomam as devidas precauções. Os contratados que também foram por mim entrevistados costumam acionar essas mesmas acusações contra outros colegas de trabalho. Eles próprios têm o seu elenco de queixas contra as clientes e o seu modelo ideal de contratante.

Eu hesitei na hora de responder a Beth se aceitava ou não fazer um contrato junto com ela e as amigas. Na verdade, havia uma série de coisas em jogo. Em primeiro lugar, Beth me convidava baseada na idéia que ela fazia de mim, e que eu corroborara até então, de que meu interesse era o de aprender a dançar. Ela não sabia nada sobre a pesquisa. Em segundo lugar, eu não estava nem um pouco à vontade com a situação de contratar um cavalheiro para dançar. No baile ficha, me sentia desconfortável toda vez que tinha que passar a ficha para o dançarino. Era como se eu estivesse comprando alguém para me fazer companhia — no caso, um homem —, e não comprando um serviço, como o termo contrato faz crer. Pensei em vários dilemas de pesquisa de campo sobre os quais eu já havia lido e agora lá estava eu, dando voltas para responder a Beth, com medo de não estar sendo sincera com ela e sem saber até onde eu poderia desafiar os meus próprios sentimentos. Pedi a ela pra responder mais tarde, e ela foi contundente: "Você pode até ir sem alugar ninguém, mas dificilmente vão te tirar pra dançar, e é muito chato ir ao baile e não dançar". Essa afirmação acabou por fazer sentido para mim quando percebi que a escolha de um par para dançar no baile não é uma tarefa trivial.

O padrão de relacionamento entre homens e mulheres nos bailes implica um controle do homem sobre a mulher: é ele quem a convida para dançar, é ele quem comanda os passos da mulher na dança, através de movimentos com a mão nas costas dela — o que se chama "conduzir a dama". A mulher, por sua vez, tem que saber ler esses movimentos. Para isso, ela é socializada ao aprender a dançar. É ele quem a leva de volta para seu lugar à mesa quando a dança termina. A esse complexo de regras dá-se o nome de "cavalheirismo". Todo esse controle implica também responsabilidades: cabe ao homem fazer com que a mulher dance o melhor possível, para isso ela tem que "se sentir bem ao dançar com o cavalheiro"; "o cavalheiro tem que saber protegê-la no salão", para que ela possa "seguir os passos direitinho". Uma vez que a mulher tenha um bom desempenho, o homem que a acompanha leva parte desses créditos, aparecendo como um dançarino que sabe conduzir a dama. Por isso, a escolha do par para a dança não é uma tarefa trivial — leva em conta fundamentalmente as possibilidades de sucesso que a dama oferece ao cavalheiro. Isso significa que uma mulher desconhecida no baile dificilmente será chamada para dançar. Antes ela tem que provar suas habilidades e, para isso, precisa de um par. Segundo depoimentos de dançarinos, os homens só costumam convidar para dançar a dama que já provou suas capacidades, ou uma mulher pela qual haja um interesse sexual. O convite à dança seria uma fase da paquera.

Nas entrevistas que fiz com dançarinos e professores de dança apareceram várias representações desse controle:[8]

> J — Porque a verdade é a seguinte, quem tem que aparecer na dança não é o cavalheiro, é a dama, essa é que é a maior verdade ....
> A — Por que é que a mulher aparece mais?
> J — Porque apesar de nós conduzirmos a dama, que somos nós que conduzimos, ela tem mais estrutura de aparecer do que nós.
> A — Como assim?
> J — Vamos dizer assim, é o charme da mulher, a beleza dela, o charme dela, tudo isso faz parte. Ela tem que aparecer por causa disso. Se eu pego uma garota nova, ela vai aparecer, bonitinha, bem vestidinha, se eu pegar uma senhora de idade que não sabe dançar, eu praticamente fiquei nulo. Todo mundo pode até olhar, mas vai

> dizer: o J. pegou aquela velha, já tá pegando porque vai tomar o dinheiro dela. (José, dançarino e dono de academia de dança, 60 anos.)

Na medida em que as mulheres passam a escolher seus parceiros e a pagá-los por esse "serviço", uma subversão nessa lógica do controle masculino se apresenta. Essa subversão se dá em dois níveis: em primeiro lugar, elas passam a escolher com quem vão dançar e o que vão dançar — se um determinado ritmo não lhes interessa, elas simplesmente negam a dança, o par tem que esperar o momento em que elas querem voltar a dançar. Em segundo lugar, ao ter um par ao seu lado, essas mulheres conquistam um lugar no baile. Como podemos observar na citação acima, a posição que a mulher mais velha tem nos salões é inferior. Ela é a última escolha do cavalheiro, ou melhor, ela não é uma escolha, não é uma parceira digna. Seu destino é "passar o baile sentada", "tomar chá de cadeira". Assim, o pagamento de um par para dançar é uma imposição para sua presença no salão.

Acabei recusando o convite de Beth, dizendo que não poderia sair naquele fim de semana porque tinha outro compromisso. Aproveitei para dizer-lhe que gostaria de me encontrar com ela durante a semana para conversarmos melhor. Expliquei-lhe rapidamente pelo telefone que eu estava fazendo uma pesquisa e defini meu interesse pela dança de salão como um espaço de sociabilidade aberto para a terceira idade. Ela não ficou chateada com a recusa e entusiasmou-se por conversar comigo para "entender melhor o que eu queria". Disse que seria bom se eu fosse ao baile em outra oportunidade porque era diferente do baile ficha, o único tipo que eu conhecia até então, e eu poderia conhecer outras pessoas que talvez pudessem me ajudar.

Acho que tomei a decisão acertada. Lembrei-me de um trecho do livro de William Foote Whyte, *Street corner society*, no qual ele diz que, em nenhum momento, os habitantes do bairro onde ele fez seu trabalho de campo desejaram que ele fosse um deles; ao contrário, era a sua diferença em relação a eles que fez com que ele fosse aceito pelo grupo. A partir desse dia, as portas dos bailes se abriram para mim. Por intermédio de Beth passei a conhecer outras pessoas e salões de baile, não só de bailes ficha. Eu procurava ir aos mesmos bailes que minhas informantes e meus informantes freqüentavam, na maioria deles fui convidada pelas pessoas. Também procurei retornar mais de uma vez aos mesmos bailes.

Pouco tempo depois do episódio com Beth, passei a ser conhecida como a "moça que está escrevendo sobre os bailes no Rio de Janeiro". Foi Beth quem acabou me apresentando assim. Esse lugar foi mais confortável para mim do que o inicial, quando eu me sentia alvo dos olhares de todos cada vez que ensaiava alguns passos na pista de dança. Não deixei de dançar, mas relaxei, sabendo que as pessoas agora sabiam o que eu estava fazendo ali. Com o tempo, cheguei mesmo a acertar alguns passos. Os dançarinos passaram a me convidar menos para dançar porque sabiam que eu não seria uma cliente. Por outro lado, a perspectiva de serem entrevistados para uma tese era algo que os fazia sentir "importantes", como eles mesmos me diziam.

Desde os primeiros bailes fiz a opção por não aprender a dançar.[9] Se, por um lado, aceitava alguns convites para dançar como forma de fazer contato com os homens — o que muitas vezes revelou-se uma estratégia arriscada, principalmente se o homem em questão era velho e sozinho —, por outro, evitei tornar-me uma dançarina. Num ambiente competitivo como o do baile, quanto menos eu me comprometesse na disputa, mais acesso eu teria aos informantes. Do lado das mulheres, eu não seria uma concorrente, porque não saber dançar como elas reduzia minhas chances de aparecer no salão. Pelo lado dos homens, principalmente dos instrutores, garantia uma certa imparcialidade. Afinal eu não seria cliente de nenhum deles. Embora a última condição de não-cliente me afastasse de alguns interessados em potenciais alunas, aproximava-me de outros, que transformaram nossos momentos de conversa numa forma de auto-reflexão sobre o trabalho que exerciam. Uma outra vantagem foi que, justamente por não saber dançar, encontrava nos informantes um esforço em tentar me fazer entender o que era a experiência da dança. Suas descrições sobre o que sentiam quando dançavam, ou sobre suas escolhas de bailes e parceiros tinham o pressuposto de que estavam falando com uma leiga, o que tornava as conversas muito ricas.

Uma coisa que tive que aprender foi a me vestir para o baile. A apresentação de si pelo vestuário é um ponto importante na prática da dança de salão. Existem certas regras que são aprendidas nos bailes e nas academias de dança. O vestuário liga-se sobretudo à impressão que os outros terão sobre a posição social do dançarino ou da dançarina. Entre as mulheres, o uso de saias e saltos é valorizado, porque acentuaria o "charme natural da mulher". Para os homens, o ideal são camisas de linha, cintos, calças de tecidos leves e sapatos fechados e bem lustrados. Exibir jóias é um sinal de riqueza para homens e mulheres; roupas novas, bem passadas, limpas e cheirosas — o uso de perfumes é valorizado — são sinais de cuidado com o próprio corpo, bem precioso para a prática da dança. Saias na altura dos joelhos ou um pouco mais longas e salto alto passaram a fazer parte do meu cotidiano de trabalho. A escolha da roupa era mais uma forma de adaptar-me àquele ambiente, onde a vestimenta é um meio de classificação das pessoas. Uma regra que adotei para mim mesma era evitar aparecer demais através da roupa. Por isso, usava roupas sem decotes e não muito justas, cores suaves, batom claro e poucos adereços. Fiz isso supondo que a dança de salão é um mundo de competições e de ostentações das posições individuais. Quanto menos eu participasse das competições, mais próxima eu estaria de uma compreensão desse universo. Não estou advogando a idéia de uma neutralidade ingênua, mas, tendo consciência do jogo que se joga no salão, escolhi também construir uma personagem: a mulher que não está ali com a intenção de concorrer com as outras. É claro que só o fato de eu ser mais jovem do que elas já se tornava uma vantagem competitiva para mim, independentemente de minha vontade. Porém, tudo o que eu pudesse fazer para não tornar essa vantagem maior, eu faria. Daí o cuidado com o vestuário e com as danças.

Admito também que essa imagem da mulher que não compete é uma estranha imagem nesse universo dos bailes. Contudo, ela acabou sendo aceita. As pessoas compreenderam que minha posição de "escritora" sobre o baile fazia sentido e era desejada. Afinal, uma tese sobre elas também era uma forma de fomentar a competição.

Nos bailes, eu passava a maior parte do tempo observando as danças, quem estava com quem, quem sentava com quem e tentando prestar atenção nas conversas, que eram breves, porque as pessoas passam dançando a maior parte do tempo. Em geral, eu ficava na mesa de algumas das minhas informantes. Elas costumavam ir em grupos de amigas acompanhadas por um contratado. Nos bailes ficha, eu costumava me sentar sozinha. De vez em quando, alguém se aproximava pra bater um papo. Essas conversas informais nos bailes foram as mais interessantes.[10] No baile ficha não há preocupação em se ter uma mesa, as pessoas acabam se sentando em qualquer lugar só para descansar um pouco e logo voltam a dançar. A rotatividade das danças é maior do que em outros bailes, porque os dançarinos estão ganhando por tempo dançado. No início, quando eu não conhecia ninguém, comprava fichas e dançava um pouco para me aproximar dos rapazes, depois abordava alguma mulher para conversar. Foi assim que comecei a me relacionar com Beth. Quando fiquei conhecida nesse circuito de bailes, deixei de comprar fichas, e as conversas surgiram mais espontaneamente, sem que eu precisasse provocá-las.

De todos os participantes, a relação mais difícil foi com os homens mais velhos e sozinhos, não envolvidos profissionalmente com os bailes. Esses homens, que se concentram nos bailes para a terceira idade, tornaram-se um grande desafio. As conversas eram sempre cortadas por referências à minha aparência, muitas vezes era impossível levá-las adiante. O fato de eu ser uma mulher desacompanhada num salão de baile colocava-me em uma posição vulnerável. Essa vulnerabilidade, por sua vez, ensinou-me algumas coisas sobre esses homens velhos e a forma como eles encaram o sexo oposto. As "cantadas" aconteceram todo o tempo durante a pesquisa de campo, não só por parte dos homens mais velhos. Porém, minha dificuldade em lidar com as tentativas deles foi maior. Talvez porque eu jamais havia me exposto tanto a tal situação, jamais havia sido tão freqüentemente cortejada por homens que me faziam lembrar meu avô. Confesso que foi meu preconceito e meu despreparo em relação a essa realidade que mais dificultou, no início, minhas conversas com esses homens. Ao longo do tempo, passei a receber com menos surpresa essas investidas e consegui realizar entrevistas com alguns deles. Com dois, em especial, tive ótimas conversas, que superaram a fase inicial da paquera e me revelaram questões interessantes sobre esses homens. Acusados pelas mulheres de só se interessarem pela dança como uma forma de aproximação e sedução, eles acabam perdendo o espaço para os mais novos, que, além de acenarem com a mesma possibilidade, são os parceiros ideais procurados pelas mulheres para aparecer no salão, porque sabem dançar os passos que são ensinados nas academias de dança.

Com os mais novos, a aproximação nunca ficava muito clara: era um misto de paquera e interesse pela potencial cliente que eu representava. Por outro lado, acredito ser difícil separar essas duas esferas naquela situação de baile porque, afinal, eles estavam trabalhando, e faz parte do trabalho deles agradar às mulheres das mais diversas formas. Como me disse um deles numa de nossas conversas: "Isso é um mercado, umas gostam do mais jovem, outras, dos que se vestem bem, outras, do mais atencioso; nós temos que fazer o que elas gostam". Esse mesmo dançarino, mais tarde, me faria uma advertência quando reclamei do assédio dos homens nos bailes: "Você tem que saber tirar vantagem disso para o seu trabalho". Fiquei imaginando se não era isso que ele também fazia, usar o assédio como um instrumento de trabalho.

Aparecer no salão é a motivação comum de homens e mulheres que dançam. É esse objetivo comum que informa as disputas nos bailes, entre mulheres e entre homens. Quem está sentado comenta sobre quem dança. Fala-se dos corpos, do jeito de dançar, do vestuário. Contam-se histórias sobre a vida alheia: quem está namorando quem, quem está contratando quem, quem brigou com quem. Anuncia-se um novo baile, comenta-se o fracasso de um outro. Ser notado, ser visto, ser avaliado pelo outro, notar, ver, avaliar, essas são atividades incessantes nos bailes, tanto quanto dançar. Aliás, dança-se para ser visto. Nesse sentido, minha posição de observadora não era tão estranha.

Eu estava diante de um espetáculo para ser encenado e apreciado pelas pessoas que são, ao mesmo tempo, público e platéia. O que me distinguia delas era que eu não queria fazer parte da cena do espetáculo. Nunca pretendi tornar-me uma dançarina. A recusa certamente influenciou o resultado do meu trabalho. Minha interação com as pessoas teria sido alterada se minha posição no baile fosse a de par sempre disponível para a dança e de partícipe das fofocas e comentários que transitam entre as mesas. Minha circulação nas rodas de conversas e na pista de dança era marcada pela diferença. Eu ouvia mais do que falava e dançava o básico, sem me empenhar em aprender os volteios e figuras que enfeitam a dança. Eu era incentivada a aprender, mais pelos homens do que pelas mulheres, por motivos óbvios: os homens são instrutores de dança. Em lugar de recusar, eu me mostrava interessada — e estava de fato, porque tudo aquilo era novo pra mim. Sempre gostei de dançar, mas a dança de par enlaçado que minha geração cultivou não é como a dança de salão. Esse tipo de dança envolve um uso do corpo que pressupõe um conhecimento de passos, um ordenamento deles e um comando do homem sobre a mulher desconhecidos para mim. Creio que também para aqueles que, como eu, só dançaram a dois em festinhas de amigos ou em boates dos anos 1980.

Por outro lado, eu tinha um interesse maior em saber como as pessoas tinham aprendido, e não em aprender por mim mesma. Eu me interessava mais pela dança delas do que em repetir eu mesma seus movimentos. Minha "aprendizagem" era uma forma de me comunicar com elas. Os instrutores eram sempre pacientes para me ensinar, mas me diziam que enquanto eu não soubesse dançar, dificilmente teria sucesso nos bailes. Só o fato de ser jovem e bonita podia atrair os cavalheiros, mas o desempenho no salão — saber seguir os comandos do homem — é o diferencial que marca o sucesso de uma dama, e seu sucesso depende da avaliação masculina. As mulheres se limitavam a dizer que eu devia me "soltar", que com o tempo aprenderia. Nenhuma delas jamais se dispôs a me ensinar um passo. Estavam sempre mais interessadas em mostrar o que já eram capazes de fazer do que em dividir o que sabiam. Os ensinamentos delas referiam-se a dicas sobre como me proteger de "instrutores picaretas". Elas me indicavam aqueles que "prestavam" e aqueles que "não prestavam".

Apesar de não ter aprendido a técnica da dança, o tempo que passei nos bailes, vendo e ouvindo esses dançarinos e dançarinas, me fez aprender a identificar os passos e os ritmos diferentes. Os códigos desse mundo passaram a se tornar familiares e, através deles, foi possível uma compreensão desse universo social que é a dança de salão e a dimensão fundamental que as relações de gênero e de idade têm nesse meio.

Notas

1. Georg Simmel, "Sociabilidade: um exemplo de sociologia pura ou formal".

2. Inscrição nos corpos de disposições socialmente aprendidas e que geram distinções; maneiras de se portar e de manejar os corpos, distinguindo-os, ver Pierre Bourdieu, "Remarques provisoires sur la perception sociale du corps".

3. Judith Hanna, *Dance, sex and gender.*

4. Ver, para essa enumeração, respectivamente: Ervin Goffman, *A representação do eu na vida cotidiana*; Marcel Mauss, "As técnicas corporais"; e Pierre Bourdieu, *La distinction.*

5. Michael Featherstone e Mike Hepworth, "Envelhecimento, tecnologia e o curso da vida incorporado"; Tamara Hareven, "Novas imagens do envelhecimento e a construção social do curso da vida"; Guita Debert, *A reinvenção da velhice*; Myriam Lins de Barros, *Autoridade e afeto*; Stephen Katz, *Disciplining old age.*

6. Ver Marcelo Alves Lima, *Gestão da experiência de envelhecer em um programa para a terceira idade*; Clarice Peixoto, "Histórias de mulheres, de envelhecimento e de sexualidade".

7. Nesse sentido, ver também a dissertação de mestrado de Fátima Silva de Freitas, *O baile. Estudo antropológico dos bailes de terceira idade em Curitiba.*

8. As noções de honra e vergonha como valores permeiam as relações entre os sexos. Atribuídas à cultura mediterrânea, oferecem uma boa analogia para a compreensão do "cavalheirismo". O prestígio masculino corresponde ao cumprimento de códigos morais por parte das mulheres.

9. Opções como essa também foram feitas em outros trabalhos antropológicos, como as dissertações de Fátima Silva de Freitas, op.cit.; Hermano Vianna, *O mundo funk carioca*; e a tese de Sônia Travassos *Capoeira. Difusão & metamorfose culturais entre o Brasil e os* EUA.

10. Também foram realizadas entrevistas nas residências das pessoas.

Estranha no ninho:
sexualidade e trajetória de pesquisa

Maria Luiza Heilborn

Como aprendiz — nos anos de formação no fazer antropológico, em uma renomada instituição — fui socializada em uma vertente da antropologia que valorizava fortemente a dimensão cultural, mais próxima ao sentido norte-americano do termo. Uma linhagem de autores era invocada para dar à dimensão simbólica o peso mais significativo nas análises, sem que houvesse exatamente um claro consenso sobre o que essa expressão propriamente designava. Estive exposta às produções de um amálgama de autores, com distintas filiações, nem sempre fáceis de serem conjuminadas. Arrolo, de um lado, o veio da sociologia urbana da Escola de Chicago, na qual despontam autores como Robert Park, Howard S. Becker, Erving Goffman, que, por sua vez, filiam-se a Georg Simmel e Max Weber, como fontes maiores de inspiração; de outro lado, algumas pitadas de antropologia social britânica, sobretudo aquela tributária de Max Gluckman; e, ainda, o peso nada desprezível da tradição francesa, associada sobretudo ao impacto que a obra de Louis Dumont teve no Brasil.[1]

As decisões que constroem uma carreira profissional são um misto de interesses intelectuais, afetivos e pragmáticos. A inteligibilidade que essa história pode eventualmente ter é em geral recuperada/produzida nas circunstâncias dos concursos públicos para docência universitária, para os quais escrevemos memoriais. Assim, uma avaliação de minha trajetória como pesquisadora — dedicada aos temas do gênero e da sexualidade — e um balanço dos dilemas do trabalho de campo com que me deparei ressaltam nesses documentos, nos quais o interesse pela antropologia é descrito como um desdobramento de minhas preocupações nos anos

1970 com as questões feministas e com o que hoje se designa como gênero. A abertura de um caminho em direção ao problema da sexualidade apareceu mais tarde nesse percurso.

No presente atuo como cientista social no campo disciplinar denominado saúde coletiva, no qual sobressai uma tentativa de interlocução com os saberes médicos, que são, no caso, interrogados a partir de um olhar antropológico. Trata-se de um debate nem sempre fácil, em razão das relações de força que esses saberes mantêm com outros saberes. O prestígio profissional dos médicos parece funcionar como "equivalente geral" em uma área que pretende interdisciplinar, e freqüentemente os interlocutores conhecem pouco a lógica interna do campo antropológico. Assim buscar, afirmar a legitimidade de investigações sobre sexualidade centrados na busca do sentido que ela tem para os atores envolvidos pode se mostrar um exercício estafante.

Arriscando-me a resvalar em um tom confessional, adoto como estratégia narrar experiências de pesquisa para introduzir o tema das especificidades da investigação sobre sexualidade, esclarecendo que o título "estranha no ninho" refere-se ao sentimento (ambíguo) de estar redefinindo minha trajetória como antropóloga e empreendendo uma linha de reflexão mais sociológica. Como se sabe, as fronteiras entre as disciplinas são sempre uma arena de debate, de poder e de reconhecimento entre pares.

Durante meu doutorado, dediquei-me à análise dos feitios da conjugalidade moderna, comparando casais hetero e homocorporais,[2] sistematizando o que os discursos dos informantes — 32 sujeitos de camadas médias superiores, moradores da cidade do Rio de Janeiro — falavam sobre a vida a dois. No trabalho de tese, a tensão entre as matrizes teóricas acima apontadas exprime-se através de uma dualidade de estratégias analíticas. De um lado está a tentativa de equacionar a persistência de uma assimetria de gênero como inerente ao sistema classificatório, mesmo num contexto igualitário, onde se supunha que ela pudesse ter desaparecido; de outro lado, um exercício ao sabor do interacionismo simbólico, para dar conta da dinâmica conjugal moderna entre informantes autodefinidos como heterossexuais, gays e lésbicas. Essa tensão assinala a concomitância de uma explicação mais generalista das feições do gênero na modelação das trajetórias de vida e das peculiaridades das identidades sexuais, nas quais o gênero perde sentido na organização interna das díades homocorporais. Naquela oportunidade, a técnica utilizada foi a das entrevistas em profundidade, privilegiando-se menos a dimensão da observação direta. Contudo, a observação presente na coleta das entrevistas ajuda a compor o retrato que fizemos de nossos entrevistados. Somente quando não há observação direta, pode-se pesar melhor o quanto a avaliação feita durante a tomada do depoimento é valiosa.

Há uma multiplicidade de pequenas informações que são passadas enquanto o sujeito fala, enquanto se observa o lugar onde ele mora — se a entrevista ali ocorre —, sua hexis corporal. Enfim, toda uma gama infindável de eventos que a percepção registra e que compõe o retrato que acabamos por desenhar da *personna* do informante. Essa experiência fenomenológica — que, de algum modo, resgata o tema da imersão, ainda que muito parcialmente, no mundo do entrevistado — aparece esmaecida até o momento em que as circunstâncias nos confrontam com a impossibilidade de realizá-la, e passamos a trabalhar com entrevistas conduzidas por terceiros.[3]

No desenrolar da carreira acadêmica — sob as circunstâncias já descritas —, trabalhar com um número limitado de entrevistas mostrou-se cada vez menos conveniente. Desse modo, passei a utilizar cada vez mais entrevistas conduzidas por alunos ou pesquisadores associados, nas quais, por melhor que sejam os registros das condições de produção daquelas falas, não se tem mais a ilusão reconfortante de dominar as entrelinhas do discurso. O antropólogo afasta-se bastante do ideal estatuído pela história da disciplina, quando o pesquisador, no modelo malinowskiano, submergia no mundo do pesquisado.

Foi nessa situação de pesquisa que o tema da sexualidade — do qual eu me aproximara muito mais pelo ângulo do estilo de vida presente entre casais lésbicos e gays de camadas médias do que propriamente por uma atenção sobre as práticas sexuais — tomou vulto expressivo entre meus interesses. Foram meus informantes, sobretudo os homens gays, que me fizeram reparar no assunto.[4] Eles mencionavam espontaneamente, para a minha surpresa, a gramática sexual que fazia deles um casal, a linguagem atividade/passividade. Fui provocada por uma "colocação do sexo em discurso" para a qual não estava preparada.

O episódio até hoje me parece intrigante: o quanto dele dizia respeito ao modo como homens gays falavam de sua vida sexual e o peso que o sexo desempenhava na dinâmica da vida conjugal, comparativamente ao silêncio que caracterizava o discurso das mulheres homossexuais; ou o quanto dele revelava um traço peculiar de uma configuração cultural mais ampla que permite falar sobre vida íntima no contexto de uma entrevista.[5] Nessa situação, ser mulher, da mesma faixa etária, e pertencer a um segmento social semelhante ao dos entrevistados tornavam a abordagem do tema da sexualidade "natural" para os inquiridos. Não havia qualquer inadequação sobre as perguntas que eu fazia e sobre as que vim a formular depois da "deixa" dos homens gays. Pude retornar a entrevistados e entrevistadas e pedir avaliações sobre a cena sexual que a conjugalidade que eles vivenciavam proporcionava.

Investigar sistematicamente a sexualidade tornou-se, depois dessa experiência, uma meta. A ida para um espaço universitário voltado para o tema da saúde acabou por reforçar o interesse. O momento dessa decisão também foi significativo. A epidemia HIV/Aids conferiu à discussão maior relevância, criando um clima mais propício para as pesquisas sobre sexualidade, que sempre tiveram uma inserção delicada no mundo das ciências sociais.[6] Considerada um tema menos nobre diante de outros mais legítimos e "sérios", como mercado, política e trabalho, a investigação nessa área, como já assinalou Alain Giami,[7] aparece correntemente atrelada às questões ligadas à saúde pública, seja no caso da contracepção, seja no caso das doenças sexualmente transmissíveis (DST). É verdade que a antropologia sempre se destacou na pesquisa sobre sexualidade, fosse pelo interesse que a vida sexual dos selvagens despertava ao olhar dos ocidentais,[8] fosse porque, na investigação de mundos sociais específicos,[9] o tema aparecia como nucleador de relações sociais mais amplas.

Pesquisas comparativas entre culturas têm por mérito assinalar nitidamente de que modo a sexualidade depende de regras sociais. As pré-noções que revestem o tema trazem inequivocamente a representação de que se trata de algo individual, *interno, inexorável*, mas sujeito, em sua externalização, a diversos constrangimentos. É tênue a percepção de que se trata de um elaborado sistema de determinações sociais que articulam indivíduo e sociedade. Do lado societário, está um cenário complexo, em que valores que entrelaçam usos sociais dos corpos, concepções acerca do sexo como veículo de comunicação e mobilidade social, noções como intimidade e interioridade, relações de gênero codificadas em regras jurídicas que traçam o estatuto dos contatos sexuais entre os sujeitos (veja-se a recente tematização da pedofilia), enfim, todos esses aspectos traçam o quadro no qual se desenrola o aprendizado da sexualidade em uma etapa etária denominada de adolescência.[10]

A partir dela, vai se delineando uma trajetória sexual na vida de cada um, que pode ser mais linear ou mais variada. O gênero, em complexa relação com o sexo anatômico do sujeito e com atributos do seu corpo (a beleza, segundo avaliações socialmente circunscritas), desempenha um papel significativo na modelagem dessa carreira, enquadrada por um panorama da inserção social dos sujeitos nela implicados. O uso menos contido dos corpos no Brasil e a ideologia de que somos sexualmente predispostos a isso e extrovertidos impregna esse retrato em pinceladas amplas da sexualidade na sociedade brasileira.[11] Mas, aqui, nos deparamos com um dos problemas mais instigantes do fazer antropológico, que é a tensão entre o particular e o geral — e sobre as bases em que se podem fazer generalizações.

Antes da iniciativa de pensar sobre os nexos entre identidade sexual e formatos da conjugalidade igualitária em um nicho social específico, eu havia feito uma incursão no trabalho de campo mais clássico em antropologia, através da observação participante. Despendi oito meses no bairro de Ricardo de Albuquerque, subúrbio da região da Central do Brasil, no Rio de Janeiro, no início dos anos 1980. Desconhecendo aquele espaço físico e moral, ingressei em um universo de pequenos funcionários públicos, comerciantes e donas-de-casa cujos filhos e filhas me interessavam. Estudar a juventude era um modo de testar algumas das hipótese sobre mudanças sociais, sobre o permanente enfrentamento entre inovar e reproduzir. Nesse trabalho[12] combinei as entrevistas individuais com outras realizadas em grupo, com visitas aos domicílios, com freqüência a bailes regulares e de carnaval e perambulações pelas ruas do bairro anônimo, residencial e pacato. O bairro de Ricardo de Albuquerque tinha cadeiras na calçada e namoro de portão. Aliás, o namoro era na soleira da casa da moça, sob o olhar vigilante do grupo familiar; a transição para dentro de casa representava uma passagem significativa de compromisso entre os jovens, com uma forte perspectiva de casamento.

Os jovens então entrevistados, que tinham entre 15 e 20 anos, apresentavam uma visão de mundo tradicional, consubstanciada em uma determinação conservadora de reproduzir o estilo de vida da geração parental. As regras de namoro — bem como o caráter de drama ritualizado envolvido na escolha do par e no controle social exercido sobre ele pelo grupo de parentes — espelhava o valor da honra feminina e a importância da virgindade antes do casamento, para as moças. O quadro se completava com as histórias insinuadas de iniciação sexual dos rapazes, dos medos que enfrentavam em comprometer-se com parceiras indesejáveis — e as possibilidades de uma gravidez e aborto —, ao mesmo tempo em que se configurava para eles o imperativo do sexo. Aquele era um quadro extremamente tradicional de relações de gênero, no qual, como forasteira, eu tinha uma entrada curiosa.

O tema da sexualidade não podia ser abertamente levantado por mim, por causa do controle que deveria manter sobre a avaliação moral da qual eu mesma era objeto. Embora sem idade para ser mãe daqueles jovens, deveria manter uma atitude de recato diante dos rapazes. Uma saída para conhecer uma escola de samba que eles freqüentavam em um grupo no qual eu era a única mulher chegou a provocar algumas discretas reprimendas por parte da geração dos pais. Eu era uma mulher solteira e não deveria comprometer minha honra, embora a distância social propiciada pela diferença de classe tivesse neutralizado o peso maior das críticas.

Resultados de inquéritos populacionais realizados em outros países nos possibilitam, através da comparação, assinalar de que modo a sexualidade se organiza a partir de um enquadramento social,[13] ao mesmo tempo que são expressão de contextos intelectuais precisos. Nesse sentido, foi preciso delinear cenários mais abrangentes. Ainda que isso possa parecer um pouco positivista, descrever a materialidade daquilo que se convencionou chamar de cultura sexual brasileira — para além de um retrato restrito às representações, do que a ideologia de "sexualmente abertos" alimenta sobre o caráter nacional — tornou-se uma meta. Avaliar em que medida o uso menos contido dos corpos, no Brasil — que os faz mais permeáveis ao contato — produz um estilo peculiar de exercício da sexualidade. Para tanto, as pesquisas internacionais são muito significativas.

Como já assinalava Max Weber em *Economia e sociedade*, o uso da estatística não precisa ser restrito às descrições estáticas dos grupos. Ele pode se dedicar à criação de subgrupos fundados na combinação entre escolaridade e renda, ou, em alguns casos, na conjuminância entre essas variáveis e a religião, e associado a valores expressos do conjunto da população amostrada para descrever padrões regulares de conduta. Esse procedimento viabiliza a recuperação de práticas específicas e significados, sobretudo no que toca os subgrupos dentro de uma amostra. Desse modo, números — que, na antropologia, na qual fui treinada, eram raros — são úteis na demonstração de mudanças ocorridas no tempo, das diferenças entre grupos sociais e da articulação entre domínios diferentes, como as esferas de comportamentos e valores.

Um dos desafios mais instigantes que as ciências sociais podem enfrentar é a combinação de técnicas de pesquisa para enfrentar os dilemas de construção do conhecimento. Isso significa reconhecer os limites de determinadas abordagens e tentar combinações nas quais o treinamento em antropologia gerou uma sensibilidade específica para estabelecer conexões que em geral escapam a outras formações. Certamente o que está em jogo é o distanciamento de qualquer pretensão de se saber quais são os sentidos em operação quando se trabalha com questionários. Sobretudo porque o bom senso, em termos de economia de tempo e de controle sobre a recodificação das respostas, sugere um estilo de perguntas em que as alternativas já sejam oferecidas para os questionados.

A formulação das alternativas é produto da incorporação das pistas oferecidas durante a fase de exploração das entrevistas individuais, que permite a aproximação de formas mais adequadas de elaborar as opções e refinar hipóteses interpretativas que serão testadas com o instrumento geral. Essas hipóteses, no caso atual, originam-se de estudos antropológicos sobre gênero e sexualidade. Um exemplo ilustrativo é a categoria "ficar", termo que designa um estágio de relacionamento entre jovens que implica certo grau de intimidade corporal, mas que se distingue do namoro — categoria fortemente enraizada no imaginário das relações amorosas — pela ausência de projeto de continuidade ou compromisso público entre os parceiros. Cronologicamente o ficar tende a vir antes do namoro, mas essa assertiva só é válida nos contextos em que o ficar se encontra disseminado. Isso não ocorre em todas as regiões do país. Nos pré-testes a que submetemos as versões anteriores do questionário ficou patente que, para um número expressivo de jovens — sobretudo os mais pobres —, a categoria é entendida como "fazer sexo". Desse modo, fez-se uma alteração na ordem de apresentação das perguntas para que o entrevistado se aproximasse do sentido das interações entre jovens partindo do termo namoro.[14]

A comparação entre culturas/sociedades é o caminho mais adequado para colocar em relevo os mecanismos de ênfase e empalidecimento que modelam os sentidos, as técnicas que ensejam os usos dos corpos. Ele permite a operação de estranhamento de maneira mais efetiva. Uma pesquisa qualitativa — realizada entre sujeitos que apresentavam inserções sociais assemelhadas — e fundada em entrevistas que possuíam uma pergunta inicial comum — "Qual foi a sua primeira experiência amorosa?" — examinou as formas de aproximação entre os sexos e os roteiros de iniciação sexual. Ressalta desse material, em contraste com os depoimentos franceses, as narrativas de iniciação sexual masculina no Rio de Janeiro. A "curiosidade" seguida da "necessidade" torna ao ato sexual um fim em si mesmo, sem maiores considerações sobre a parceira ideal. Para os homens tais contatos são quase mecânicos, automáticos e, contudo, centrais para a aquisição de um estatuto viril para a identidade masculina. Furtar-se a essa atividade febril do corpo, ou sentir-se mal diante da expectativa de que ela se processe são motivo de grande inquietação para os rapazes, levando-os a se perguntarem se são realmente homens.[15]

O que se destaca nesse material — e que os dados oriundos do survey Gravad[16] vêm confirmar — é que a diferença de classe não introduz uma diferença significativa quanto à idade de início das atividades sexuais com parceiras ou parceiros para os homens. O resultado obtido faz o Brasil aproximar-se bastante de Portugal, que, por sua vez, destoa um pouco do conjunto de países europeus,[17] o que pode ser interpretado como a atribuição de um forte peso aos valores ligados à virilidade quanto à construção das identidades masculinas.

Nesse exercício de avaliação sobre a inteligibilidade de um percurso intelectual e sobre o grau em que a perspectiva antropológica pôde ser incorporada a estudos sobre a sexualidade — e com a ajuda de outras colegas também antropólogas —, procedo a uma explanação sobre o projeto Gravad. Trata-se de uma pesquisa sociológica sobre comportamentos sexuais e reprodutivos dos jovens brasileiros de uma perspectiva biográfica, combinando técnicas qualitativas e quantitativas de pesquisa. Uma breve descrição da pesquisa ajudará a entender os dilemas de produção de conhecimento implicados em tal iniciativa e de que maneira tentou-se conferir uma abordagem antropológica aos problemas investigados, ainda que nem sempre ela tenha sido a dominante.

O banco de dados da investigação, cuja coleta de dados foi concluída em janeiro de 2002, reúne um total de 123 entrevistas abertas e 4.603 questionários fechados realizados com jovens de 18 a 24 anos residentes nos municípios de Salvador, Rio de Janeiro e Porto Alegre. A pesquisa, fundada numa perspectiva de reconstrução da história de vida, propõe-se a explorar as formas pelas quais os comportamentos sexuais/afetivos e reprodutivos interagem com acontecimentos ocorridos nas esferas escolar, profissional e conjugal dos jovens, consideradas as distintas condições de vida da juventude brasileira. Ela concebe o estudo da gravidez na adolescência subordinando o critério etário ao quadro analítico mais amplo da aprendizagem e da experimentação da sexualidade com parceiro.

A adoção do conceito de juventude como processo, e não grupo etário, é central para a estratégia de avaliar os desdobramentos de uma gravidez ou parentalidade ocorrida no período da adolescência. No projeto define-se juventude como um processo de transição biográfica durante o qual a situação de cada um se modifica rapidamente. Nessa passagem à idade adulta, distinguem-se geralmente duas transições: uma transição escolar-profissional — evolução da situação no que tange aos estudos, aquisição progressiva de um estatuto profissional cada vez mais estável e de meios materiais de existência autônomos —, e uma transição familiar-conjugal — primeiro relacionamento, constituição de casal ou de família, autonomia residencial.[18] Abordar a juventude a partir de uma perspectiva biográfica implica construir a continuação dos acontecimentos vividos pelo indivíduo inscritos em seu contexto, mais do que se limitar a fotografar a situação no momento da investigação. O Gravad é uma pesquisa biográfica retrospectiva,[19] que visa a reconstituir a seqüência das relações sexuais, afetivas e conjugais dos entrevistados, privilegiando tanto os primeiros acontecimentos quanto os mais recentes.

Uma das principais transições operadas na adolescência é a passagem ao exercício da sexualidade com parceiro, que se desenrola paralelamente a uma solidificação de práticas e significados associados à contracepção e à reprodução. Os comportamentos sexuais e reprodutivos — incluindo-se uma eventual gravidez e parentalidade adolescentes — só adquirem sentido pleno à luz da construção e das representações de gênero, ou seja, do modo como cada gênero representa a si próprio, o outro e a relação entre eles. A título de ilustração, a vigência de uma lógica assimétrica de/entre gêneros — que a literatura assinala ser uma característica da cultura brasileira — dificulta a negociação do uso de contraceptivos e práticas preventivas entre parceiros, afirmando-se assim como um dos co-fatores de risco que predispõem a uma gravidez na adolescência.[20]

Interessada em investigar o tema da sexualidade e do gênero, deparo com as contingências de organização do campo da saúde coletiva, sejam consideradas as relações de prestígio envolvidas sejam as agências de investimento presentes no país. Assim, qualquer proposta deve possuir aspectos atrativos, e a investigação se volta para um problema social, no qual estão presentes em dimensões significativas, gênero e sexualidade. As abordagens sobre a gravidez na adolescência no Brasil compreendem em geral as noções de "problema" e de "risco", a supremacia do fator idade frente às condições sociais e uma identificação simples entre gravidez na adolescência e mães adolescentes, pobres e solteiras. Está presente, aí, um deslizamento semântico entre gravidez e parentalidade, o que subestima a magnitude da gravidez na adolescência, porque desconsidera os casos de aborto espontâneo ou provocado. Entre os riscos sociais aí compreendidos, existe o pressuposto de que a maternidade/paternidade nessa fase leva ao abandono escolar e a uma precária inserção no mercado de trabalho, acarretando a transmissão intergeracional da pobreza.

Alguns trabalhos críticos assinalam que a evasão escolar de moças e dos rapazes seus parceiros antecede ao engravidamento. Já existe uma literatura que se interessa em compreender o fenômeno a partir da visão dos sujeitos implicados. Pode-se dizer que uma interpretação se delineia a partir dos resultados dessas pesquisas: é o horizonte social limitado que torna o projeto de maternidade/paternidade antecipadas uma alternativa razoável para os jovens.

A preocupação em tingir com uma perspectiva antropológica esse estudo está presente na fase qualitativa da investigação, em que se procedeu à realização de entrevistas estruturadas de longa duração. Aqui começam os desafios de uma abordagem antropológica, considerando-se que a tradição da disciplina sempre valorizou o trabalho de campo intensivo e conduzido por um único pesquisador — que passava a ser o depositário de múltiplas e complexas experiências de apreensão dos sentidos em jogo num dado contexto. Isso permanecia válido até mesmo quando, na história da disciplina, o fazer antropológico foi se distanciando das chamadas situações ideais nas quais se desenvolvera — as sociedades primitivas e em pequena escala — para dedicar-se também às pesquisas em meio urbano, característica das sociedades ditas complexas. Nesse percurso, a antropologia, pelo menos em sua vertente norte-americana, muito se aproximou da sociologia — e de uma sociologia compreensiva com forte inspiração weberiana —, de tal modo que, em alguns contextos acadêmicos nacionais (como a França) o que os antropólogos urbanos fazem só é entendido no Brasil quando qualificado como sociologia.

O acervo de 123 entrevistas da pesquisa do Gravad foi obtido por uma equipe de 30 pesquisadores treinados em antropologia social, para que conduzissem, através de um roteiro bastante detalhado, a história de vida dos jovens. Um sistema de cotas foi estipulado, com o fito de cobrir uma multiplicidade de experiências e prover material suficiente para a elaboração posterior do questionário. Os critérios de seleção do universo basearam-se em sexo, inserção social (classe média *versus* classe popular) e experiência reprodutiva (com filho antes de 20 anos versus sem filho antes de 20 anos), o que nos habilitou a ter relatos de moças pobres sem experiência de gravidez, assim como de rapazes de camadas médias cujas parceiras já tivessem engravidado. A leitura dessas entrevistas, apesar da recomendação das notas de caderno de campo, produz uma estranha sensação de distância. Não dominar as condições de produção daquela narrativa, não acesso a atributos que pudessem derivar da observação que se faz no momento da interação entrevistador-entrevistado, tudo isso torna esses sujeitos um tanto etéreos.

O questionário — especificado para cada um do sexos e contendo 336 perguntas — foi formulado em módulos que cobrem várias áreas da vida dos jovens: os dados sociodemográficos, com especial atenção para a composição do domicílio e para a contribuição dos membros moradores e não moradores na renda domiciliar;[21] a trajetória educacional e suas vicissitudes, bem como a de trabalho; a iniciação sexual e seu contexto, incluindo caracterização do parceiro, uso de contraceptivo, conhecimento da família sobre o evento, sentimentos e reações frente ao acontecimento; a trajetória amorosa-conjugal subseqüente à primeira relação, com o cuidado de relacionar os eventos e seqüências com uma carreira contraceptiva; valores associados à sexualidade e ao gênero e elenco de práticas sexuais experimentadas; gravidez, filhos e abortos. Finalmente, incluía-se um módulo final de avaliação do entrevistado e outro do entrevistador acerca do questionário.

Ao contrário de alguns exemplos de pesquisas sobre sexualidade realizadas em outros países, não utilizamos o recurso de tornar a parte do questionário auto-aplicado quando se abordava o tema das práticas sexuais, o que é extremamente comum em outros países.[22] O nível de recusa dessa parte do documento é inexpressiva, o que nos leva a crer que a abordagem do assunto no Brasil é bastante facilitada por uma disposição de tratar do tema com alguma naturalidade, o que é impensável em outros contextos.[23]

Nessa etapa, a preocupação de algum registro etnográfico foi bastante limitada, mas não de todo excluída. Reuniões periódicas com a equipe de aplicadores de questionários — jovens de 20 a 27 anos — visavam, não somente a manter o nível de treinamento necessário, como obter dados sobre as circunstâncias da aplicação. Nessas reuniões, os aplicadores eram incentivados a continuar preenchendo as páginas finais do questionário, o que nos levou a produzir um conjunto de observações sobre a situação de aplicação. Como a amostra populacional havia sido estratificada em cinco níveis socioeconômicos (de zero a quatro, constituindo-se o setor zero, conforme classificação do IBGE, em favelas, e o quatro, de setores que reuniam domicílios de maior poder aquisitivo e maior nível de escolaridade dos chefes de família), os registros assinalavam que as condições de aplicação do instrumento de pesquisa foram marcadas pela ausência de privacidade, oriunda da própria organização do espaço, nos domicílios mais pobres, o que levou os pesquisadores a adotarem múltiplas estratégias para driblar a presença de terceiros, evitar a interrupção pelo telefone — quando o contexto mudava para os setores dois — e garantir a privacidade, usando os aposentos reservados para os jovens — quando se tratava dos setores quatro. Um ensaio fotográfico sobre os setores censitários sorteados no município do Rio de Janeiro pretendeu enriquecer a compreensão acerca da heterogeneidade da metrópole, ilustrando de maneira contundente as diferentes condições de vida dos moradores das cidades.

Alguns dados oriundos da pesquisa Gravad vêm corroborar achados etnográficos. Segundo os resultados, a iniciação sexual tem como idade mediana para homens 16,2 anos, e, para as mulheres, ela se diferencia acentuadamente, apresentando a idade de 18,3 em Salvador, 17,8 no Rio de Janeiro e 16,9 em Porto Alegre. A proporção de mulheres que esteve grávida antes dos 20 anos, é de 30%, encontrando-se taxas de aborto bastante diferenciadas para as três cidades: Salvador 11,3%, Rio de Janeiro 9,3% e Porto Alegre 3,7%. Os dados ganham maior clareza quando comparados com a taxa de não-uso feminino de proteção na primeira relação sexual, que é 33,1%, 30,9% e 20% na mesma relação seqüencial das cidades. A população jovem de Porto Alegre exibe, assim, indicadores sociais melhores quando se considera o elenco de medidas que a área da saúde pública almeja como sexo protegido do ponto de vista das DST e da contracepção. Esse quadro revela um maior acesso aos serviços de saúde, uma situação de distribuição de riqueza menos desigual e a melhor difusão de informações, em presença de indicadores mais elevados de escolaridade, considerando-se os três municípios.

O elenco de valores associados ao exercício da sexualidade também é expressivo de alguns dos temas mencionados no correr deste artigo. Nota-se uma rejeição masculina acentuada ao homossexualismo entre homens. Mesmo entre aqueles que se encontram entre os estratos sociais mais privilegiados — e o cruzamento foi possível considerando-se o nível de escolaridade da mãe como superior a 12 anos —, 25% escolheram a alternativa de que o sexo entre homens é um "vício". Curiosamente há uma tolerância significativa das mulheres sobre o mesmo tema. O assunto no qual aparece uma radical negação feminina é a masturbação, o que vem corroborar as interpretações acerca da sexualidade das mulheres,[24] que se reveste precipuamente de um caráter relacional, e não de obtenção de prazer. Isso é particularmente notável quando se combinam as respostas femininas relativas aos motivos que levam à primeira relação sexual — a categoria "amor" tem 75% das preferências; para os homens, ela não ultrapassa os 10%. O termo "tesão" é pouquíssimo citado pelas mulheres.

A análise da pesquisa Gravad está apenas no início, e os resultados aqui comentados têm um caráter preliminar de reflexão sobre o quanto a formação em antropologia dedicada ao estudo do meio urbano permitiu esse empreendimento coletivo. Desde o primeiro experimento em Ricardo de Albuquerque, eu assinalava que uma das principais transições operadas na adolescência é a passagem ao exercício da sexualidade com parceiro, modelada por nítidos diferenciais de gênero. Nessa etapa ocorre um processo de solidificação de práticas e significados associados à contracepção e à reprodução que só adquirem sentido à luz da construção e das representações de gênero, ou seja, do modo como as relações sociais em determinado contexto estruturam a percepção dos sujeitos acerca de cada gênero e do vínculo entre eles. A despeito desse caráter situacional, persistem intrigantes semelhanças entre homens e mulheres de diferentes classes sociais quanto ao tema, o que nos faz retornar à questão dos conteúdos gerais da assimetria de gênero.

A título de conclusão, gostaria de salientar que a pesquisa sobre sexualidade está sempre às voltas com a questão da relação entre sexos/gêneros. Não necessariamente as entrevistas realizadas entre pessoas do mesmo sexo são as que correm mais facilmente, pois esse aspecto se combina fortemente com a posição etária dos atores em cena. Numa pesquisa quantitativa sobre comportamento sexual realizada no Chile recentemente observou-se que o elemento de maior desconforto entre os participantes era a discrepância de idades entre pesquisador e pesquisado, e bem menor a diferença de gênero. Contudo, o cuidado adicional por parte dos pesquisadores é ter sempre em mente que a situação de conversa é uma interação social. Trata-se de um contexto que deve ser bem demarcado, dentro de limites que não permitam resvalar para a intimidade do entrevistador. Na situação há elementos que possibilitam desencontros quanto ao objetivo da pesquisa. A possibilidade de sedução por parte do entrevistado, nesses casos, deve ser mantida sob controle. O sujeito que se dispõe a falar sobre o assunto permite o desvelamento de algo considerado íntimo na cultura ocidental moderna. Às vezes acontece um certo pudor ou arrependimento depois do depoimento. Nesses casos, não é rara a solicitação de que o entrevistador faça confissões, como contradádiva. Mas às vezes as pessoas nos surpreendem, como a entrevistada carioca de 20 anos, de classe média, que, ao responder, ao final do questionário, o que achara das perguntas, declarou: " É muito indiscreto, vocês perguntam quanto a gente ganha...". A referência a esse episódio ajuda a dirimir a desconfiança mais freqüente entre os não-especialistas acerca das pesquisas sobre sexualidade: a de que os informantes mentiriam ou se recusariam a responder por se tratar de um tema privado. As avaliações colhidas apontam no sentido inverso: o tema da sexualidade, pelo menos entre jovens brasileiros, é considerado muito interessante.

Notas

1. Ver Roberto Da Matta, *Carnavais, malandros e heróis*; Gilberto Velho, *Individualismo e cultura;* Luiz Fernando Duarte, *Da vida nervosa nas classes trabalhadoras urbanas*, 1986.

2. Maria Luiza Heilborn, "Gênero e hierarquia: A costela de Adão revisitada" e "O que faz um casal, casal? Conjugalidade e igualitarismo em camadas médias urbanas".

3. Fui confrontada com a questão: por que a estratégia de interpretação de grupos urbanos recaía numa espécie de timidez interpretativa, revelada pela ausência de referências maiores a uma cultura moderna na qual meus informantes estavam imersos? O argumento em jogo era: se as etnografias de sociedades indígenas (brasileiras) lançam mão de todo um arsenal da cosmologia de uma dada área cultural para explicar como certos nativos pensam e agem, por que eu não fizera o mesmo? Isso certamente remete a uma espécie de tendência à reificação dos grupos ou contextos sociais muito específica da chamada antropologia urbana, embora sempre se tenha como lema que não se estuda a aldeia, mas na aldeia (Cifford Geertz, *A interpretação das culturas*). Com incursões em terrenos menos seguros que as próprias fronteiras da rede social que se observam ou do contexto. A crítica feita pode, a meu ver, ser estendida a grande parte da produção realizada em meio urbano, quando se hesita diante das incursões em terrenos menos seguros que as próprias fron-

teiras da rede social ou do contexto que se observa, provavelmente por receio de perder o fito de desenhar as especificidades de um dado grupo social em meio à multiplicidade de estilos de vida que coexistem na metrópole.

4. Maria Luiza Heilborn, "O que faz um casal, casal?".

5. Adiantando um dado de pesquisa que será tratada a seguir: é significativo o número de jovens, *em torno de um terço*, que comunica aos colegas terem tido relações sexuais, contrastando fortemente com os resultados obtidos na França, onde o assunto é de foro íntimo e raramente se comunica a terceiros (Michel Bozon e Maria Luiza Heilborn, "As carícias e as palavras: iniciação sexual no Rio de Janeiro e em Paris"). As demais opções de comunicação — "pais, irmãos e outros parentes" são também preferidas à alternativa "ninguém".

6. Relembro episódio do cartaz da conferência da Anpocs, em 1997, que tinha alguns nus em bico de pena, e da mesa-redonda a respeito de pornografia e erotismo, que provocaram muita celeuma. Os comentários giravam em torno da pouca seriedade do tema.

7. Alain Giami, "De Kinsey au Sida: l'évolution de la construction du comportement sexuel dans les enquêtes quantitatives".

8. Bronislaw Malinowski, *A vida sexual dos selvagens.*

9. Peter Fry, *Para inglês ver.*

10. John Gagnon e William Simon, *Sexual conduct.*

11. Michel Bozon e Maria Luiza Heilborn, op.cit.

12. Maria Luiza Heilborn, "Visão de mundo e *ethos* em camadas médias suburbanas no Rio de Janeiro".

13. Alfred Spira et alii, "Les comportements sexuels en France"; Eduard Laumann et alii, *The social organization of sexuality;* Hughes Lagrange e Brigitte Lhomond, *L'entrée dans la sexualité;* Ministério da Saúde, *Pesquisa sobre comportamento sexual e percepções da população brasileira sobre HIV/Aids.*

14. Para efeito de ilustração, saliento a ausência, na língua francesa, de uma expressão semelhante a namoro; a forma de designar um compromisso amoroso é expresso pelo termo "sair com". Ver Michel Bozon e Maria Luiza Heilborn, op.cit.

15. Maria Luiza Heilborn, "Corpos na cidade: sedução e sexualidade".

16. O projeto "Gravidez na adolescência: Estudo multicêntrico sobre jovens, sexualidade e reprodução no Brasil" (Gravad) foi elaborado originalmente por Maria Luiza Heilborn (IMS/UERJ), Michel Bozon (Ined, Paris), Estela Aquino (Musa/UFBA), Daniela Knauth e Ondina Fachel Leal (Nupacs/UFRGS). A pesquisa está sendo realizada por três centros de pesquisa: Programa em Gênero, Sexualidade e Saúde, do IMS/UERJ, Programa de Estudos em Gênero e Saúde do ISC/UFBA e Núcleo de Pesquisa em Antropologia do Corpo e da Saúde da UFRGS. O grupo de pesquisadores compreende Maria Luiza Heilborn (coordenadora), Estela Aquino, Daniela Knauth, Michel Bo-

zon, Ceres G. Víctora, Fabíola Rohden, Cecília McCallum, Tania Salem e Elaine Reis Brandão. A consultoria em estatística é feita por Antonio José Ribeiro Dias, do IBGE. A pesquisa é financiada pela Fundação Ford e conta com o apoio do CNPq.

17. José Pais et alii, *Gerações e valores na sociedade portuguesa contemporânea*.

18. Olivier Galland, *Sociologie de la jeunesse*, p.18.

19. Daniel Courgeau e Eva Lelièvre, "L'approche biographique en démographie".

20. "As mulheres encontram-se em posição desvantajosa para negociar o uso da camisinha, em função do cenário das relações de gênero: sendo estas estruturadas com base em uma assimetria de prestígio e autoridade particularmente reveladora no encontro sexual, o exercício da decisão feminina torna-se problemático" (Maria Luiza Heilborn, "Corpos na cidade: sedução e sexualidade", p.56).

21. Essa preocupação deriva do fato de que um dos aspectos atrelados à reprodução considerada precoce é a escassez de recursos dos jovens para prover a família, o que é sobretudo notável entre os mais abastados, mas ainda incapazes de reproduzir as condições de vida de seus pais.

22. Didier Le Gall, "Pré-constructions sociales et constructions scientifiques de la sexualité. Les questionnaires des enquêtes quantitatives".

23. José Pais et alii, op.cit.

24. Andre Béjin, "La masturbation féminine: un exemple d'estimation et d'analyse de la sous-déclaration d'une pratique".

De como olhar onde não se vê:
ser antropóloga e ser tia em uma escola especializada para crianças cegas

Fernanda Eugenio

Durante o primeiro semestre de 2001, realizei pesquisa de campo na escola de alfabetização do Instituto Benjamin Constant, no Rio de Janeiro, com crianças cegas entre seis e 14 anos. Trata-se aqui, precisamente, da questão de como lidei com as particularidades e vicissitudes desse contexto — de como tive de me fazer "tia" para ser aceita e de como nunca consegui assim fazê-lo inteiramente.

Minha entrada na escola como tia aconteceu, em grande parte, graças a um desses "imponderáveis" que costumam caracterizar os trabalhos de campo. A princípio, havia sido aceita nas classes de alfabetização (CA) como voluntária e iria trabalhar ajudando na recreação infantil. Já estava tratando de "desenferrujar" minha memória e de convocar todo o elenco de histórias e de brincadeiras infantis que nela estivessem disponíveis, quando uma das professoras entrou de licença e praticamente passei a substituí-la. Isso só foi possível — apesar de eu ainda não saber braile — porque aquela era a única turma em que a maioria das crianças ainda estava sendo preparada para lidar com regletes e punções.[1] Era a turma Programa Alternativo (PA), como soube mais tarde, formada por crianças que (decidiu-se) eram portadoras de múltipla deficiência e, portanto, deveriam passar por um processo de aprendizagem mais lento. Quando a professora voltou da licença, um mês mais tarde, eu já havia sido assimilada como "tia" pela coordenadora do CA, e ela achou natural me encaminhar para uma outra turma, para ser uma espécie de ajudante. Foi assim que acabei passando um período de pouco mais de dez dias com cada uma das outras seis turmas da CA.

As dificuldades de trabalhar com crianças cegas não se resumem apenas à escassa bibliografia, resultado do fato de que o universo infantil, e mais ainda o da cegueira, foi até então pouco abordado por estudos antropológicos. Estendem-se, ao contrário, para questões mais amplas, ao tornar manifesto o caráter proeminentemente visual do exercício antropológico, pautado na observação participante e na geertziana tentativa de adotar o ponto de vista do nativo.[2] Tais métodos, embora via de regra tenham sua validade questionada, aqui, pelas características do contexto pesquisado, seriam explicitamente postos em xeque.

Maurice Bloch, por exemplo, critica as antropologias baseadas apenas no que é explícito e pode ser observado: "a imagem de uma cultura produzida com base apenas no explícito tende a exagerar as diferenças", deturpação que ocorreria porque "o conhecimento cotidiano é e precisa ser inexplícito", e porque "o que as pessoas dizem (ou fazem explicitamente) é um guia pobre para o que elas sabem ou pensam".[3] David Howes,[4] por sua vez, chama a atenção para o possível caráter equivocado de análises de culturas nas quais a visão não ocupa lugar central, produzidas através de ferramentas antropológicas fortemente impregnadas por uma valorização do olhar — ou "hipercognização" da visão, para usar o termo de Robert Levy —[5] característica de nossas sociedades. A tensão entre o ver e o não ver manifestou-se, para mim, sempre que me vi dividida entre esses dois "ofícios" do etnógrafo, que são a observação participante e a sempre-perseguida-embora-inatingível tentativa de adotar o ponto de vista do nativo. O primeiro — a observação participante — me exigia que visse, enxergasse, reparasse; usasse e abusasse do sentido mais ausente entre aqueles que eu estava pesquisando. O segundo, por sua vez, me incumbia da impossível tarefa de experimentar um mundo desprovido de imagens, ao qual eu certamente não teria acesso utilizando o ingênuo artifício de fechar os olhos. Ver e ter de usar a visão como ferramenta de trabalho, em um contexto no qual a maioria não enxerga, adquire contornos outros — ora desconfortáveis, ora facilitadores da própria pesquisa.

Embora minha condição de "observadora invisível" tenha se convertido em um recurso ao qual nunca deixei de recorrer, é inegável que ressaltava o voyeurismo exacerbado do ofício do antropólogo e, neste sentido, revelava-se incômoda. Poder presenciar situações que, caso me declarasse presente, me seriam vedadas, ou poder registrar os acontecimentos no momento mesmo em que ocorriam sem constranger os pesquisados, anotando em meu caderno de campo com uma das mãos, tendo a outra ocupada, por exemplo, em ajudar uma criança em seus deveres escolares — embora isso tenha tido bastante rendimento para a pesquisa, não foi uma situação vivida por mim sem conflitos. Em muitas ocasiões, quase pude crer que, pela natureza mesma do objeto escolhido, podia observar sem com minha simples presença alterar o observado — uma vez que, não raro, este ignorava-se observado. Por um lado, isso me pareceu uma concretização "torta" do ideal positivista de neutralidade e isenção que os antropólogos — embora não conservando a ingenuidade de acreditar ser possível na prática — não cessam de perseguir em uma secreta e derradeira tentativa. Por outro lado, todavia, não deixou de ser uma espécie um tanto "politicamente incorreta" de pesquisa. Afinal, os usos que fiz de minha "invisibilidade", em certas circunstâncias, infringiam a etiqueta local de se declarar presente quando se chega, bem como de se despedir verbalmente ao sair, a fim de que aqueles que não vêem possam saber que são vistos.

Mas não fui somente uma observadora invisível. Fui também uma observadora participante — aliás, mais participante do que poderia desejar, já que, ao ser colocada no papel de tia, me vi às voltas com dois conflitos: o da responsabilidade de educar e o de ter sido convocada, sem possibilidade de recusa, a encarnar o olhar vigilante que as professoras cegas não podiam exercer sobre seus pequenos alunos. Me "vi", assim, ocupando um lugar hierarquicamente superior ao daqueles que pretendia estudar, as crianças, e isto não apenas por ser tia, mas principalmente por enxergar.

Minha relação com as professoras cegas, assim, foi marcada por uma espécie de "exploração" do meu olhar por parte delas. Era isso, a princípio, tudo o que eu podia lhes oferecer em troca de minha permanência em sala de aula: ver por elas, vigiar em seu lugar, ou, como me pediu certa vez uma delas, "olhar com o meu olho" se as crianças "estavam fazendo tudo direitinho", se fulano "não está roendo a reglete", se sicrano "parou de tirar meleca" etc.

A expressão "olhar com o meu olho" é significativa e faz pensar que talvez ali se considerem existir outras formas de olhar — além de "com o olho". Com efeito, não demorei a notar o farto e deliberado uso que professoras e alunos cegos faziam dos verbos "ver" e "olhar" para designar o que chamaríamos de "tocar". Frases como "deixa eu *ver*" eram de imediato seguidas por braços estendidos à procura do objeto que se desejava examinar. De modo semelhante, as tias cegas recorriam com imensa freqüência ao vasto repertório de metáforas visuais característico de nossa cultura, não raro ameaçando uma criança "malcriada", por exemplo, com um severo "estou de olho em você!". Quando a intenção era expressamente a de se referir à faculdade da visão, o verbo escolhido era "enxergar". Assim, ao perceberem a agilidade e a rapidez com que eu trocava o papel das regletes ou encontrava algo que havia caído no chão, as crianças me perguntavam: "Tia, a senhora enxerga?".[6]

Embora poder ver quando a maioria não enxergava tenha sido minha grande e principal moeda de troca com as tias cegas, isso só foi possível porque havia uma grande demanda de economia de tempo que se acreditava poder ser proporcionada pela visão, bem como pelo poder disciplinador a ela atribuído, em um lugar no qual a indisciplina parecia dar o tom.

Devo registrar que, embora as professoras com as quais trabalhei fossem em sua maioria cegas, havia também professoras "videntes" — para usar o termo nativo. Minha aceitação por parte dessas últimas foi imediata, e minha incorporação como ajudante em suas turmas, idem. Como foram as últimas com quem trabalhei, elas já me conheciam "de vista" há bastante tempo quando por fim cheguei a suas turmas: eu não era uma estranha que aparentemente tinha surgido "do nada", como entre as tias cegas, para as quais minha chegada era uma novidade sempre, já que, até que eu fosse apresentada a elas, não suspeitavam que eu circulava pela escola havia tempos. Além disso, as tias videntes trabalhavam com alunos de "visão subnormal", aos quais se tentava ensinar o braile "só em último caso": como eram alfabetizados "a tinta", eu não era, aqui, uma ajudante analfabeta, mas sim letrada, em quem, como tal, podiam confiar prontamente.[7]

Com efeito, uma estranha ausência de rotina e de regularidade marcava as atividades escolares infantis: não havia uma grade curricular fixa, e cada aluno possuía uma agenda diferente da dos demais e que, como se não bastasse, ainda variava a cada dia. Além disso, as turmas eram compostas por alunos de idades e níveis de aprendizado diferentes. Por este motivo — mas também porque tanto alunos como professoras eram cegos —, o atendimento era individualizado. A ausência de um controle visual — e, portanto, simultâneo e coletivo — comprometia a vigilância e, em sua morosidade, ameaçava o "tempo útil".[8] O controle pelo tato, de caráter particular, difícil de ser exercido sobre a turma inteira simultaneamente, fazia com que, enquanto uma criança tinha a lição corrigida com os dedos pela tia, as demais ficassem ociosas e sem atenção, se dispersassem incrivelmente e fossem tomadas por grande e incontrolável agitação. Instalava-se a bagunça. Todos gritavam, pulavam, atiravam objetos ao chão, se balançavam nas cadeiras, se entregavam aos mais variados "tiques". Faltava às professoras cegas o olhar vigilante do mestre, cujo diligente e meticuloso exercício é responsável pela construção desta "anatomia política do detalhe" que é a disciplina.[9] Tampouco havia a contrapartida dessa severa vigilância visual: o olhar obediente, temeroso e dócil daqueles que devem se submeter à professora, algo que as crianças cegas não podiam oferecer às tias.

Nessas circunstâncias meu olhar pareceu para as tias ter vindo a calhar. Mas a autoridade que o posto de vigilante me oferecia e me exigia usar não era uma coisa confortável para mim. Eu realmente "interpretava" uma tia brava às vezes, e acho que o fato de não estar sendo vista era o que tornava verossímil minha interpretação — se pudessem me ver "ensaiar", é possível que as crianças não me respeitassem. Assim, a já mencionada ausência de contrapartida funcionava como um facilitador de minha atuação junto a elas e também junto às professoras cegas.

Nem por isso, entretanto, deixei de passar por maus bocados durante esse exercício forçado de vigilância visual. O caráter imposto da tarefa não me eximiu das responsabilidades por ela exigidas e nela implicadas. Eu deveria limpar o que estava sujo — porque via que estava sujo; guardar e ordenar o que estava fora do lugar — porque podia ver que estava desarrumado. Levei algumas broncas por não ter feito como deveria, em certas ocasiões, a limpeza e a arrumação das salas. As tias confiaram em mim, no meu olhar, e esperavam-no infalível. Elas pareciam considerar inconcebível que eu, que enxergava, alegasse não ter "visto" alguma coisa: como poderia não ter visto se eu via? Lapsos desse tipo não eram tidos como possíveis. Certa vez, ao lavar a louça utilizada na copinha — onde as crianças tinham aulas práticas nas quais tocavam, provavam e aprendiam a reconhecer os alimentos —, esqueci um prato sujo em um canto. A professora cega que usou a sala em seguida mandou me chamar e exigiu explicações. Disse-lhe que "não tinha visto" o prato ali — e era verdade. Ela retrucou de imediato: "Mas você enxerga!"

Meu momento mais difícil e tenso como vigilante, entretanto, aconteceu em um dos retornos do pátio para as salas de aula. Como de costume, as crianças eram muitas e corriam em todas as direções, pulando, tropeçando, gritando sem parar. Minha tarefa era controlá-las sem tocá-las, somente mantendo-as sob minha vista, para garantir que fariam o caminho corretamente; ou adverti-las a tempo se estivessem rumando perigosamente para um choque com as paredes. Mas, naquele dia, não estávamos indo para a sala de aula, e sim para a sala de recursos, um amplo espaço cheio de materiais didáticos especiais, destinados a estimular as capacidades sensoriais e motoras das crianças. Era um caminho mais difícil, porque diferente do habitual. O trajeto foi concluído morosamente. Quando, por fim, estávamos à porta da sala, constatei que uma das meninas da turma havia sumido. Onde estava? Onde teria parado de acompanhar o grupo?

A tia não me culpou — para minha surpresa, esquecer um prato sujo pareceu-lhe ser um delito mais grave do que perder uma criança. Mas nem foi preciso: eu mesma me culparia pelo descuido. Saí à procura da menina pelo pátio e pelas escadas, refazendo o caminho que havíamos concluído há pouco. Não a achei por ali, no entanto. Fui encontrá-la agachada à frente da porta trancada de sua sala de aula, chorando baixinho. Ela se perdera. Como não sabia chegar sozinha à sala de recursos, fez o caminho que conhecia, rumando para sua sala. Fiz, então, tudo o que não podia fazer segundo as convenções locais: confortei-a e dei-lhe a mão, guiando-a até a sala onde estava sua turma. Ao chegar, porém, me surpreendi com a reação da tia. Muito brava e impaciente, ela pegou a menina e fez com que ela repetisse o trajeto que ia de sua sala de aula à sala de recursos sozinha, andando "pelo meio",[10] até quando julgou que a menina havia aprendido o caminho e nunca mais iria se perder.

Se este foi, para mim, o episódio mais duro que vivi durante meu exercício do "olhar vigilante", não faltaram ocasiões em que quase "agradeci" por não estar sendo vista. Já mencionei as facilidades que essa situação me proporcionava: ver o que era proibido, ensaiar antes de falar, anotar em meu caderno de campo sem despertar constrangimento ou curiosidade. Mas a mais marcante foi, sem dúvida, a ocasião em que um menino veio até mim com uma das mãos em concha, na qual trazia algo que não identifiquei de imediato: pequeno, arredondado, de um branco leitoso e brilhante. "Tia, saiu, o que é que eu faço?" Era seu olho de vidro. Se o menino pudesse me ver, sem dúvida perceberia a inevitável expressão de surpresa e aflição em meu olhar. "Eu vou ter de colocar isso nele", pensei. É certo que as inúmeras vezes em que tive de ajudar os pequenos no banheiro ou a limpar o nariz deles já haviam me tornado, digamos, mais resistente. Mas para um olho de vidro eu não estava preparada. A ausência de trocas visuais, aqui, nos beneficiou: ambos fomos poupados do mal-estar que seria gerado se ele pudesse ver minha reação mais imediata. Tive tempo de respirar fundo e dizer-lhe: "Você sabe botar de volta sozinho? Se não souber, a tia ajuda." Ele disse que ia tentar. "A tia está aqui do seu ladinho, vamos com calma", falei. Ele abriu a cavidade ocular com uma das mãos e, como se colocasse uma lente de contato, pôs de volta o olho de vidro no lugar. Tudo resolvido, saiu saltitando e gritando pela sala, como se nada tivesse acontecido, não sem antes me dizer: "Você é muito legal com as crianças, tia Fernanda. Você adora criança, né?"

Apesar desse poderoso instrumento que possuía, o olhar, com o qual pude negociar meu entrosamento com professoras e crianças, minha inserção no campo não foi tão fácil. Isso porque, embora pudesse me oferecer como *mediadora* entre eles e o mundo visível, eu não dominava inicialmente sua ferramenta de trabalho mais cotidiana: o método braile de leitura e escrita táteis — o que equivale a dizer, mais ou menos, que, mesmo analfabeta, eu pretendi entrar no universo de uma escola e fazer-me útil. Isso só foi possível porque, naquela escola — justamente por ser ela uma instituição que lida com a anomalia —, havia duas categorias de "ajudantes": a voluntária e a estagiária — de quem não se esperava necessariamente que soubessem braile nas quais pude ser encaixada e incorporada sem maiores tumultos identitários.

Entretanto, ainda que nunca tenha ficado muito claro para ninguém o que eu fazia ali, todos sabiam que não era exatamente um trabalho voluntário, nem tampouco um serviço especializado, como o das estagiárias. Assim, embora tenha sido identificada ora com uma ora com outra dessas personagens, nunca fui nenhuma delas. Para as crianças, entretanto, fui sempre e desde o princípio "uma tia nova que chegou". O primeiro e mais imediato motivo para isso foi o fato de eu ser "gente grande": todos os adultos ali, se não eram mães, eram prontamente tias. Mas as tias por excelência eram as professoras, e somente comecei a me assemelhar a elas — sem nunca de fato me tornar uma delas — quando decidi aprender o braile por minha própria conta, treinando com as regletes, os punções e a cartilha *Dedinho sabido* das crianças, enquanto elas estavam no recreio. Aprendi o braile à minha maneira. Conseguia ler com os dedos, mas muitas vezes buscava auxílio visual. Como as crianças, também eu estava vivendo um processo de alfabetização e cometia muitos de seus mesmos erros: comer alguma letra de uma palavra, esquecer de colocar a pontuação adequada ou escrever "com mão pesada", furando o papel, em lugar de simplesmente produzir relevo. Devo acrescentar, ainda, que meus conhecimentos de braile permanecem rudimentares; não passei das cartilhas da CA, as únicas às quais tive acesso.

Antes dessa iniciativa, no entanto, minha relação com as professoras foi difícil. Nas raras ocasiões em que recorriam a mim, seria mais exato dizer que recorriam ao meu olhar. Mas, mesmo aí, o uso que faziam dele era prosaico: consultavam-me para saber como estava o tempo ou se as roupas que vestiam combinavam. No mais das vezes, eu não servia para muita coisa além de recortar cartolinas, colocar ou retirar etiquetas dos cadernos, lavar a louça, guardar brinquedos e organizar papéis. Desse modo, ainda que elas valorizassem o olhar e atribuíssem a ele a capacidade de poupar tempo e facilitar o controle das crianças, nem por isso confiaram ao meu olhar, logo de cara, uma missão dessa envergadura. Pareciam dar pouca importância a uma ajudante que não sabia braile, mesmo que pudesse enxergar. Quando resolvi aprender, entretanto, as coisas mudaram, e a confiança em mim cresceu: por um lado, passei a ser efetivamente mais útil — agora podia ajudar na elaboração e na correção dos exercícios; mas, por outro, mesmo com relação àquilo que sempre fui capaz de fazer — isto é, ver —, subitamente me descobri muito mais solicitada. E solicitada, agora, para um posto de extrema confiança: o de vigilante.

Se, entre as professoras, minha aceitação não foi imediata, deu-se o oposto com as crianças. A receptividade delas me surpreendeu. Em cada nova turma que eu chegava, uma situação semelhante se repetia: vencida a timidez inicial, em questão de minutos me "via" incorporada a seu universo movimentado e barulhento, marcado por um ininterrupto fluxo tátil de mãos exploradoras do mundo que se estendiam para mim em busca de abraços e beijos. Muito rapidamente, também, meu olhar passou a ser alvo constante de suas solicitações: inúmeras vezes tive que me desdobrar para atender a insistentes e simultâneos pedidos de "tia, olha aqui", "vê se tá certo", "vê se tá bonito" etc. Nunca, porém, me tornei para elas uma tia "de verdade". Embora, com o tempo, tenha aprendido a dar broncas "verossímeis" e a me fazer obedecer, sempre fui exageradamente condescendente. As tias reais, essas sim eram bravas — mas eram também muito mais afetuosas do que jamais me permiti ser. A postura das professoras em relação a seus alunos com efeito oscilava o tempo todo entre a autoridade e o afeto.[11] Por um lado, vi muitas das professoras cegas abrirem enormes sorrisos ao reconhecerem a voz de seus alunos no corredor, assim como terem seus rostos tomados por expressões de pânico quando, por um instante, achavam ter perdido uma criança, somente por ela ter saído do raio de alcance de seus braços. Por outro lado, assumiam ares severos e intransigentes ao menor sinal de má-criação. Em tais ocasiões, a intensa troca de carinhos sob a forma de palavras e toques era subitamente interrompida, e elas passavam impiedosamente a ignorar a criança com a qual há pouco falavam em voz tatibitate, repelindo suas pequenas mãos afoitas e esquivando-se de seus insistentes pedidos de desculpas. Tratava-se de um amor — tal como Margareth Mead argumenta em relação ao amor materno nas sociedades ocidentais — "que a criança já aprendeu que está condicionado por seu desempenho".[12]

A receptividade que marcou minha relação com as crianças cedeu lugar ao clima oposto em minha relação com suas mães. A desconfiança, aqui, não foi apenas inicial e passageira, como a das tias comigo. Em meu contato com as mães, se manteve sempre algum grau de tensão — em parte, talvez, por serem todas elas "videntes" e, portanto, perceberem minha postura de "observadora em tempo integral", de caderno em punho, fosse qual fosse a atividade paralela de que me incumbissem. Não chegavam a se opor diretamente a mim, mas jamais preocuparam-se em ser muito gentis. Nas raras vezes em que falaram comigo, a intenção era investigar o que eu fazia ali. Embora pudesse compreender sua reserva e mesmo sua hostilidade diante de uma intrusa que observava e anotava cada passo de seus filhos, ingenuamente não imaginei que fosse assim de antemão.

Em tais condições, entretanto, não tive a oportunidade de saber delas sua opinião sobre as professoras e a escola. Ocasiões não faltaram, porém, para ouvir das tias o que pensavam das mães. Esta é uma opinião ambígua, vacilante. Por vezes as mães, muitas das quais passam o dia todo na escola, são descritas como uma ajuda oportuna, na falta do contingente adequado de profissionais para lidar com os pequenos. Mas, com uma freqüência muito maior, elas são consideradas prejudiciais à educação infantil: sempre presentes, elas atrasariam o desenvolvimento dos filhos e sua aquisição da independência.

Vale ressaltar o lugar fundamental que este projeto de aquisição da independência ocupa no discurso *equalizador* da "educação especial". A dependência, a precariedade e a fragilidade que denunciariam a evidência incontornável da deficiência devem ser minimizadas — embora sua superação definitiva não seja nunca cogitada como possível —, de modo a aproximar ao máximo seus corpos irregulares do corpo que "não choca nem surpreende" previsto como ideal nas etiquetas ocidentais.[13] Uma série de didáticas especiais é acionada a fim de suprir e contornar aquilo que, naquelas crianças, é lido como deficitário: é preciso que deixem de ser "objetos de seu corpo",[14] porque isso é incompatível com a independência e a autonomia que será exigida delas quando se tornarem adultas.[15] O caráter imperativo assumido por esse projeto educativo/corretivo decorre justamente daí: enquanto ainda são crianças, é possível associar, de forma reconfortante, sua dependência à infância, e não à cegueira, tomando-a (a dependência), não como anomalia, mas como prova de ajustamento. Esse recurso, porém, tem caráter provisório e passageiro: a dependência será algo como um desvio no mundo adulto.

É justamente na alegação dessa urgência que repousa a tentativa deliberada, por parte das professoras, de — nas palavras delas — "educar os pais", o que pode ser lido, portanto, como parte do discurso equalizador sustentado pela escola especializada. No dizer-se da educação especial, família e escola surgem como instâncias concorrentes. O discurso autorizado desqualifica não apenas o esforço da família em educar suas crianças, mas toda a vida fora da instituição. Ao decretar que crianças cegas, ao contrário das "normais", seriam "incapazes de aprender naturalmente" e precisariam de didáticas especiais e de atividades destinadas a "educar os sentidos", a escola especializada, em sua intenção equalizadora, legitima sua própria existência, ao mesmo tempo que nega o papel educativo da família.

Tanto quanto é repudiada, contudo, a presença constante das mães é endossada pela escola, que disponibiliza para elas uma sala das mães e lhes oferece cursos de artesanato, para se entreterem enquanto esperam os filhos. O repúdio à presença das mães na escola choca-se, também, com a deliberada preocupação em "agradar seu olhar" e poupar-lhes da dor de perceber seus filhos como manifestamente diferentes — preocupação revelada, por exemplo, nos cuidados com a aparência visual das salas de aula e com a decoração das festas e fantasias infantis.

Pode-se ler em tais cuidados uma recusa do estigma gerado pela cegueira — para a qual concorrem ainda a não-tematização da deficiência ou seu tratamento como um "dado", ambas manifestações de uma explícita opção pelo *acobertamento*.[16] O acobertamento dá o tom, também, na postura da escola em relação ao mundo de fora, encarado como hostil e implacável. O discurso da educação especial apóia-se em uma certa competição com este mundo externo, expressa na auto-atribuição, por parte das tias, do papel de protetoras das crianças face a uma realidade descrita como dura e cruel. As professoras, assim, colocam-se como *go-betweens*[17] entre o universo "informado"[18] da escola e o mundo de fora, buscando regular a experimentação deste por parte das crianças, oferecendo-lhes somente aquela que se decidiu ser sua face mais benévola e receptiva. Tal *mediação*, porém, não tem como intenção aproximar. Toma, ao contrário, os contornos de uma evitação sistemática — ou de uma espécie de adiamento — do que se crê ser um confronto. Embora não haja motivo para duvidar da boa intenção dessa postura protetora, nem por isso se pode deixar de ressaltar que há implicitamente nela uma desvalorização da vida fora da instituição. E, neste sentido, não deixa de ser um mecanismo — similar ao da negação da família como educadora — através do qual o ensino especializado busca legitimar-se e afirmar sua validade.

Tão significativa quanto a relação da escola especializada com o mundo de fora foi minha própria relação com esse universo externo. Por suas próprias características, o lugar escolhido para a pesquisa não permitiu nem exigiu uma imersão absoluta. Justamente por isso, entretanto, esse lugar ao mesmo tempo urbano e alheio à cidade apresentou-me de imediato um desafio que se revelaria permanente: o de ser capaz de transitar entre um mundo pautado por imagens e um mundo no qual elas estão ausentes ou, pelo menos, no qual se tem uma relação completamente diversa com elas. Eu deveria estar preparada — mas ao mesmo tempo não havia como estar preparada — para circular diariamente entre o universo cosmopolita e marcado pela "hegemonia do olhar"[19] de uma grande cidade e o universo (que se pretendia) fechado em si mesmo de uma instituição para cegos, uma realidade paralela dentro de uma sociedade impregnada pela "hipercognização".

Notas

1. Materiais auxiliares ao aprendizado do braile.

2. Clifford Geertz, "From the native's point of view': on the nature of anthropological understanding".

3. Maurice Bloch, *How we think they think*, p.vii-viii e 3.

4. David Howes, "To summon all the senses".

5. Robert Levy, "Emotion, knowing and culture".

6. Em minha dissertação discuto algumas idéias sobre a associação cognitiva entre tato e visão e suas possíveis implicações. Ver Fernanda Eugenio, *Crianças cegas. Uma etnografia das classes de alfabetização do Instituto Benjamin Constant*, p.101-2.

7. Exploro mais atentamente a classificação das crianças como cegas ou portadoras de "visão subnormal" em minha dissertação, bem como a relação destas últimas com suas professoras. Ver Fernanda Eugenio, op.cit.

8. Michel Foucault, *Vigiar e punir*.

9. Idem.

10. Incomensurável e imprevisível, o "meio" é a ausência total de marcadores táteis de caminho, como portas e paredes. As aulas de orientação e mobilidade destinam-se a fazer com que as crianças aprendam a lidar com ele, através de um processo que talvez possa ser descrito nos termos do que Gregory Bateson ("The logical categories of learning and communication") chamou de *learning II*, ou no que Tim Ingold (*The perception of the environment*) atribuiu à noção de *skill*.

11. Myriam Lins de Barros, *Autoridade e afeto*, 1986.

12. Margareth Mead, "A experiência infantil prevista", p.212.

13. David Le Breton, *Anthropologie du corps et modernité*, p.94.

14. Ibid, p.151.

15. Jenny Hockey e Allison James, *Growing up and growing old*.

16. Erving Goffman, *Estigma*, p.113.

17. Gilberto Velho e Karina Kuschnir, *Mediação, cultura e política*.

18. Erving Goffman, op. cit., p.39.

19. Georg Simmel, "Essai sur la sociologie du sens", p.230.

Referências bibliográficas

ANDERSON, Benedict. *Imagined communities. Reflections on the origin and spread of nationalism*. Londres, Verso, 1983.

APPADURAI, Arjun. "Disjuncture and difference in the global economy". *Public Culture*, vol.2, n.2, p.1-24, 1990.

______. "Global ethnoscapes: notes and queries for a transnational anthropology". In Richard Fox (org.). *Recapturing anthropology*. Santa Fé/Novo México, School of American Research Press, p.204-25, 1991.

______. "The production of locality". In Richard Fardon (org.). *Counterworks. Managing diversity of knowledge*. Londres, Routledge, p.185-222, 1995.

BACK, Les. *New ethnicities and urban culture. Racisms and multiculture in young lives*. Londres, University of London Press, 1996.

BATESON, Gregory. "The logical categories of learning and communication". In ______. *Steps to an ecology of mind*. Nova York, Ballantine Books, p.279-308, 1985.

BECKER, Howard S. *Outsiders. Studies in the sociology of deviance*. Nova York, The Free Press, 1963.

______. *Métodos de pesquisa em ciências sociais*. São Paulo, Hucitec, 1993.

BÉJIN, Andre. "La masturbation féminine: un exemple d'estimation et d'analyse de la sous-déclaration d'une pratique". *Population*, vol.48, n.5, p.1437-50, 1993.

BENJAMIN, Walter. "O narrador: considerações sobre a obra de Nicolai Leskov". In ______. *Obras escolhidas. Magia e técnica, arte e política*. Vol.1. São Paulo, Brasiliense, p.197-221, 1987.

BIRMAN, Patrícia. *Fazer estilo criando gêneros. Possessão e diferenças de gênero em terreiros de umbanda e candomblé no Rio de Janeiro*. Rio de Janeiro, Relume Dumará/UERJ, 1995.

BLOCH, Maurice. *How we think they think. Anthropological approaches to cognition, memory and literacy*. Boulder, Westview Press, 1998.

BLUMER, Herbert. *Symbolic interactionism*. Englewood Cliffs, Prentice Hall, 1969.

BOSI, Ecléa. *Memória e sociedade. Lembranças de velhos*. São Paulo, Biblioteca de Letras e Ciências Humanas da USP, 1979.

BOURDIEU, Pierre. "Remarques provisoires sur la perception sociale du corps". *Actes de la Recherche en Sciences Sociales*, n.14, p.51-4, 1977.

______. *La distinction. Critique sociale du jugement*. Paris, Minuit, 1979.

______. "Compreender". In ______ (coord.). *A miséria do mundo*. Petrópolis, Vozes, p.693-713, 1997.

______. "Le marché de la maison." In ______. *Les structures sociales de l'économie*. Paris, Seuil, p.27-232, 2000.

BOZON, Michel e HEILBORN, Maria Luiza. "As carícias e as palavras: iniciação sexual no Rio de Janeiro e em Paris". *Novos Estudos Cebrap*, n.59, março, p.111-35, 2001.

CALDEIRA, Teresa. "Uma incursão pelo lado 'não-respeitável' da pesquisa de campo". *Ciências Sociais Hoje*, n.1, Trabalho e cultura no Brasil. Recife/Brasília, ANPOCS/CNPq, p.331-54, 1981.

______. *Cidade de muros. Crime, segregação e cidadania em São Paulo*. São Paulo, 34/Edusp, 2000.

CASTRO, Josué de. *Geografia da fome*. Rio de Janeiro, O Cruzeiro, 1946.

CAVALCANTI, Maria Laura. *O mundo invisível. Cosmologia, sistema ritual e noção da pessoa no espiritismo*. Rio de Janeiro, Zahar, 1983.

______. "Repensando Bastide: algumas questões em *As religiões africanas no Brasil*". *Ciências Sociais Hoje*, São Paulo, Cortez, p.223-32, 1984.

______. "Origens, para que as quero? Questões para uma investigação sobre a umbanda". *Religião e Sociedade*, Petrópolis, Vozes, n.13/2, julho, p.84-101, 1986.

______. "O jongo e a umbanda em Quissamã". *Quissamã*. Rio de Janeiro, Fundação Nacional Pró-Memória, p.129-44, 1987.

______. *Carnaval carioca. Dos bastidores ao desfile*. Rio de Janeiro, Funarte/UFRJ, 1994.

______. *O rito e o tempo. Ensaios sobre o Carnaval*. Rio de Janeiro, Civilização Brasileira, 1999.

______. "Roberto Da Matta: o Carnaval e a interpretação do Brasil". In Laura Graziela Gomes et alii (orgs.). *O Brasil não é para principiantes*. Carnavais, malandros e heróis, *20 anos depois*. Rio de Janeiro, FGV, p.143-57, 2000.

______. "O Boi-Bumbá de Parintins: breve história e etnografia da festa". *História, Ciência e Saúde. Visões da Amazônia*. Rio de Janeiro, Fiocruz, vol.VI, Suplemento especial, novembro, p.1019-46, 2000.

CLIFFORD, James. "Spatial practices: fieldwork, travel, and the disciplining of anthropology". In Akhil Gupta e James Ferguson (orgs.). *Anthropological locations. Boundaries and grounds of a field science*. Berkeley, University of California Press, p.1-46, 1997.

______. *A experiência etnográfica. Antropologia e literatura no século XX*. Rio de Janeiro, UFRJ, 1998.

CLIFFORD, James e George Marcus (org.). *Writing culture*. Berkeley, University of California Press, 1986.

COSTA, Sandra Regina Soares da. *Bricoleur de rua. Um estudo antropológico da cultura hip hop carioca*. Rio de Janeiro, dissertação de mestrado apresentada ao Programa de Pós-Graduação em Antropologia Social, Museu Nacional/UFRJ, 2002.

COURGEAU, Daniel e LELIÈVRE, Eva. "L'approche biographique en démographie". *Revue Française de Sociologie*, jan-mar, p.xxxi-1, 1990.

DA MATTA, Roberto. "O ofício de etnólogo, ou como ter *anthropological blues*". In Edson de Oliveira Nunes (org.). *A aventura sociológica. Objetividade, paixão, improviso e método na pesquisa social*. Rio de Janeiro, Zahar, p.23-35, 1978.

______. *Carnavais, malandros e heróis* Rio de Janeiro, Zahar, 1979.

______. *Relativizando. Uma introdução à antropologia social*. Petrópolis, Vozes, 1981.

______. "Individualidade e liminaridade: considerações sobre os ritos de passagem e a modernidade". *Mana. Estudos de Antropologia Social*, vol.6, n.1, abril, p.7-28, 2000.

DEBERT, Guita G. *A reinvenção da velhice*. São Paulo, Edusp, 1999.

DOUGLAS, Mary. *Pureza e perigo*. São Paulo, Perspectiva, 1976 [1966].

DUARTE, Luiz Fernando. *Da vida nervosa nas classes trabalhadoras urbanas*. Rio de Janeiro, Jorge Zahar/CNPq, 1986.

______. "Pouca vergonha, muita vergonha: sexo e moralidade entre as classes trabalhadoras urbanas". In José Sérgio Leite Lopes (org.). *Cultura e identidade operária. Aspectos da cultura da classe trabalhadora*. Rio de Janeiro, Museu Nacional/UFRJ, p.203-26, 1987.

______. "A outra saúde: mental, psicossocial, físico-moral?". In Paulo C. Alves e Maria C. de S. Minayo (orgs.). *Saúde e doença. Um olhar antropológico*. Rio de Janeiro, Fiocruz, p.83-90, 1994.

DUMAZEDIER, Joffre e SUFFERT, Annette. "Fonctions sociales et culturelles des cafés". *L'Année Sociologique*. Paris, PUF, p.197-249, 1962.

DUMONT, Louis. "Marcel Mauss: uma ciência em devenir". In ______. *O individualismo. Uma perspectiva antropológica da ideologia moderna*. Rio de Janeiro, Rocco, p.179-99, 1993.

DURKHEIM, Émile. *As regras do método sociológico*. São Paulo, Nacional, 14ª ed., 1990.

ELIAS, Nobert e SCOTSON, John L., *Os estabelecidos e os outsiders. Sociologia das relações de poder a partir de uma pequena comunidade*. Rio de Janeiro, Jorge Zahar, 2000.

EUGENIO, Fernanda. *Crianças cegas. Uma etnografia das classes de alfabetização do Instituto Benjamin Constant*. Rio de Janeiro, dissertação de mestrado apresentada ao Programa de Pós-Graduação em Antropologia Social, Museu Nacional/UFRJ, 2002.

EVANS-PRITCHARD, Edward E. *Witchcraft, oracles and magic among the Azande*. Nova York/Oxford, Clarendon/ Oxford University Press, 1976 [1937] (Ed. resumida, *Feitiçaria, oráculos e magia entre os Azande*, Rio de Janeiro, Zahar, 1978).

FEATHERSTONE, Michael e HEPWORTH, Mike. "Envelhecimento, tecnologia e o curso da vida incorporado". In Guita Debert e Donna Goldstein (orgs.). *Políticas do corpo e curso da vida*. São Paulo, Sumaré, p.109-32, 2000.

FISCHLER, Claude. *L'homnivore*. Paris, Odile Jacob, 1990.

FONSECA, Cláudia. "Aliados e rivais na família: o conflito entre consangüíneos e afins em uma vila porto-alegrense". *Revista Brasileira de Ciências Sociais*. São Paulo, Vértice, vol.2, n.4, junho, p.88-104, 1987.

______. "Mulher chefe de família?". *Revista de Ciências Sociais*. Porto Alegre, vol.1, n.2, p.261-68, 1987.

______. "Cavalo amarrado também pasta: honra e humor em um grupo popular brasileiro". *Revista Brasileira de Ciências Sociais*, vol.6, n.15, fevereiro, p.27-39, São Paulo, Vértice, 1991.

______. "Um morro porto-alegrense". In Carlos A. Bisson (coord.). *Sobre Porto Alegre*. Porto Alegre, UFRGS/Secretaria de Cultura do Estado do Rio Grande do Sul, p.47-53, 1993.

______. "Bandidos e mocinhos: antropologia da violência no cotidiano". *Humanas. Revista do IFCH*, vol.16, n. 2, jul./dez, p.67-89, Porto Alegre, UFRGS, 1993.

FORTUNA, Carlos. *Cidade, cultura e globalização*. Oeiras, Celta, 2ª ed., 2001 [1997].

FOUCAULT, Michel. *Vigiar e punir*. Petrópolis, Vozes, 1977.

______. "La vie des hommes infâmes". *Cahiers du Chemin*, n.29, 1977.

______. *História da loucura na idade clássica*. São Paulo, Perspectiva, 1978 [1961].

FRADIQUE, Teresa. "Nas margens... do rio: retóricas e performances do rap em Portugal". In: Gilberto Velho (org.). *Antropologia urbana. Cultura e sociedade no Brasil e em Portugal*. Rio de Janeiro, Jorge Zahar, p.121-140, 1999.

FREITAS, Fátima da Silva. *O baile. Estudo antropológico dos bailes de terceira idade em Curitiba*. Curitiba, dissertação de mestrado apresentada ao Programa de Pós-Graduação em Antropologia Social/UFPR, 2000.

FREUD, Sigmund. "Os instintos e suas vicissitudes". In ______. *Sigmund Freud. Obras completas*. Vol.XIV. Rio de Janeiro, Imago, p.137-62, 1969.

______. "Repressão". In ______. *Sigmund Freud. Obras completas*. Vol.XIV. Rio de Janeiro, Imago, p.165-82, 1969.

FREYRE, Gilberto. *Sobrados e mocambos*. Rio de Janeiro, José Olympio, 1936.

FRY, Peter. *Para inglês ver. Identidade e política na cultura brasileira*. Rio de Janeiro, Zahar, 1982.

GAGNON, John e SIMON, William. *Sexual conduct. The social source of human sexuality*. Chicago, Aldine, 1973.

GALLAND, Olivier. *Sociologie de la jeunesse*. Paris, Armand Colin, 1991.

GANDOULOU, Justin-Daniel. *Entre Paris et Bacongo*. Paris, Centre Georges Pompidou, 1984.

GANS, Herbert J. *The urban villagers. Group and class in the life of Italian-Americans*. Nova York, Free Press of Glencoe, 1962.

______. *Popular culture and high culture. An analysis and evaluation of taste*. Nova York, Basic Books, 1974.

______. *The Levittowners. Ways of life and politics in a new suburban community*. Nova York, Columbia University Press, 1982.

GEERTZ, Clifford. *A interpretação das culturas*. Rio de Janeiro, Zahar, 1978 [1973].

______. "'From the native's point of view': on the nature of anthropological understanding". In ______. *Local knowledge. Further essays in interpretative anthropology*. Nova York, Basic Books, p.55-70, 1983. (Edição brasileira in GEERTZ, 1997).

______. *O saber local. Novos ensaios em antropologia interpretativa*. Petrópolis, Vozes, 1997.

GIAMI, Alain. "De Kinsey au Sida: l'évolution de la construction du comportement sexuel dans les enquêtes quantitatives". *Sciences Sociales et Santé*, vol.4, n.9, p.235-56, 1995.

GIROUX, Henry A. *Fugitive cultures. Race, violence & youth*. Londres, Routledge, 1996.

GOFFMAN, Erving. *Manicômios, prisões e conventos*. São Paulo, Perspectiva, 1974 [1961].

______. *A representação do eu na vida cotidiana*. Petrópolis, Vozes, 1975 [1959].

______. *Estigma. Notas sobre a manipulação da identidade deteriorada*. Rio de Janeiro, Zahar, 1975 [1963].

______. *Frame analysis. An essay on the organization of experience*. Boston, Northeastern University Press, 1986.

GROSSI, Miriam e RIAL, Carmen. "Vivendo em Paris: velhos e pequenos espaços numa metrópole". *Antropologia em Primeira Mão*. Florianópolis, PPGAS/UFSC, n.42, p.1-46, 2000.

GUPTA, Akhil e FERGUSON, James. "Discipline and practice: 'The field' as site, method, and location in anthropology". In ______ (orgs.). *Anthropological locations. Boundaries and grounds of a field science*. Berkeley, University of California Press, p.3-28, 1997.

HANNA, Judith L. *Dance, sex and gender*. Chicago, University of Chicago Press, 1988.

HANNERZ, Ulf. *Cultural complexity in the social organization of meaning*. Nova York, Columbia University Press, 1992.

HAREVEN, Tamara. "Novas imagens do envelhecimento e a construção social do curso da vida". *Cadernos Pagu*. Campinas, n.13, p.11-35, 1999.

HEBDIGE, Dick. *Subculture. The meaning of style*. Londres, Methuen, 1979.

HEILBORN, Maria Luiza. *Conversa de portão. Juventude e sociabilidade em um subúrbio carioca*. Rio de Janeiro, dissertação de mestrado apresentada ao Programa de Pós-Graduação em Antropologia Social, Museu Nacional/UFRJ, 1984.

______. "Visão de mundo e *ethos* em camadas médias suburbanas no Rio de Janeiro". *Ciências Sociais Hoje 1984*. São Paulo, Cortez, 1984.

______. "Gênero e hierarquia: a costela de Adão revisitada". *Revista Estudos Feministas*. ECO/UFRJ, vol.1, n.1, 1993.

______. "O que faz um casal, casal? Conjugalidade e igualitarismo em camadas médias urbanas". In Ivete Ribeiro e Ana Clara Torres Ribeiro (orgs.). *Família e sociedade brasileira. Desafios nos processos contemporâneos*. São Paulo, Edições Loyola, 1995.

______. "Corpos na cidade: sedução e sexualidade". In Gilberto Velho (org.). *Antropologia urbana. Cultura e sociedade no Brasil e em Portugal*. Rio de Janeiro, Jorge Zahar, p.98-108, 1999.

HEYE, Ana. *Mata Machado. Um estudo sobre moradia urbana*. Rio de Janeiro, dissertação de mestrado apresentada ao Programa de Pós-Graduação em Antropologia Social, Museu Nacional/UFRJ, 1979.

HOCKEY, Jenny e JAMES, Allison. *Growing up and growing old. Ageing and dependency in the life course*. Londres/Nova Déli, Newbury Park/Sage Publications, 1993.

HOWES, David. "To summon all the senses". In ______ (org). *The varieties of sensory experience. A sourcebook in the anthropology of the senses*. Toronto, University of Toronto Press, p.3-24, 1991.

HUGHES, Everett C. "Good people and dirty work". In Lewis Coser (org.). *On work, race and the sociological imagination*. Chicago/Londres. The University of Chicago Press, p.180-91, 1994 [1962].

INGOLD, Tim. *The perception of the environment. Essays on livelihood, dwelling and skill*. Londres/Nova York, Routledge, 2000.

KATZ, Stephen. *Disciplining old age*. Charlottesville, Virginia University Press, 1996.

KNAUTH, Daniela et alii. "A banalização da Aids". *Horizontes Antropológicos*, vol.4, n.9, outubro, p.171-202, 1998.

KROC, Ray e ANDERSON, Robert. *Deu certo!*. Rio de Janeiro, Record, 1981.

KUSCHNIR, Karina. *Política e sociabilidade. Um estudo de antropologia social*. Rio de Janeiro, tese de doutorado apresentada ao Programa de Pós-Graduação em Antropologia Social, Museu Nacional/UFRJ, 1998.

______. *Eleições e representação no Rio de Janeiro*. Rio de Janeiro, Relume Dumará/Nuap (Coleção Antropologia da Política), 2000.

______. *O cotidiano da política*. Rio de Janeiro, Jorge Zahar, 2000.

_______. "Trajetória, projeto e mediação na política". In Gilberto Velho e Karina Kuschnir (orgs.). *Mediação, cultura e política*. Rio de Janeiro, Aeroplano, p.137-64, 2001.

LAGRANGE, Hughes e LHOMOND, Brigitte. *L'entrée dans la sexualité. Le comportement des jeunes dans le contexte du Sida*. Paris, La Découverte, 1997.

LANGLE, Henry-Melchior. *Le petit monde des cafés et débits parisiens au XIXè siècle*. Paris, PUF, 1990.

LAUMANN, Edward O. et alii. *The social organization of sexuality. Sexual practices in the United States*. Chicago, Chicago University Press, 1994.

LE BRETON, David. *Anthropologie du corps et modernité*. Paris, Quadrige/PUF, 1990.

_______. *La sociologie du corps*. Paris, PUF, 4ª ed., 1992.

LEAL, João. *Etnografias portuguesas (1870-1970). Cultura popular e identidade nacional*. Lisboa, D.Quixote, 2001.

LE GALL, Didier. "Pré-constructions sociales et constructions scientifiques de la sexualité. Les questionnaires des enquêtes quantitatives". *Societés Contemporaines*, n.41-42, 2001.

LEEDS, Anthony e LEEDS, Elizabeth. *A sociologia do Brasil urbano*. Rio de Janeiro, Zahar, 1977.

LÉVI-STRAUSS, Claude. *Mythologiques III. L'origine des manières de table*. Paris, Plon, 1968.

_______. "Introduction a l'oeuvre de Marcel Mauss". In Marcel Mauss. *Sociologie et anthropologie*. Paris, PUF, p.ix-lii, 1978.

LEVY, Robert. "Emotion, knowing and culture". In Richard Sweder e Robert Levine (orgs.). *Culture theory. Essays on mind, self, and emotion*. Cambridge/Nova York/Melbourne, Cambridge University Press, p.214-37, 1985.

LIMA, Marcelo Alves. *Gestão da experiência de envelhecer em um programa para a terceira idade. A Unati/UERJ* Campinas, dissertação de mestrado apresentada à Unicamp, 1999.

LINS DE BARROS, Myriam. *Autoridade e afeto. Avós, filhos e netos na família brasileira*. Rio de Janeiro, Jorge Zahar, 1986.

_______. "O passado no presente: aos 70 falando do Rio de Janeiro". *Cadernos de Antropologia e Imagem*. UERJ/NAI, ano 3, n.4, p.91-119, 1995.

_______ (org.). *Velhice ou terceira idade? Estudos antropológicos sobre identidade, memória e política*. Rio de Janeiro, FGV, 2ª ed., 2000 [1998].

_______. "Testemunho de vida: um estudo antropológico de mulheres na velhice". In _______ (org.). *Velhice ou terceira idade?*. Rio de Janeiro, FGV, p.113-68, 1998.

_______. "A cidade dos velhos". In Gilberto Velho (org.). *Antropologia urbana. Cultura e sociedade no Brasil e em Portugal*. Rio de Janeiro, Jorge Zahar, p.43-57, 1999.

LÖFGREN, Orvar. "The nationalization of culture". *Ethnologia Europea*, n.XIX, p.5-24, 1989.

LOVE, John. *McDonald's. Behind the arches.* New York, Bantam Books, 1986.

MAGGIE, Yvonne. *Guerra de orixá. Um estudo de ritual e conflito.* Rio de Janeiro, Jorge Zahar, 3ª ed. rev. ampl., 2002 [1975].

MAGGIE, Yvonne e CONTINS, Márcia. "Gueto cultural ou umbanda como modo de vida: notas sobre uma experiência de campo na Baixada Fluminense". In Gilberto Velho (org.). *O desafio da cidade. Novas perpectivas da antropologia brasileira.* Rio de Janeiro, Campus, p.77-92, 1980.

MAGNANI, José Guilherme e TORRES, Lílian de Lucca. *Na metrópole. Textos de antropologia urbana.* São Paulo, Edusp/Fapesp, 1996.

MALINOWSKI, Bronislaw. *A vida sexual dos selvagens.* Rio de Janeiro, Francisco Alves, 1976.

______. "Tema, método e objetivo desta pesquisa". In ______. *Argonautas do Pacífico Ocidental.* São Paulo, Ática (Coleção Os Pensadores), 2ª ed., p.17-34, 1978.

______. "A coleta e a interpretação dos dados empíricos". In ______. *Malinowski. Antropologia.* São Paulo, Ática, p.143-58, 1986.

MARCUS, George E. "Ethnography in/of the world system: the emergence of multi-sited ethnography". *Annual Anthropological Review*, n.24, p.95-117, 1995.

______. "Critical anthropology now: an introduction". In ______ (org.). *Critical anthropology now. Unexpected contexts, shifting constituencies.* Changing Agendas, School of American Research/Advances Seminar Series, p.3-28, 1999.

MAUSS, Marcel. "As técnicas corporais". In ______. *Sociologia e antropologia.* Vol.2. São Paulo, Pedagógica e Universitária/Edusp, p.209-33, 1974 [1936].

______. "Uma categoria do espírito humano: a noção de pessoa". In ______. *Sociologia e antropologia.* Vol.1. São Paulo, Pedagógica e Universitária/Edusp, p.207-41, 1974 [1938].

MEAD, Margaret. "A experiência infantil prevista". In ______. *Macho e fêmea.* Petrópolis, Vozes, p.206-16, 1971.

MERLEAU-PONTY, Maurice. "De Mauss a Claude Lévis-Strauss". In ______. *Maurice Merleau-Ponty.* São Paulo, Abril Cultural (Coleção Os Pensadores), p.193-206, 1980.

MINISTÉRIO DA SAÚDE SAS-PNDST/AIDS. *Pesquisa sobre comportamento sexual e percepções da população brasileira sobre HIV/Aids.* Brasília, Ministério da Saúde, 1999.

MITCHELL, Tony. *Popular music and local identity. Pop, rock and rap in Europe and Oceania.* Londres/Nova York, Leicester University Press, 1996.

NOGUEIRA, Oracy. *Preconceito de marca. As relações raciais em Itapetininga.* São Paulo, Edusp, 1998.

NOVAES, Regina. "Religião e política: sincretismos entre alunos de ciências sociais". *Comunicações do ISER*, vol.13, n.45, p.62-74, 1994.

NUNES, Edson de Oliveira. (org.) *A aventura sociológica. Objetividade, paixão, improviso e método na pesquisa social.* Rio de Janeiro, Zahar, 1978.

OLIVEIRA, Alessandra et alii. "Redes de sociabilidade no 'Sujinho'". Trabalho para a disciplina Política Social Urbana. Escola de Serviço Social/UFRJ, 1997.

PAIS, José et alii. *Gerações e valores na sociedade portuguesa contemporânea.* Lisboa, Instituto de Ciências Sociais/Universidade de Lisboa/Secretaria de Estado da Juventude, 1998.

PARK, Robert E. et alii. *The city.* Chicago, University of Chicago Press, 1925.

PASSARO, Joanne. "'You can't take the subway to the field!': 'Village' epistemologies in the global village". In Akhil Gupta e James Ferguson (orgs.). *Anthropological locations. Boundaries and grounds of a field science.* Berkeley, University of California Press, p.147-62, 1997.

PEIRANO, Mariza. *Uma antropologia no plural. Três experiências contemporâneas.* Brasília, UnB, 1991.

PEIXOTO, Clarice E. "Histórias de mulheres, de envelhecimento e de sexualidade". In Guita Debert e Donna Goldstein (orgs.). *Políticas do corpo e curso da vida.* São Paulo, Sumaré, p.293-9, 2000.

PEREIRA DE QUEIROZ, Maria Isaura. *Carnaval brasileiro. O vivido e o mito.* São Paulo, Brasiliense, 1992.

PICCOLO, Fernanda Delvalhas. *"Se deixar a droga levar..." Um estudo sobre as trajetórias sociais de usuários de drogas em uma vila de Porto Alegre.* Porto Alegre, dissertação de mestrado apresentada ao Programa de Pós-Graduação em Antropologia Social/UFRGS, 200[illegible].

PIMENTEL, Spensy. *O livro vermelho do hip hop.* São Paulo, monografia de conclusão de curso, Escola de Comunicação e Artes/USP, 1998.

PYNSON, P. *Le four et le snack. Essai sur les mutations des sensibilités alimentaires en France, 1960-1980.* Paris, tese de doutorado apresentada à Ecole des Hautes Etudes en Science Sociales, 1985.

RAMOS, Rui. "A segunda fundação (1890-1926)". In José Mattoso (org.). *História de Portugal,* vol.VI, Lisboa, Círculo de Leitores, p.565-85, 1994.

RIAL, Carmen. *Ça se passe comme ça chez les fast-foods. Etude anthropologique de la restauration rapide.* Paris, tese de doutorado apresentada à Université de Paris V, Sorbonne, 1992.

______. "Fast-foods: a nostalgia de uma estrutura perdida". *Horizontes Antropológicos. Comida,* vol.4, p.94-103, 1996.

______. "Contatos fotográficos". In Mauro Koury (org.). *Imagens e ciências sociais.* João Pessoa, UFPB, p.203-23, 1998.

RIAL, Carmen e GROSSI, Miriam. *Mauss segundo suas alunas.* Vídeo-documentário, 45 min., 2002.

ROBERTS, Ana Mércia Silva. *Cidadania interditada: um estudo de condomínios horizontais fechados (São Carlos-SP).* Campinas, tese de doutorado apresentada ao Departamento de Sociologia, IFCH/Unicamp, 2002.

ROSE, Tricia. *Black noise. Rap music and black culture in contemporary America.* EUA, Wesleyan University Press, 1994.

SALEM, Tania. "Entrevistando famílias: notas sobre o trabalho de campo". In Edson de Oliveira Nunes (org.). *A aventura sociológica. Objetividade, paixão, improviso e método na pesquisa social.* Rio de Janeiro, Zahar, p.47-68, 1978.

______. "Mulheres faveladas: 'com a venda nos olhos'". In Bruna Franchetto et alii (orgs.). *Perspectivas antropológicas da mulher 1.* Rio de Janeiro, Zahar, p.49-99, 1981.

SANTOS, Carlos Nelson Ferreira dos. *Movimentos urbanos no Rio de Janeiro.* Rio de Janeiro, Zahar, 1981.

SANTOS, Yara Maria Frizzera. "Serviço Social: afinal do que se trata?". *Praia Vermelha. Estudos de política e teoria social,* n.5, 2º sem, p.164-89, 2001.

SCHUTZ, Alfred. *Collected papers.* The Hague, Martius Nijhoff, 1970-1971.

______. *Fenomenologia e relações sociais.* Rio de Janeiro, Zahar, 1979.

SEGALEN, Martine (org.). *L'autre et le semblable.* Paris, Presses du CNRS, 1989.

SILVA, José Carlos Gomes da. *Rap na cidade de São Paulo. Música, etnicidade e experiência urbana.* Campinas, tese de doutorado apresentada à Unicamp, 1998.

SIMMEL, Georg. *On individuality and social forms.* Chicago/Londres, University of Chicago Press, 1971.

______. "Essai sur la sociologie du sens". In ______. *Sociologie et épistémologie.* Paris, PUF, p.223-38, 1981.

______. "O estrangeiro". In Evaristo Moraes Filho (org.). *Simmel.* São Paulo, Ática, p.182-8, 1983.

______. "Sociabilidade: um exemplo de sociologia pura ou formal". In Evaristo Moraes Filho (org.). *Simmel.* São Paulo, Ática, p.165-81, 1983.

SIMÕES, Pedro. "O perfil discente: o caso da UFRJ". Escola de Serviço Social/UFRJ, 1998. (mimeo.)

SPIRA, Alfred et alii. *Les comportments sexuel en France.* Paris, La Documentation Française/ACSF, 1993.

STOCKING Jr., George W. (org.). *Observers observed. Essays on ethnographic fieldwork.* Wisconsin, The University of Wisconsin Press, 1985.

STRAUSS, Anselm. *Espelhos e máscaras. A busca de identidade.* São Paulo, Edusp, 1999 [1959].

TRAVASSOS, Sônia Duarte. *Capoeira. Difusão & metamorfose culturais entre o Brasil e os EUA.* Rio de Janeiro, tese de doutorado apresentada ao Programa de Pós-Graduação em Antropologia Social, Museu Nacional/UFRJ, 2000.

VALLADARES, Licia do Prado. *L'invention de la favela.* Université Lumière, Lyon II (habilitation à diriger des recherchers), 2001.

VALLES, Gérard. "Toulouse City". *Le Monde,* 23.03.1985.

VAN GENNEP, Arnold. *Os ritos de passagem.* Petrópolis, Vozes, 1978 [1909].

VELHO, Gilberto. *A utopia urbana*. Rio de Janeiro, Zahar, 1973.

______ (org.). *Desvio e divergência. Uma crítica da patologia social*. Rio de Janeiro, Zahar, 8ª ed., 2003 [1974].

______. "Observando o familiar". In Edson de Oliveira Nunes (org.). *Aventura sociológica. Objetividade, paixão, improviso e método na pesquisa social*. Rio de Janeiro, Zahar, p.36-46, 1978 (Publicado posteriormente em VELHO, 1981).

______. "O antropólogo pesquisando em sua cidade: sobre conhecimento e heresia". In ______ (org.). *O desafio da cidade. Novas perspectivas da antropologia brasileira*. Rio de Janeiro, Campus, p.13-20, 1980.

______. *Individualismo e cultura. Notas para uma antropologia da sociedade contemporânea*. Rio de Janeiro, Zahar, 1981.

______. "Cotidiano e política em um prédio de conjugados". In ______. *Individualismo e cultura. Notas para uma antropologia da sociedade contemporânea*. Rio de Janeiro, Zahar, p.133-42, 1981.

______. *Subjetividade e sociedade. Uma experiência de geração*. Rio de Janeiro, Jorge Zahar, 1986.

______. *Projeto e metamorfose. Antropologia das sociedades complexas*. Rio de Janeiro, Jorge Zahar, 1994.

______ (org.). *Quatro viagens. Antropólogos brasileiros no exterior. Comunicações do PPGAS*, n.6, Museu Nacional/UFRJ, junho, 1995.

______. *Nobres e anjos. Um estudo de tóxicos e hierarquia*. Rio de Janeiro, FGV, 1998 [1975].

VELHO, Gilberto e KUSCHNIR, Karina. "Mediação e metamorfose". *Mana*, vol.2, n.1, p.97-108, 1996.

______ (orgs.). *Mediação, cultura e política*. Rio de Janeiro, Aeroplano, 2001.

VIANNA, Hermano. *O mundo funk carioca*. Rio de Janeiro, Jorge Zahar, 1988.

______. "O funk como símbolo da violência carioca". In Gilberto Velho e Marcos Alvito (orgs.). *Cidadania e violência*. Rio de Janeiro, FGV, p.178-87, 1996.

VÍCTORA, Ceres. "A mãe do corpo dentro do corpo da mãe: um estudo sobre relações entre espaço social e espaço corporal em grupos populares em Porto Alegre". *Corpus. Cadernos do NUPACS*, n.8, Núcleo de Pesquisa em Antropologia do Corpo e da Saúde/NUPACS/UFRGS, p.1-22, 1999.

VÍCTORA, Ceres G. e KNAUTH, Daniela R., "Trajetórias e vulnerabilidade masculina". *Antropolítica*, n.6, 1º sem, p.23-38, 1999.

VÍCTORA, Ceres G. et alii. *Aids e pobreza. Práticas sexuais, representações da doença e concepções de risco em um bairro de Porto Alegre*. Núcleo de Pesquisa em Antropologia do Corpo e da Saúde/NUPACS/UFRGS, Prefeitura Municipal de Porto Alegre, Secretaria Municipal de Saúde (relatório final), 2000.

VOVELLE, Michel. *Ideologias e mentalidades*. São Paulo, Brasiliense, 1978.

WEBER, Max. *Economia e sociedade*. Brasília, UnB, 1991.

WHYTE, William Foote. *Street corner society. The social structure of an Italian slum*. Chicago, University of Chicago Press, 1943.

______. *Industry and society*. Nova York, McGraw-Hill, 1946.

______. "The social structure of the restaurant". *The American Journal of Sociology*, vol.LIV, n.4, p.302-10, 1948.

______. *Human relations in the restaurant industry*. Nova York, McGraw/Hill, 1948.

WIRTH, Louis. "O urbanismo como modo de vida". In Otávio G. Velho (org.). *O fenômeno urbano*. Rio de Janeiro, Zahar, 1967, p.97-122, 1967 [1938].

ZALUAR, Alba (org.). *Desvendando máscaras sociais*. Rio de Janeiro, Francisco Alves, 1975.

_______. *A máquina e a revolta. As organizações populares e o significado da pobreza*. São Paulo, Brasiliense, 1985

Colaboradores

GILBERTO VELHO é doutor em ciências sociais pela Universidade de São Paulo e professor titular de antropologia social do Museu Nacional da Universidade Federal do Rio de Janeiro (UFRJ). Publicou, por esta editora, *A utopia urbana* (2002, 6ª ed.), *Individualismo e cultura* (1999, 5ª ed.), *Subjetividade e sociedade* (2002, 3ª ed.), *Projeto e metamorfose* (1999, 2ª ed.), além de *Nobres & anjos* (FGV, 1998) e *Mudança, crise e violência* (Civilização Brasileira, 2002). Organizou, entre outros livros, *O desafio da cidade* (Campus, 1980), *Arte e sociedade* (Zahar, 1977), *Desvio e divergência* (Jorge Zahar, 2003, 8ª ed.), *Antropologia urbana* (Jorge Zahar, 2002, 2ª ed.) e *Mediação, cultura e política* (Aeroplano, 2001, com Karina Kuschnir).

KARINA KUSCHNIR é mestre e doutora em antropologia social pelo Museu Nacional da Universidade Federal do Rio de Janeiro (UFRJ), professora do Departamento de Comunicação da Pontifícia Universidade Católica do Rio de Janeiro (PUC-Rio) e professora visitante do Departamento de Ciências Sociais da Universidade do Estado do Rio de Janeiro (UERJ). Tem realizado pesquisas sobre parlamentares, campanhas eleitorais, clientelismo, mediação e cultura popular. É autora de *O cotidiano da política* (Jorge Zahar, 2000), *Eleições e representação no Rio de Janeiro* (Relume Dumará, 2000) e organizadora, com Gilberto Velho, de *Mediação, cultura e política* (Aeroplano, 2001).

CRISTINA PATRIOTA DE MOURA é mestre em antropologia social pelo Museu Nacional da Universidade Federal do Rio de Janeiro (UFRJ) e doutoranda pela mesma instituição. É professora do Departamento de Ciências Sociais da Universidade Federal de Goiás (UFGO). Tem realizado pesquisas sobre elites e camadas médias, família, socialização e diplomacia. É autora de *Rio Branco: A Monarquia e a República* (FGV, 2003).

FERNANDA DELVALHAS PICCOLO é mestre em antropologia social pela Universidade Federal do Rio Grande do Sul e doutoranda em antropologia social pelo Museu Nacional da Universidade Federal do Rio de Janeiro (UFRJ). Tem realizado pesquisas sobre uso de drogas e Aids no contexto das classes populares urbanas.

CARMEN RIAL é mestre em antropologia social pela Universidade Federal do Rio Grande do Sul (UFRGS), doutora em antropologia e sociologia pela Universidade de Paris V e professora do Programa de Pós-Graduação em Antropologia Social (PPGAS) da Universidade Federal de Santa Catarina (UFSC). Tem realizado pesquisas na área de antropologia urbana, antropologia visual, alimentação, mídia e esporte.

TERESA FRADIQUE é mestre em antropologia social pelo Instituto Superior de Ciências do Trabalho e da Empresa (ISCTE-Lisboa) e tem colaborado, no âmbito da pesquisa em antropologia, com o Museu Nacional de Etnologia (1993-94) e com o Centro de Estudos de Antropologia Social do ISCTE (1997-2002). É docente da Escola de Tecnologia, Gestão, Arte e Design das Caldas da Rainha (ESTGAD), onde leciona na área das Ciências Sociais. Autora de *Fixar o movimento* (Lisboa, Dom Quixote, 2003).

MARIA LAURA VIVEIROS DE CASTRO CAVALCANTI é mestre e doutora em antropologia social pelo Museu Nacional da Universidade Federal do Rio de Janeiro (UFRJ) e professora do Departamento de Antropologia Cultural e da Pós-Graduação em Sociologia e Antropologia do Instituto de Filosofia e Ciências Humanas (IFCS) da UFRJ. Tem realizado pesquisas sobre rituais e simbolismo, história da antropologia, folclore e cultura popular. É autora de *O mundo invisível* (Zahar, 1983), *Carnaval carioca* (Funarte/UFRJ, 1994) e *O rito e o tempo* (Civilização Brasileira, 1999).

SANDRA REGINA SOARES DA COSTA é mestre em antropologia social pelo Museu Nacional da Universidade Federal do Rio de Janeiro (UFRJ) e doutoranda pela mesma instituição. Tem realizado pesquisas sobre música, cidadania, mobilidade social e cultura popular.

MYRIAM MORAES LINS DE BARROS é mestre e doutora em antropologia social pelo Museu Nacional da Universidade Federal do Rio de

Janeiro (UFRJ) e professora adjunta da Escola de Serviço Social da UFRJ. Tem realizado pesquisas sobre velhice, família, memória e espaço urbano. Publicou, por esta editora, *Autoridade e afeto* (1987) e organizou *Velhice ou terceira idade?* (FGV, 2000, 2ª ed.).

ANDRÉA MORAES é mestre em sociologia pelo Instituto Universitário de Pesquisas do Rio de Janeiro (Iuperj) e doutora em antropologia social pelo Museu Nacional da Universidade Federal do Rio de Janeiro (UFRJ). É professora do Departamento de Política Social da Escola de Serviço Social/UFRJ e tem realizado pesquisas sobre gênero, envelhecimento e sociabilidade.

MARIA LUIZA HEILBORN é mestre e doutora em antropologia social pelo Museu Nacional da Universidade Federal do Rio de Janeiro (UFRJ) e professora do Instituto de Medicina Social da Universidade do Estado do Rio de Janeiro (UERJ). Foi co-organizadora da coleção *Perspectivas Antropológicas da Mulher* (Zahar, 1981-85), editora da revista *Estudos Feministas* (1995-96) e é organizadora do livro *Sexualidade* (Jorge Zahar, 1999).

FERNANDA EUGENIO é mestre em antropologia social pelo Museu Nacional da Universidade Federal do Rio de Janeiro (UFRJ) e doutoranda pela mesma instituição. Tem realizado pesquisas sobre cegueira, infância e educação, sob a perspectiva da construção social da pessoa.

Este livro foi composto por TopTextos Edições Gráficas,
em Minion e Stone Sans, e impresso por
Geográfica Editora em junho de 2003.